所有者不明土地の

発生予防・利用管理・解消促進からみる

改正民法・不動産登記法

慶應義塾大学大学院
法務研究科教授
松尾　弘
MATSUO Hiroshi

ぎょうせい

はしがき

本書は、令和３年４月23日に成立した「民法等の一部を改正する法律」(令和３年４月28日法律24号) および「相続等により取得した土地所有権の国庫への帰属に関する法律」(同法律25号) ――以下、本書では、これらを一括して、令和３年民法改正等という――の内容を包括的に概観するものである。

本書の目的は、これらの法律が、その中心的な立法目的であった「所有者不明土地問題」への対応手段として、どのような法改革を行ったかについて、所有者不明土地の発生予防、その円滑かつ適正な利用・管理およびその解消の促進という３つの観点から立法内容を整序して理解することにある。それを踏まえて、それらの立法が所有者不明土地問題の解決に向けてどのような意義をもちうるか、その成果と課題を明らかにする。

もっとも、今次の立法は、所有者不明土地問題を契機にしつつも、所有者不明土地問題への対応方策にとどまらず、それを超える重要な法改正をも含んでいる。そこで、そうした法改正の内容についても、上記３つの観点と関連する箇所で、併せて確認することにする。

この度の立法は、所有者不明土地問題への対応を中心に、民法、不動産登記法、非訟事件手続法、家事事件手続法等の改正、および土地所有権の国庫帰属に関する新法制定と多岐にわたっている。そこで、本書ではまず立法内容の全体像を把握することを目的とし、それについてのシンプルな鳥観図の作成を主眼としている。個別の論点に関する立ち入った検討は、別の機会に譲りたい。

本書の執筆等に際しては、株式会社ぎょうせい出版事業部の安倍雄一氏、堂坂美帆氏ほか関係者の皆様にお世話になった。記して謝意を表する次第である。

令和３ (2021) 年10月31日

松尾　弘

凡　例

1　法令名略記

家手法	家事事件手続法
区所法	建物の区分所有等に関する法律
所円法	所有者不明土地の利用の円滑化等に関する特別措置法
商登法	商業登記法
相帰法	相続等により取得した土地所有権の国庫への帰属に関する法律
非訟法	非訟事件手続法
表適法	表題部所有者不明土地の登記及び管理の適正化に関する法律
不登法	不動産登記法
民訴法	民事訴訟法

2　改正・新設条項

本文および注に引用した条文番号の末尾に付した「＊」は、令和３年民法改正等によって改正または新設された条項を指す。

3　裁判例

裁判例を示す場合、「判決」⇒「判」と略した。また、裁判所の表示および裁判例の出典（代表的なもの一つを掲載している）については、次に掲げる略語を用いた。

（１）　裁判所名略語

最	最高裁判所
○○高	○○高等裁判所
○○地	○○地方裁判所
○○支	○○支部

（２）　判例集・定期刊行物等出典略語

民集	大審院民事判例集・最高裁判所民事判例集
高民	高等裁判所民事判例集
下民	下級裁判所民事裁判例集
集民	最高裁判所裁判集民事
訟月	訟務月報

金判　　金融・商事判例
判時　　判例時報
判タ　　判例タイムズ

4　立法関係資料等略記（令和３年民法改正等関連）

参議院法務委員会附帯決議：「民法等の一部を改正する法律案」及び「相続等により取得した土地所有権の国庫への帰属に関する法律案」に対する附帯決議（令和３年４月20日、参議院法務委員会）

衆議院法務委員会附帯決議：「民法等の一部を改正する法律案」及び「相続等により取得した土地所有権の国庫への帰属に関する法律案」に対する附帯決議（令和３年３月30日、衆議院法務委員会）

所有者不明土地対策等基本方針：「所有者不明土地等対策の推進に関する基本方針」（平成30〔2018〕年６月１日、所有者不明土地等対策の推進のための関係閣僚会議〔第２回〕）

中間試案：法制審議会民法・不動産登記法部会「民法・不動産登記法（所有者不明土地関係）等の改正に関する中間試案」（令和元年12月３日）

中間試案補足説明：法務省民事局参事官室・民事第二課「民法・不動産登記法（所有者不明土地関係）等の改正に関する中間試案の補足説明」（令和２年１月）

部会資料：法制審議会民法・不動産登記法部会（第１回～第26回）部会資料

骨太方針2017：「経済財政運営と改革の基本方針 2017～人材への投資を通じた生産性向上～」（骨太方針）（平成29〔2017〕年６月９日閣議決定）

骨太方針2018：「経済財政運営と改革の基本方針 2018～少子高齢化の克服による持続的な成長経路の実現～」（骨太方針）（平成30〔2018〕年６月15日閣議決定）

要綱：民法・不動産登記法（所有者不明土地関係）の改正等に関する要綱（令和３年２月10日法制審議会総会承認）

5　参考文献

編著者名等の五十音順による。

本文中での引用は、編著者名および出版年による。

荒井達也『Ｑ＆Ａ令和３年民法・不動産登記法――改正の要点と実務への影響』（日本加除出版、2021年）

川島武宜＝川井健編『新版注釈民法（７）』（有斐閣、2017年）
加藤雅信「急増する所有者不明の土地と、国土の有効利用――立法提案『国土有効利用の促進に関する法律』――」高翔龍ほか編『日本民法学の新たな時代』（有斐閣、2015年）297～348頁
金融財政事情研究会編『「登記制度・土地所有権の在り方等に関する研究報告書～所有者不明土地問題の解決に向けて～」の概要』（金融財政事情研究会、2019年）
小粥太郎編『新注釈民法（５）』（有斐閣、2020年）
国土審議会土地政策分科会特別部会「とりまとめ」（平成31年２月）
国土審議会土地政策分科会企画部会「中間とりまとめ～適正な土地の『管理』の確保に向けて～」（令和元年12月）
後藤浩平『Ｑ＆Ａ所有者不明土地特措法・表題部所有者不明土地適正化法の実務と登記』（日本加除出版、2020年）
小柳春一郎『仏日不動産法の現代的展開』（成文堂、2021年）
潮見佳男「所有者不明土地関係に係る民法・不動産登記法等の改正と相続法の規律の変更」家庭の法と裁判31号（2021年）13～28頁
富田裕「国土審議会の提案する所有者不明土地利用権設定制度の問題点とその解決としての無主不動産に一定の先占権を認める制度の考察」日本不動産学会誌31巻３号＝122号（2017年）23～30頁
能見善久＝加藤新太郎編『論点大系判例民法２〔第３版〕』（第一法規、2019年）
松尾弘「共有物の使用・管理・変更・分割をめぐる共有者の権利――共有関係を織りなす合意の糸」澤野順彦編『不動産法論点大系』（民事法研究会、2018年ａ）206～234頁
松尾弘「日本における土地所有権の成立――開発法学の観点から」慶應法学41号（2018年ｂ）93～145頁
松尾弘「土地所有における私人の権利・義務と国家の権限・責務――所有者不明土地に対する利用権等の取得立法を契機にして」慶應法学42号（2019年ａ）337～377頁
松尾弘「所有者不明土地問題への法的対応」登記情報696号（2019年ｂ）４-15頁
松尾弘「土地所有を考える（第３回）国家による私人の土地所有権の制約（その１）――所有者不明土地の取得」法学セミナー773号（2019年ｃ）78-82頁
松尾弘「所有者不明の土地をめぐる法的課題」ジュリスト1543号（2020年ａ）14

〜20頁
松尾弘「所有者不明土地問題をめぐる法制度の現状と課題（問題提起）」信託フォーラム13巻（2020年b）15〜24頁
松尾弘「土地基本法の総合的評価——法律学の観点から」日本不動産学会誌136号（2021）26〜41頁
松尾弘「土地所有を考える（第7回）土地所有権は放棄できるか」法学セミナー777号（2019年d）74〜78頁
松尾弘『家族法改正を読む——親族・相続法改正のポイントとトレンド』（慶應義塾大学出版会、2019年e）
山野目章夫『ストーリーに学ぶ　所有者不明土地の論点』（商事法務、2018年）
山野目章夫編『新注釈民法（1）』（有斐閣、2018年）
吉田克己『現代土地所有論——所有者不明土地と人口減少社会をめぐる法的諸問題』（信山社、2019年）
吉原祥子『人口減少時代の土地問題——「所有者不明化」と相続、空き家、制度のゆくえ』（中公新書、2017年）

目　　次

第3章　所有者不明土地を円滑・適正に利用・管理するための法改革

第４章　所有者不明土地の解消を促すための法改革

第5章 「令和3年民法改正等」の評価と課題

巻末資料

〈図表一覧〉

第1章

所有者不明土地問題への立法対応と民法改正等

1　「令和３年民法改正等」の経緯

(1)「令和３年民法改正等」に至る経緯

平成31年２月14日、法制審議会は、第183回会議において、民法および不動産登記法に関する法務大臣の「諮問第107号」を受け、これを民法・不動産登記法部会に付託して審議することが決定された。

法制審議会民法・不動産登記法部会は、第１回会議を平成31年３月19日に開催し、調査・審議を開始した。

その後、同部会は、第11回会議（令和元年12月３日）までの審議を踏まえて、「民法・不動産登記法（所有者不明土地関係）等の改正に関する中間試案」を取りまとめ、補足説明を付して、令和２年１月10日に公開し、パブリック・コメントの手続を開始した（同年１月10日～３月10日まで実施）。

同部会は、その後、パブリック・コメントの結果も踏まえつつ審議を続け、令和３年２月２日の第26回会議において、「民法・不動産登記法（所有者不明土地関係）の改正等に関する要綱案」を決定した。

同要綱案は、令和３年２月10日、法制審議会第189回会議において、全会一致で原案どおり議決され、「民法・不動産登記法（所有者不明土地関係）の改正等に関する要綱」として、法務大臣に答申された。

同要綱に基づき、①「民法等の一部を改正する法律案」および②「相続等により取得した土地所有権の国庫への帰属に関する法律案」の２法案が作成された。両法案は、令和３年３月５日、第204回国会に提出され、衆議院議案として受理された[1]。また、同日、参議院予備審査議案として受理された。

衆議院は、令和３年３月16日、両法案を法務委員会に付託して審査を行

(1)　「民法等の一部を改正する法律案」（議案番号第55号）、「相続等により取得した土地所有権の国庫への帰属に関する法律案」（議案番号第56号）。

い[(2)]、同年３月30日に法務委員会可決（附帯決議あり。以下、「衆議院法務委員会附帯決議」という）[(3)]、同年４月１日の本会議において全会一致で可決し、同日、参議院に送付、受理された。

参議院は、令和３年４月７日、両法案を法務委員会に付託して審査を行い[(4)]、同年４月20日に法務委員会可決（附帯決議あり。以下、「参議院法務委員会附帯決議」という）[(5)]、同年４月21日の本会議において、全会一致で可決した。

こうして、①「民法等の一部を改正する法律」は、令和３年４月28日法律第24号として公布され、特別に定める場合を除き、公布日から起算して２年を超えない範囲内において政令で定める日から施行するものとされた（附則１条本文）[(6)]。また、②「相続等により取得した土地所有権の国庫への帰属に関する法律」は同日法律第25号として公布され、公布日から起算して２年を超えない範囲内において政令で定める日から施行するものとされた（附則１項）。なお、同法施行後５年を経過した時点で、同法の施行状況について検討を加え、必要があると認めるときは、その検討に基づいて必要な措置を講ずるものとされた（附則２項）。

このうち、①「民法等の一部を改正する法律」は、民法および不動産登記法の改正のほか、非訟事件手続法、家事事件手続法、建物の区分所有等に関する法律等、重要な民事基本法の改正を含むものである。また、②「相続等により取得した土地所有権の国庫への帰属に関する法律」は、実質的・機能的にいわゆる土地所有権の放棄による国庫帰属に相当するものを、法務大臣の承認を介して認めるという新たな立法である。

---

(2)　令和３年３月17日、19日、23日、24日、30日（衆議院法務委員会会議録４号～８号）。

(3)　令和３年３月30日、衆議院法務委員会は、両法案に対する附帯決議をした（衆議院法務委員会会議録８号）。

(4)　令和３年４月８日、13日、15日、20日（参議院法務委員会会議録６～９号）。

(5)　令和３年４月20日、参議院法務委員会は、両法案に対する附帯決議をした（参議院法務委員会会議録９号）。

(6)　なお、相続登記の申請の義務化に関係する法改正については公布の日から起算して３年を超えない範囲内において政令で定める日（附則１条２号）、住所等変更登記の申請の義務化に関係する法改正については同５年を超えない範囲内において政令で定める日から施行するものとされた（附則１条３号）。

以下では、①を「民法等改正法」、②を「相続土地国庫帰属法」、①・②を併せて「令和３年民法改正等」という。

(2) 法務大臣の「諮問第107号」

「令和３年民法改正等」に至る出発点となった法務大臣の「諮問第107号」(前述（1）) は、「土地の所有者が死亡しても相続登記がされないこと等を原因として、不動産登記簿により所有者が直ちに判明せず、又は判明しても連絡がつかない所有者不明土地が生じ、その土地の利用等が阻害されるなどの問題が生じている」という「近年の社会経済情勢」を踏まえ、「相続等による所有者不明土地の発生を予防するための仕組み」や、「所有者不明土地を円滑かつ適正に利用するための仕組み」を早急に整備する観点から「民法、不動産登記法等を改正する必要がある」との認識に基づき、これらの仕組みを整備するために必要な方策について、意見を求めるものであった。

具体的には、一方で、（ⅰ）「相続等による所有者不明土地の発生を予防するための仕組み」として、①「相続登記の申請を土地所有者に義務付けることや登記所が他の公的機関から死亡情報等を入手すること等により、不動産登記情報の更新を図る方策」、および②「土地所有権の放棄を可能とすることや遺産分割に期間制限を設けて遺産分割を促進すること等により、所有者不明土地の発生を抑制する方策」について、意見が求められた。

他方で、（ⅱ）「所有者不明土地を円滑かつ適正に利用するための仕組み」として、①「民法の共有制度を見直すなど、共有関係にある所有者不明土地の円滑かつ適正な利用を可能とする方策」、および②「民法の不在者財産管理制度及び相続財産管理制度を見直すなど、所有者不明土地の管理を合理化するための方策」、③「民法の相隣関係に関する規定を見直すなど、隣地所有者による所有者不明土地の円滑かつ適正な利用を可能とする方策」についても、意見が求められた。

このように、法務大臣の諮問は、（ⅰ）所有者不明土地の発生の予防および（ii）所有者不明土地の円滑かつ適正な利用の２つに力点を置くものであった。

もっとも、「令和３年民法改正等」は、これらに加えて、（iii）所有者不明土地の解消を促すための仕組みについても、その準備段階からある程度踏み込んだ検討を行い、その具体的な方策を定めていることが注目される（図表1－1）。それは、所有者不明土地問題への立法対応のプロセスにおいて、次に述べるような経緯があったことと関わっている。

図表１－１　所有者不明土地問題への令和３年民法等による対応

対応方策	令和３年民法改正等による対応（主な立法措置）	本書該当項目
（i）所有者不明土地の発生予防	①不動産所有権の相続登記の申請の義務化・義務懈怠の制裁・登記手続の簡略化等	第２章１(1)～(4)
	②遺産分割に関する期間制限	第２章１(5)
	③不動産所有権の登記名義人の住所変更等の変更登記の申請の義務化	第２章２(1)
	④不動産の登記名義人が日本国内に住所をもたない場合の住所把握措置	第２章２(4)
	⑤不動産所有権の登記名義人の情報更新に関する登記所の権限の拡大	第２章１(6)、２(2)、(3)
	⑥相続土地の国庫帰属承認申請の制度化	第２章３
（ii）所有者不明土地の利用・管理	①不明共有者等を除いた共有者による管理を可能とする裁判	第３章１(1)
	②不明共有者を除いた共有者による変更を可能とする裁判	第３章１(2)
	③共有物の使用・変更・管理・分割に関する一般規定の改正	第３章２
	④相続財産管理人・相続財産清算人の制度	第３章３
	⑤所有者不明土地管理人の制度	第３章４(1)～(3)
	⑥管理不全土地管理人の制度	第３章５(1)～(2)
	⑦隣地使用権の承認等	第３章６(1)、(2)
	⑧越境樹木の切除権の付与等	第３章６(3)
	⑨継続的給付を受けるための設備の設置権等	第３章６(4)
	⑩管理措置請求権または管理措置権（新規定の導入は見送り）	第３章６(5)
（iii）所有者不明土地の解消促進	①所有者不明土地管理人が裁判所の許可を得て行う処分	第４章１、２
	②共有物分割について協議することができない場合の裁判分割における賠償分割	第３章４(3)(iv)
	③共有不動産の不明共有者の持分・譲渡権限の他の共有者による取得の裁判制度	第３章２(3)
	④共同相続人による時効取得の可能性（新規定の導入は見送り）	第４章３

2　所有者不明土地問題への対応立法と「令和３年民法改正等」の位置づけ

「令和３年民法改正等」に先立ち、所有者不明土地問題への対応はすでに様々な形で行われてきた[(7)]。「経済財政運営と改革の基本方針2017～人材への投資を通じた生産性向上～」（骨太方針2017）（平成29年６月９日閣議決定）は、「所有者を特定することが困難な土地」について、十分に活用されていない土地・空き家等とともに、有効活用を促進すべく、地域の実情に応じた適切な利用・管理が図られるよう、共有地管理に係る同意要件の明確化、地域ニーズに対応した幅広い公共的目的のための利用を可能とする新たな仕組みの構築、長期間相続登記が未了の土地の解消を図るための方策等について、必要な法案の次期通常国会への提出を目指すものとした[(8)]。

そして、この頃、「登記制度・土地所有権の在り方等に関する研究会」が設置され（平成29年10月）、約１年半の検討を経て、平成31年２月に「登記制度・土地所有権の在り方等に関する研究報告書～所有者不明土地問題の解決に向けて～」（以下、「在り方研報告書」という）を公表した[(9)]。この「在り方研報告書」は、「令和３年民法改正等」によって実現されることになる規律項目を含む立法課題を、幅広に検討したものである。

この「在り方研報告書」の公表と時期を同じくして、前述した法務大臣の「諮問第107号」が発出され、法制審議会に民法・不動産登記法部会が設置されて、第１回会議（平成31年３月19日）が開かれるという経緯を辿った[(10)]。

この間、「所有者不明土地等対策の推進のための関係閣僚会議」（平成30年１月19日閣議口頭了解）が開催された（第１回会議は同年１月19日）。その第２

(7)　その経緯につき、松尾（2019a）338～342頁、松尾（2019b）、松尾（2020a）、松尾（2020b）参照。
(8)　「骨太方針2017」37～38頁。
(9)　「在り方研報告書」は、金融財政事情研究会（2019）２～135頁に収録されている。
(10)　前述１⑴参照。

回会議（同年６月１日）で、「所有者不明土地等対策の推進に関する基本方針」（以下、「所有者不明土地等対策基本方針」という）の案につき、以下の点が検討された。（ｉ）第196回国会（平成30年）に提出された「所有者不明土地の利用の円滑化等に関する特別措置法案」等成立後の速やかな施行と普及啓発、登記名義人の死亡から長期間にわたって相続登記等がされていない土地（長期相続登記未了土地）の解消促進、（ⅱ）土地の利用・管理に関して所有者が負うべき責務等を定めるための土地基本法等の見直し、地籍調査を円滑かつ迅速に進めるための措置、国土調査法等の見直し、筆界特定制度の活用等による地籍を明確化する情報基盤である登記所備付地図の整備推進、（ⅲ）変則型登記（表題部所有者の氏名、住所が正常に記録されていない登記）の解消促進、（ⅳ）相続登記の義務化等により、相続を登記に反映させる仕組み、管理不全土地等について、土地を手放すことができる仕組み、長期間放置された土地の所有権のみなし放棄の制度、民事における土地利用の円滑化を図るための相隣関係、共有、財産管理制度等、登記制度・土地所有権等の在り方について、「土地基本法等の見直しとあわせて民事基本法制の見直しを行う」こと、（ｖ）法定相続情報証明制度、法務局における遺言書保管制度による相続登記に係る国民の負担軽減と相続登記の促進、（ⅵ）不動産登記簿と戸籍等の連携により、関係行政機関が土地所有者の情報を円滑に把握できる仕組みの構築、そのための戸籍副本データ管理システムを利用した特定行政機関等に対する戸籍情報の提供システムの設計・開発、住民基本台帳等を活用した関係機関から自治体への照会による所有者情報、住民票等の除票の保存期間の延長、土地に関する各種台帳間の情報連携の高度化のためのシステム整備、（ⅶ）所有者不明土地等問題への対応に際しての関連分野の専門家等と地方公共団体、地域コミュニティ等との連携体制の構築である。

その２週間に決定された、「経済財政運営と改革の基本方針2018～少子高齢化の克服による持続的な成長経路の実現～」（骨太方針2018）（平成30年６月15日閣議決定）は、人口減少時代に対応した制度等の抜本見直しとして、一層積極的に所有者不明土地問題に言及し、所有者不明土地等について、前記の「所有者不明土地対策等基本方針」等に基づき、期限を区切って対策を推進すべきものとした。具体的には、①土地の管理・利用に関して所有者が負うべき責務やその担保方策、②所有者不明の場合を含めて地籍調査を円滑かつ迅速に進めるための措置、③相続登記の義務化等を含めて相続等を登記に反映させるための仕組み、④登記簿と戸籍等の連携等による所有者情報を円滑に把握する仕組み、⑤土地を手放すための仕組み等について検討し、「2018年度中に制度改正の具体的方向性を提示した上で、2020年までに必要な制度改正の実現を目指す」ものとした。また、⑥変則的な登記の解消を図るため、必要となる法案の次期通常国会への提出を目指すとともに、必要となる体制を速やかに整備するとした。加えて、⑦遺言書保管制度の円滑な導入、登記所備付地図の整備などの取組を進めるとともに、住民票等の除票の保存期間の延長についても引き続き検討するものとした(11)。

これらのうち、①・②は後述する令和２年の土地基本法等の改正により、⑥は令和元年の「表題部所有者不明土地の登記及び管理の適正化に関する法律」により、⑦は平成30年の「法務局における遺言書の保管等に関する法律」および令和元年の「住民基本台帳法の一部を改正する法律」により、具体化された（図表１－２参照）。そして、③・④・⑤は令和３年民法改正等により、具体化されることになった。その際には、③・④・⑤の民事基本法制の見直しが、①・②の土地基本法等の「見直しとあわせて」行われたこと（前記の所有者不明土地対策等基本方針（iv）参照）が看過できない。

この意味で、令和３年民法改正等に対し、立法の基本指針を提供したものが、令和２年３月27日に成立した改正土地基本法である(12)。改正土地基本法は、所有者不明土地問題が深刻化する中で、土地の所有者等（土地の所有者または土地を使用・収益する権原を有する者。土地基本法４条１項）が負うべき責務を明らかにするとともに、土地所有者等、隣地所有者、地域コミュニティ、地方公共団体、国等、土地の利用および管理に関わる多様な主体が果たすべ

(11)　「骨太方針2018」62～63頁。
(12)　令和２年３月31日法律第12号。一部規定を除き、令和２年４月１日施行。

き役割と連携を明らかにし、「安全で持続可能な社会」（土地基本法１条）を形成するための土地法制の包摂性と整合性を高めたものである[(13)]。

改正土地基本法は、一方で、土地所有者等が、土地についての基本理念（土地基本法２条～５条）に則り、「土地の利用及び管理並びに取引を行う責務」を有し（土地基本法６条１項）、その責務を遂行する際に、「その所有する土地に関する登記手続その他の権利関係の明確化のための措置及び当該土地の所有権の境界の明確化のための措置を適切に講ずるように努めなければならない」（土地基本法６条２項）とし、さらに、「国又は地方公共団体が実施する土地に関する施策に協力しなければならない」（土地基本法６条３項）ことを明確にした。ここでは、土地の利用とならんで「管理」の重要性が強調されていること、所有者等の責務の一環として、登記手続を含む権利関係の明確化が重視されていることが注目される。

他方で、改正土地基本法は、国および地方公共団体は、「適正かつ合理的な土地の利用及び管理を図るため」、「必要な土地の利用及び管理に関する計画を策定」するものとしている（土地基本法12条１項）。そして、そうした計画に従って行われるべき適正な土地の利用・管理の確保を図るために必要な措置（土地基本法13条１項）を講ずるに当たっては、「所有者不明土地（相当な努力を払って探索を行ってもなおその所有者の全部又は一部を確知することができない土地をいう。）の発生の抑制及び解消並びに円滑な利用及び管理の確保が図られるように努めるものとする」（土地基本法13条５項）ことを明確に規定した（下線は引用者による）。

このように、所有者不明土地問題への立法対応に関する基本法である令和２年改正土地基本法は、（ⅰ）所有者不明土地の発生を抑制しつつ、（ⅱ）それを円滑に利用・管理するとともに、（ⅲ）それを解消するための法的手段の確保を目指すことを明確にした。このことは、「令和３年民法改正等」の立法作業にも基本指針を与えており、そうした令和２年改正土地基本法の規

(13)　その概要につき、松尾（2021）参照。

定を具体化した成果の１つとしても、「令和３年民法改正等」は重要な意味をもつ（図表１－２参照）。

そこで、本書は、これら３つの観点から、「令和３年民法改正等」がどのような成果をもたらしたか、まずはその主要な法改正および新立法の内容を概観し、その特色を確認することを目的とするものである（図表１－３参照）。

もっとも、「令和３年民法改正等」は、所有者不明土地への対応立法にとどまらない改正内容を含んでいることにも、注意する必要がある。すなわち、例えば、所有者不明土地管理命令の制度（民法264条の２～264条の７）は、所有者（共有者を含む）不明土地を規律対象としているが、管理不全土地管理命令の制度（民法264条の９～264条の13）は、たとえ所有者およびその所在が判明している土地も規律対象としている。また、所有者不明建物管理命令（民法264条の８）や管理不全建物管理命令（民法264条の14）のように、建物（区分所有建物を除く）についても規律が設けられている。不動産登記法改正による所有権の登記名義人が死亡した場合の相続登記申請の義務化（不登法76条の２、76条の３）は、土地および建物である。さらに、共有物の使用・変更・管理・分割（民法249条、251条、252条、252条の２、258条）、遺産分割（民法258条の２、904条の３、908条）、相続財産の管理・清算（民法897条の２、898条２項、936条、940条、952条～957条）に関する各改正規定は、動産も含む財産一般に及んでいる。一方、不明共有者の持分またはその譲渡権限の取得を認める裁判の制度（民法262条の２、262条の３）は、不動産および不動産の使用・収益権のみを対象とする（図表１－４参照）。

しかし、総じて、令和３年民法改正等は、所有者不明土地問題の深刻化を契機として、土地、建物、その他の財産の管理に関する規律を充実させ、その包摂性と整合性を高め、所有者（共有者を含む）の責務、国・地方公共団体の責務、地域コミュニティの責務等を調整することを通じて、土地を中心にしつつ、持続可能性のある財産管理制度の構築を志向するものとみることができる。

以下では、このような観点から、「令和３年民法改正等」の全体概要を捉えることに努めたい。

図表 1－2　所有者不明土地問題に対処するための政策と立法

	主な政策指針、法律	主要内容
1	森林法一部改正（平成28年５月20日法律44号）	共有者不確知の森林に対する確知された森林共有者による土地利用
2	骨太方針2017（平成29年６月９日閣議決定）	所有者不明土地の有効活用の促進、長期相続未了土地の解消促進等
3	農業経営基盤強化促進法、農地法の一部改正（平成30年５月18日法律23号）	共有者不明農地、所有者不明の遊休農地に対する農地中間管理機構による土地使用
4	森林経営管理法（平成30年６月１日法律35号）	共有者不明森林、所有者不明森林に対する市町村の経営管理権
5	所有者不明土地の利用の円滑化等に関する特別措置法（平成30年６月13日法律49号）	特定所有者不明土地に対する収用適格事業者による取得促進、地域福利増進事業者の使用権設定、長期相続登記未了土地の解消促進
6	骨太方針2018（平成30年６月15日閣議決定）	所有者不明土地等対策基本方針に基づく対策の実施
7	民法及び家事事件手続法の一部を改正する法律（平成30年７月13日法律72号）	相続、遺贈による法定相続分を超える権利取得は対抗要件を備えなければ対抗できない等、相続法等の改正
8	法務局における遺言書の保管等に関する法律（平成30年７月13日法律73号）	自筆証書遺言の保管、遺言による財産処分の促進
9	表題部所有者不明土地の登記及び管理の適正化に関する法律（令和元年５月24日法律15号）	変則的な登記の解消
10	住民基本台帳法の一部を改正する法律（令和元年５月31日法律16号）	不明土地所有者の探索等に資する住民票等の除票の保存期間の延長等
11	土地基本法等の一部を改正する法律（令和２年３月31日法律12号）	土地基本法、国土調査促進特別措置法、国土調査法、不動産登記法、地方自治法等の改正
12	民法等の一部を改正する法律（令和３年４月28日法律24号）	民法・物権法、相続法、不動産登記法等の改正
13	相続等により取得した土地所有権の国庫への帰属に関する法律（令和３年４月28日法律25号）	土地所有権の国庫帰属の承認（いわゆる土地所有権の放棄）の要件、手続、硬化等

図表1－3　令和3年民法改正等と本書の主要な該当箇所

法令	改正内容	本書該当項目
民法	所有者不明土地問題と相隣関係	第3章6(1)
	隣地使用権	第3章6(2)
	継続的給付に必要な設備の設置権・使用権	第3章6(4)
	隣地の竹木の枝が越境した場合	第3章6(3)
	管理措置権等の法定の試み	第3章6(5)
	共有物の使用	第3章2(1)
	共有物の管理	第3章1(1)、2(2)
	共有物の変更	第3章1(2)、2(2)(v)
	共有物の分割	第3章2(3)
	共有不動産の不明共有者の持分またはその譲渡権限の取得の裁判	第4章2
	準共有	第3章2(4)
	所有者不明土地・建物管理命令	第3章4、第4章1
	管理不全土地・建物管理命令	第3章5
	遺産分割の期間制限	第2章1(5)
	相続財産の管理および清算	第3章3
	共同相続人による時効取得の可能性	第4章3
不動産登記法	不動産所有権の相続登記の申請の義務化、義務懈怠の制裁、手続の簡略化、所有不動産記録証明書の交付等	第2章1(1)、(2)、(3)、(4)
	不動産所有権の登記名義人の住所変更等の変更登記の申請の義務化	第2章2(1)
	不動産の登記名義人が日本国内に住所をもたない場合の措置	第2章2(4)
	不動産所有権の登記名義人についての情報更新に関する登記所の権限の拡大，法人の登記事項の追加	第2章1(6)、2(2)、(3)
	登記義務者の所在等不明の場合における権利の登記の抹消等	第4章4
非訟事件手続法	所有者不明土地・建物管理命令	第3章4
	管理不全土地・建物管理命令	第3章5
	共有不動産の所在等不明共有者の持分取得の裁判	第4章2(2)
	共有不動産の所在等不明共有者の持分譲渡権限付与の裁判	第4章2(3)
家事事件手続法	遺産分割の期間制限に関する規律	第2章1(5)
	不在者財産管理制度	第3章4(2)
	相続財産の管理人	第3章3
	相続財産の清算人	第3章3
相続土地国庫帰属法	相続等によって取得した土地の国庫帰属の承認（いわゆる土地所有権の放棄）	第2章3

図表1－4　令和3年民法改正等の規律の客体

規律対象	内容の例示	本書該当箇所
(ⅰ) 土地	①所有者不明土地管理命令 ②管理不全土地管理命令 ③相続土地の国庫帰属承認申請の制度化 ④隣地使用権（隣地所有者等にあらかじめ通知できない場合） ⑤隣地からの越境竹木の枝の切除権（竹木の所有者不明）	第3章4(1)～(3) 第3章5(1)～(2) 第2章3 第3章6(1)～(2) 第3章6(3)
(ⅱ) 建物	①所有者不明建物管理命令（区分所有建物を除く） ②管理不全建物管理命令（同上）	第3章4(4) 第3章5(3)
(ⅲ) 不動産	①共有不動産の不明共有者の持分・譲渡権限の他の共有者による取得の裁判 ②不動産所有権の相続登記の申請の義務化・義務懈怠の制裁・手続の簡略化等 ③不動産所有権の登記名義人の住所変更等の変更登記の申請の義務化 ④不動産の登記名義人が日本国内に住所をもたない場合の措置 ⑤不動産所有権の登記名義人の情報更新に関する登記所の権限の拡大	第4章2 第2章1(1)～(4) 第2章2(1) 第2章2(2) 第2章1(6)、2(2)、(3)
(ⅳ) 不動産・動産・その他の財産権	①遺産分割に関する期間制限 ②不明共有者を除いた共有者による管理・変更を可能とする裁判 ③共有物の変更の定義の明確化 ④共有物の賠償分割 ⑤相続財産管理人・相続財産清算人の制度	第2章1(5) 第3章1、2(1) 第3章2(2)(v) 第3章2(3) 第3章3

3　所有者不明土地とは何か

以下の考察に先立ち、令和３年民法改正等の中心課題である「所有者不明土地」とは何か、それをどのように理解すべきかについて、基本的な視点を整理しておきたい。

「所有者不明土地」とは、①所有者（共有の場合における共有者を含む。以下、同じ）が誰であるかを特定できない土地（所有者の特定不能）、および②仮に所有者が誰であるかが判明していても、その所在が不明である土地（所有者の所在不明）を意味する。例えば、改正民法は「所有者不明土地管理命令」の対象となる土地につき、「〔１〕所有者を知ることができず、又は〔２〕その所在を知ることができない土地（土地が数人の共有に属する場合にあっては、〔１〕共有者を知ることができず、又は〔２〕その所在を知ることができない土地の共有持分）」（民法264条の２第１項。〔　〕内は引用者による）と定めている。〔１〕は所有者の特定不能、〔２〕は所有者の所在不明に当たる。もっとも、理論上はこのように整理できるとしても、実際上は、例えば、不動産所有権の登記名義人の所在が不明であるために、その生死も不明で、したがって、所有者も特定不能であるといったように、両者が重なり合う場合が少なくない。

このように様々な態様をもつ所有者不明土地については、法令上統一的な定義があるわけではなく、各法律または各条項が、その目的に応じて定義している（図表１－５参照）。

ここで留意すべきは、所有者の特定およびその所在の探索のために、時間、労力、その他の費用をいくらでもかけてもよいとすれば、所有者不明土地はおそらくほとんどなくなると考えられるということである[(14)]。しかし、ある

(14)　これについては、国土交通省のつぎの調査がしばしば引用される。すなわち、平成28年度に地籍調査を実施した62万2,608筆のうち、不動産登記簿によって土地所有者、そ

土地の所有者と何らかの交渉をしたいと考える者（公共事業のために当該土地の取得を希望する事業者、当該土地の開発を計画する民間の事業者、当該土地の購入や賃借を希望する個人、当該土地との境界を明確にしたいと考えている隣地の所有者、当該土地およびその上の樹木や工作物の瑕疵によって妨害を受け、または受けるおそれのある隣地の所有者や利用者等）が、その目的を達成するためにかけることができる費用全体の中で、当該土地の所有者の特定およびその所在の探索に費やすことができる費用は無制限ではありえない。その結果、ある土地に対して前述したような様々な利害関係をもつ者にとって許容可能で、かつ客観的にも合理的な所有者探索費用に適合するように、「所有者不明」の意味が定義されるべきことになる。すなわち、「所有者不明土地」とは、利害関係人にとって許容可能かつ客観的に合理的な所有者探索費用との関係で決まる相対的概念である、ということである。

このことは、「所有者不明土地」の定義例の中で、「相当な努力が払われたと認められるものとして政令で定める方法により探索を行ってもなおその所有者の全部又は一部を確知することができない一筆の土地」（所円法２条１項。なお、「政令で定める方法」として、所有者不明土地の利用の円滑化等に関する特別措置法施行令（平成30年政令308号）１条が、土地の所有者の探索方法を定めている。図表１－５参照）、「相当な努力を払って探索を行ってもなおその所有者の全部又は一部を確知することができない土地」（土地基本法13条５項括弧書）等、「相当な努力」を払って探索しても所有者やその所在が判明しない土地を「所有者不明土地」と定義していることにも現れている。したがって、所有者不明（および共有者不明）の意味については、それについて規定する各条文の趣旨、要件および効果に照らして判断されるべきである（例えば、改

の他の利害関係人またはこれらの代理人の所在が確認できなかった土地は12万5,059筆（全体の約20.1％）であった。しかし、地籍調査の実施主体である地方公共団体が戸籍、住民票、聞取り等による追跡調査をした結果、最終的に土地所有者等の所在が不明だった土地は2,526筆（全体の約0.41％）にとどまった。国土交通省「平成28年度地籍調査における土地所有者等に関する調査」、『土地白書（平成30年版）』114頁図表３－１－１。なお、山野目（2018）73頁、松尾（2018b）94頁注１、松尾（2019a）342～348頁参照。

正民法262条の２第１項の「共有者が他の共有者を知ることができず、またはその所在を知ることができない」の意味に関し、「中間試案」第１－２（２）後注１、「部会資料30」14～15頁参照）。

こうしてみると、所有者不明土地問題とは、高齢化・人口減少・経済停滞等が続き、土地を中心に顕在化している財産の管理が行き届かず、コストが増大する傾向の中で、財産の管理を誰が、どのように行うことによって効率化を図ることができるか、という日本社会が直面するより大きな問題の一環であることが分かる。

本書は、このような問題状況を背景にして、所有者不明土地問題の解決を要請されて進められた立法作業が、果たしてどのような回答を与えたかを確認するものである。

図表１－５　「所有者不明」（共有者不明を含む）の定義例

所有者不明等の態様	定義	根拠条文
所有者不明の土地	相当な努力が払われたと認められるものとして政令で定める方法により探索を行ってもなおその所有者の全部又は一部を確知することができない一筆の土地	所円法２条１項
	所有者不明土地の利用の円滑化等に関する特別措置法（以下「法」という。）第２条第１項の政令で定める方法は、土地の所有者の氏名又は名称及び住所又は居所その他の当該土地の所有者を確知するために必要な情報（以下この条において「土地所有者確知必要情報」という。）を取得するため次に掲げる措置をとる方法とする。 　１　当該土地の登記事項証明書の交付を請求すること。 　２　当該土地を現に占有する者その他の当該土地に係る土地所有者確知必要情報を保有すると思料される者であって国土交通省令で定めるものに対し、当該土地所有者確知必要情報の提供を求めること。 　３　第１号の登記事項証明書に記載さ	所有者不明土地の利用の円滑化等に関する特別措置法施行令（平成30年政令308号）１条（土地の所有者の探索の方法）

	れている所有権の登記名義人又は表題部所有者その他の前二号の措置により判明した当該土地の所有者と思料される者（以下この号及び次号において「登記名義人等」という。）が記録されている住民基本台帳、法人の登記簿その他の国土交通省令で定める書類を備えると思料される市町村の長又は登記所の登記官に対し、当該登記名義人等に係る土地所有者確知必要情報の提供を求めること。 4　登記名義人等が死亡し、又は解散していることが判明した場合には、当該登記名義人等又はその相続人、合併後存続し、若しくは合併により設立された法人その他の当該土地の所有者と思料される者が記録されている戸籍簿若しくは除籍簿若しくは戸籍の附票又は法人の登記簿その他の国土交通省令で定める書類を備えると思料される市町村の長又は登記所の登記官に対し、当該土地に係る土地所有者確知必要情報の提供を求めること。 5　前各号の措置により判明した当該土地の所有者と思料される者に対して、当該土地の所有者を特定するための書面の送付その他の国土交通省令で定める措置をとること。	
所有者不明の土地	相当な努力を払って探索を行ってもなおその所有者の全部又は一部を確知することができない土地	土地基本法13条5項
所有者不明の竹木	竹木の所有者を知ることができず、又はその所在を知ることができないとき	民法233条3項2号
共有者不明の物	共有者を知ることができず、又はその所在を知ることができないとき	民法251条2項、 252条2項1号、 252条の2第2項
共有者不明の不動産	不動産が数人の共有に属する場合において、共有者が他の共有者を知ることができず、又はその所在を知ることができないとき	民法262条の2第1項、 262条の3第1項

所有者不明の土地	所有者を知ることができず、又はその所在を知ることができない土地（土地が数人の共有に属する場合にあっては、共有者を知ることができず、又はその所在を知ることができない土地の共有持分）	民法264条の２第１項
所有者不明の建物	所有者を知ることができず、又はその所在を知ることができない建物（建物が数人の共有に属する場合にあっては、共有者を知ることができず、又はその所在を知ることができない建物の共有持分）	民法264条の８第１項
登記義務者の所在不明	①共同して登記の抹消の申請をすべき者の所在が知れないためその者と共同して権利に関する登記の抹消を申請することができないとき	不登法70条１項
登記義務者の所在不明の擬制	②前項〔前記①〕の登記が地上権、永小作権、質権、賃借権若しくは採石権に関する登記又は買戻しの特約に関する登記であり、かつ、登記された存続期間又は買戻しの期間が満了している場合において、相当の調査が行われたと認められるものとして法務省令で定める方法により調査を行ってもなお共同して登記の抹消の申請をすべき者の所在が判明しないとき	不登法70条２項
登記義務者（法人）の所在不明	共同して登記の抹消の申請をすべき法人が解散し、前条第２項〔前記②〕に規定する方法により調査を行ってもなおその法人の清算人の所在が判明しないためその法人と共同して先取特権、質権又は抵当権に関する登記の抹消を申請することができない場合において、被担保債権の弁済期から30年を経過し、かつ、その法人の解散の日から30年を経過したとき	不登法70条の２

第2章

所有者不明土地の発生を予防するための法改革

1　相続登記を促進するための法改正

(1) 相続登記の申請義務

(ⅰ) 相続によって不動産所有権を取得した者が負う登記申請義務の法的性質と内容

所有者不明土地を発生させる最大の原因は、土地の所有者または共有者（自然人）が死亡し、相続が開始しても、相続登記がされないことにあると考えられている(15)。そうであるとすれば、所有者不明土地問題の解決には、相続の発生による土地所有者の変更を登記することを促す制度改革が不可欠である。そこで、一方では相続人の側に相続登記を促す方法が、他方では登記所の側に登記名義人の死亡情報の入手をして登記に反映させる方法が(16)、それぞれ検討されてきた。

その結果、不動産登記法は、相続人に相続登記を促す方法として、不動産の所有権の登記名義人が死亡した場合において、相続によって所有権を取得した相続人に登記の申請を義務付けることとした（不登法76条の２＊）(17)。

(15)　例えば、国土交通省の調査によれば、平成28年度に地籍調査を実施した62万2,608筆のうち、不動産登記簿によって土地所有者・その他の利害関係人またはこれらの代理人の所在が確認できなかった土地は12万5,059筆（20.1％）であった。その原因として最も多かったのは、相続が発生したものの未登記だった土地で８万3,371筆（66.7％）であった。次いで、住所変更の未登記による土地が４万0,496筆（32.4％）であった。一方、売買・交換等があったものの未登記だった土地は1,192筆（1.0％）にとどまった。国土交通省「平成28年度地籍調査における土地所有者等に関する調査」、『土地白書（平成30年版）』114頁図表３－１－１参照。

(16)　後述(6)参照。

(17)　相続以外の原因（例えば、死因贈与、相続人以外の者への遺贈等）による不動産所有権の移転があった場合にも、登記の申請を義務づけるべきではないかが問題になる。このことは、「在り方研報告書」（前掲注９および該当本文参照）の段階から議論された（金融財政事情研究会編（2019）15～19頁）。しかしながら、最終的には、相続以外の原

「所有権の登記名義人について相続の開始があったときは、当該相続により所有権を取得した者は、自己のために相続の開始があったことを知り、かつ、当該所有権を取得したことを知った日から３年以内に、所有権の移転の登記を申請しなければならない。遺贈（相続人に対する遺贈に限る。）により所有権を取得した者も、同様とする」（不登法76条の２第１項＊）。

このように、相続登記申請義務は、民法改正によらずに、不動産登記法の改正により、「公法上の登記申請義務」[18]として課されることになった。しかも、相続による不動産の所有権取得に限定した登記の申請義務である点に注意する必要がある。

（ii）相続登記申請期間

前記のように、不動産所有権の登記名義人（自然人）が死亡して相続が開始した場合、①相続（法定相続）[19]によって所有権を取得した者および、②相続人に対する遺贈によって所有権を取得した者は、「自己のために相続の開始があったことを知り、かつ、当該所有権を取得したことを知った日から３年以内」という相続登記申請期間のうちに、所有権移転登記手続を申請しなければならないものとされた（不登法76条の２第１項＊）。

移行措置として、相続登記申請義務を創設する改正不動産登記法76条の２＊の施行の際に、不動産所有権の登記名義人がすでに死亡している場合は、前述した相続登記申請期間（不登法76条の２第１項＊）が進行を始めていることが考えられることから、その場合には、①自己のために相続の開始があったことを知り、かつ当該所有権を取得したことを知った日、または②改正不

因による不動産所有権の移転については、登記申請を公法上義務づける規律は設けない方針がとられた（「中間試案」第８）。このような異なる取扱いをどのように説明しうるかが議論されたが、「部会資料38」第３（49～50頁）でも維持された。

(18)　「中間試案」第６－２(1)、「部会資料38」第１－２(1)、「部会資料53」第２部－第１－１(1)、「要綱」第２部－第１－１(1)参照。

(19)　「相続」には、遺産に属する特定の不動産を共同相続人の１人または数人に相続させる旨の遺言（特定財産承継遺言。民法1014条２項）による土地所有権の取得も含まれる（「部会資料53」２頁、「要綱」第２部－第１－１(1)注１）。

動産登記法76条の２第１項＊の施行の日のいずれか遅い日から３年以内に、所有権移転の登記を申請しなければならない。このようにして、相続登記申請義務が過大なものとならないように配慮がされている[20]。

(iii) 相続登記申請の方法

相続登記の方法にも、いくつかのパターンがある。

①登記名義人からの特定財産承継遺言または遺贈によって所有権を取得した相続人は、その旨を相続登記申請期間内に登記しなければならない（不登法76条の２第１項前段＊、後段＊）。

②これらの遺言がない場合において、単独相続をした相続人は、相続による取得を相続登記申請期間内に登記しなければならない（不登法76条の２第１項前段＊）。他の共同相続人が相続放棄した場合も、これに当たる。

③同じく①の遺言がない場合において、共同相続人があるときは、相続登記申請期間内に遺産分割をし、それによって不動産を取得した共同相続人は、相続登記申請期間内に登記することにより、相続登記申請義務を完全に果たすことができる（不登法76条の２第１項前段＊）。

④同じく①の遺言がない場合において、共同相続人があるときは、遺産分割をしないまま、ひとまず法定相続分（民法900条、901条）に従った登記を相続登記申請期間内にすることによっても、相続登記申請義務を果たすことができる（不登法76条の２第１項前段＊）。ただし、この場合には、法定相続分による登記がされた後に遺産分割が行われ、それによって法定相続分を超えて所有権を取得した共同相続人は、遺産分割の日から３年以内に所有権移転登記を申請する義務をなお負う（不登法76条の２第２項＊）ことに注意を要する。遺産分割の効果は相続開始時に遡ることから（民法909条本文）、法定相続分を超えて所有権を取得した共同相続人は、それを相続によって（相続開始時に）取得したことになり、「当該相続により所有権を取得した者」（不

---

(20)「部会資料53」１頁（第２部–第１−１(1)注５）参照。

登法76条の２第１項前段＊）に当たることになるが、法定相続分を超える分については、相続登記申請義務をなお果たしていないことになるからである(21)。

また、民法上は、相続による権利の承継は、遺産分割によるものかどうかにかかわらず、法定相続分（民法900条、901条）を超える部分については、対抗要件を備えなければ第三者に対抗することができない（民法899条の２第１項)。その意味でも、法定相続分を超える部分について相続登記申請義務を果たすことは、公法上の登記義務を履行することになるとともに、実体法上の対抗力の取得の効果をも備えることになる。このことは、①および③の方法による相続登記にも妥当する。したがって、これらの場合には、実体法上の対抗力の取得が、相続登記申請義務の履行のインセンティブにもなっている。しかしなお、①～④の方法による相続登記の申請義務の履行に加えて、もう１つの方法が加えられた。

⑤前記①～④の方法による相続登記のほかに、不動産所有権の登記名義人の死亡によって所有権を取得した相続人は、相続登記申請期間内に、自分が相続人であることを申告することによっても、相続登記申請義務を履行することができる（不登法76条の３＊)。これについては、節を改めて確認する。

(iv) 相続人申告登記による相続登記申請義務のみなし履行

(ア) 相続人申告登記とは

不動産所有権の相続登記申請義務は、不動産所有権の登記名義人が死亡し、当該不動産の所有権（共有持分権を含む）を取得した相続人が、自分が相続人であることを申告することによっても、履行したものとみなされる（不登法76条の３＊)。すなわち、

> 「前条〔不登法76条の２＊〕第１項の規定により所有権の移転の登記

(21)　法定相続分に従って所有権取得登記をした後に、遺産分割によって法定相続分を超える所有権を取得した場合の登記手続の簡略化については、後述(3)(ii)参照。

> を申請する義務を負う者は、法務省令で定めるところにより、登記官に対し、所有権の登記名義人について相続が開始した旨及び自らが当該所有権の登記名義人の相続人である旨を申し出ることができる」（不登法76条の３第１項＊。下線は引用者による）

そして、その効果として、

> 「前条〔不登法76条の２＊〕第１項に規定する期間内に前項〔不登法76条の３第１項＊。上記囲み線内〕の規定による申出をした者は、同条第１項に規定する所有権の取得（当該申出の前にされた遺産の分割によるものを除く。）に係る所有権の移転の登記を申請する義務を履行したものとみなす」（不登法76条の３第２項＊。下線は引用者による）

不動産登記法76条の２第１項＊（前述（iii））によって所有権移転登記の申請義務を負う者が、登記官に対し、①所有権の登記名義人について相続が開始した旨、および②自らが当該所有権の登記名義人の相続人である旨を、相続登記申請期間（不登法76条の２第１項＊。前述（ii））内に申し出たときは、所有権移転登記の申請義務を履行したものとみなされる。以下、これを相続人申告登記という。相続人申告登記は、相続登記そのもの（前述（iii）①～④）と比べると、より簡易な相続登記申請義務の履行方法である。その背景として、所有者不明土地の発生予防という立法目的と、その手段としての不動産所有権の相続登記申請の義務化との権衡、および民法が不動産所有権取得の登記申請を義務化していないことに鑑みて、不動産登記法上の登記申請義務が過大のものとなることは、回避されるべきである。また、相続登記申請義務が過大であると、それが履行されず、結局は所有者不明土地の発生予防という目的自体が達成されないおそれがあることも、考慮に入れる必要がある。

（イ）相続登記申請義務のみなし履行が認められない場合

ただし、不動産の登記名義人が死亡した後、当該不動産の所有権を遺産分割によって取得した相続人は、相続登記申請期間（不登法76条の２第１項＊）内に、遺産分割の結果を登記する義務を負う（前述（iii）②参照）。したがって、この場合には、相続登記申請期間内に相続人申告登記をしても、所有権移転登記申請義務のみなし履行の効果は生じない（不登法76条の３第２項括弧書＊「当該申出の前にされた遺産の分割によるものを除く」）。相続人が、相続登記申請期間内に遺産分割までして当該不動産の所有権を取得したからには、その結果を同期間内に登記することが最も望ましいからである。

（ウ）登記官の対応

相続人申告登記の申出があった場合、登記官は職権で、不動産登記簿の甲区（所有権に関する事項）の「権利者その他の事項」の欄に、相続開始を原因として、当該申出があった旨、当該申出をした者の氏名および住所、その者が所有権の登記名義人の「申告相続人」であること、その他法務省令で定める事項を、所有権の登記に付記する方法で付記登記（不登法４条２項）することになる（不登法76条の３第３項＊）。

相続人申告登記の法的性質は、①所有権の登記名義人について相続が開始したこと、および②申告者が当該登記名義人の相続人であるという事実についての「報告的な登記」である[22]。

（エ）添付書類

相続人申告登記の申出を行う際には、当該登記名義人の法定相続人であることを証する情報を提供しなければならない。しかし、その持分の割合を証する情報まで提供する必要はない。例えば、申出人が法定相続人の１人であることが分かる戸籍謄抄本を提供すれば足りる。被相続人である登記名義人の配偶者は現在の戸籍謄抄本、登記名義人の子は登記名義人として被相続人

---

(22)　「中間試案」第６－２⑶ア、「部会資料53」６～７頁、「要綱」第２部−第１－１⑶注１参照。

である親の氏名が記載されている子の現在の戸籍謄抄本でよい[23]。

相続人申告登記は、不動産所有権の移転登記そのものではなく、様々な事情でそれができない場合に、それに代わる相続登記申請義務の迅速な履行方法として導入されたものである。その機能を発揮するべく、登記申請義務者の負担軽減を図るため、添付書面の簡略化に努めるほか、登録免許税を非課税とする措置等について検討を行うことが求められている[24]。

（オ）所有権移転登記の申請義務

相続人申告登記は、前述したように相続した不動産についての所有権取得を登記するものではない。したがって、相続人申告登記をした者が、その申出の後に、遺産分割によって所有権を取得したときは、当該遺産分割の日から3年以内に、所有権移転登記を申請しなければならない（不登法76条の3第4項＊）。前述したように、遺産分割の効果は相続開始時に遡るから（民法909条本文）、遺産分割によって所有権を取得した相続人は、それを相続によって（相続開始時に）取得したことになり、「相続により所有権を取得した者」（不登法76条の2第1項前段＊）に当たることになるからである。しかも、その際には、相続人申告登記をした者は、法定相続分に応じた持分の相続登記（不登法76条の2第2項＊。前述（iii）④）もしていないと想定されるから、その場合には、遺産分割による所有権取得が法定相続分を超えているか否かにかかわらず、遺産分割から3年以内に所有権移転登記を申請する義務を負う[25]。

相続人申告登記をした者が、その後、遺産分割前に、法定相続分に従った相続登記をした場合（不登法76条の3第4項括弧書＊）は、すでに述べたように、その後に遺産分割をし、それによって法定相続分を超えて所有権を取得したときは、遺産分割から3年以内に所有権移転登記をする義務を負う（不

(23)　「部会資料53」6頁、「要綱」第2部−第1−1(3)注2参照。
(24)　衆議院法務委員会附帯決議3、参議院法務委員会附帯決議3。
(25)　「部会資料53」8頁参照。

登法76条の２第２項＊）[26]。

（ｖ）不動産所有権の相続人が相続登記申請義務を免れる場合

不動産所有権の相続による登記は、被相続人の債権者、相続人の債権者等の第三者が、債権者代位権（民法423条）を行使し、相続人を代位して法定相続分での相続登記をする場合（不登法59条７号）、共同相続人の１人が保存行為として法定相続登記をする場合、または嘱託によって相続登記がされる場合（不登法116条１項）がある。これらの場合には、相続人はもはや相続登記申請義務を負わない（不登法76条の２第３項＊、76条の３第５項＊）。

相続人に課される相続登記申請義務は、あくまでも相続登記を促進するための手段であるから、代位者等による申請または嘱託によって相続登記が行われた場合は、それによって不動産所有権の帰属が公示され、目的が達成されているといえるからである。

例えば、土地αの登記名義人Ａが死亡し、Ａの子ＢおよびＣのうち、Ｂが保存行為として、法定相続分に従って相続登記をした場合、Ｃは相続登記申請義務を免れる。土地αの所有権の帰属関係は公示されているからである。もっとも、その後、ＢとＣが遺産分割協議をし、Ｃが土地αの所有権を取得したときは、遺産分割から３年以内に所有権取得の登記を申請する義務を負う（不登法76条の２第２項＊）。

（vi）不動産所有権の相続人に望まれる対応

こうしてみると不動産所有権の登記名義人が死亡した場合において、当該不動産の所有権（共有持分権を含む）を取得した相続人には、実質的に以下の選択肢があることになる。

①　相続登記申請期間（不登法76条の２第１項＊。前述（ii））内に、遺産分割を行い、遺産分割の結果を踏まえた登記をする[27]。一方、単独相続、

---

(26)　前述(iii)④参照。
(27)　この場合の登記手続は、遺産分割協議による場合は共同申請（不登法60条）、確定

特定財産承継遺言または相続人に対する遺贈によって所有権を取得した場合は、相続登記申請期間内に、その旨の登記をする（前述（iii）①～③参照）[28]。

② 相続登記申請期間内に、ひとまず法定相続分による相続登記をしておいて、その後遺産分割協議をし、その結果を登記する[29]。この場合、その後の遺産分割によって法定相続分を超えて所有権を取得した相続人は、遺産分割から3年以内に相続登記を申請する義務を負う（前述（iii）④）。

③ 相続登記申請期間内に、不動産所有権の登記名義人が死亡し、自分が相続人であることを申し出る（前述（iv））。

以上の選択肢のうち、最も望ましいのは①である。なぜなら、それにより、相続登記申請義務が完全に履行されたことになるからである。今次の民法および不動産登記法の改正も、相続人にこの①タイプの行動パターンを促す方向へのインセンティブを付与する規範的含意をもつとみることができる。したがって、相続開始後に速やかに遺産分割を行い、その結果を登記することを、できる限り促すようなインセンティブを創出する制度改革が必要になる[30]。しかし、遺産分割が速やかに進まないことも予想される。

そこで、前記②のように、ひとまず法定相続分（民法900条、901条）による相続登記をしておくことが考えられる。しかし、その後遺産の分割によって自己の法定相続分を超えて所有権を取得した者は、遺産分割の日から3年以内に、所有権移転登記を申請する義務を負う（不登法76条の2②＊）[31]。し

した遺産分割の調停または審判による場合は登記権利者の単独申請（不登法63条）になるものと解される。

(28) この場合における登記手続の簡略化に関しては、後述(3)(i)参照。

(29) この場合における登記手続の簡略化に関しては、後述(3)(ii)参照。

(30) もっとも、相続登記申請期間内に法定相続分に従って登記してから、遺産分割するまでの期間については、特に制限は設けられていない。改正民法は、民法904条の3＊により、相続開始時から10年経過した後にする遺産分割については、原則として、特別受益者の相続分（民法903条、904条）、および寄与分（民法904条の2）の規定が適用されないことになることを通じて、間接的に遺産分割を促すにとどまっている。この点については、後述(5)参照。

(31) 相続登記申請義務を怠った場合の制裁については、後述(2)参照。

たがって、とりあえず法定相続分に従って登記しておけば、相続登記申請義務は果たされるとは限らず、その後に遺産分割が必要になる場合には、法定相続分を超えて取得した不動産所有権（共有持分権）については、遺産分割後３年以内に登記申請する義務をなお負っていることに留意する必要がある(32)。

もっとも、遺産分割により、法定相続分を超えて権利を承継した者は、対抗要件を備えなければ、その部分の権利取得を第三者に対抗することができない（民法899条の２第１項）。その結果、遺産分割によって法定相続分を超える不動産所有権を取得した場合、先の不動産登記法上の相続登記申請義務に加え、民法上の対抗要件主義も適用されることになる。しかし、それでもなお、法定相続分に従って登記すれば、ひとまず相続登記申請義務を果たしたことになるという意識が、かえってその後速やかに遺産分割を行ってその結果を登記することへのインセンティブを欠いてしまうことや、その状態が固定化されてしまうことも懸念される。その間に、共同相続人についてさらに相続が開始し、遺産分割が一層困難になることも考えられる。

また、前記③のように、不動産所有権の登記名義人が死亡し、相続人申告登記をした場合も、ひとまず相続登記申請義務を履行することができる（前述（iv））。しかし、その者がその後「遺産の分割によって所有権を取得したとき」は、その前に法定相続分による相続登記がされていない限り、法定相続分を超えているか否かにかかわらず、遺産分割の日から３年以内に所有権移転登記の申請義務を負う（不登法76条の３第４項＊）(33)。この場合には、遺産分割による所有権取得（その効果は相続開始時に遡る。民法909条本文）が生じたにもかかわらず、法定相続分による所有権取得の登記すらされていない

(32)　なお、法定相続分に応じて所有権取得登記をした後に、遺産分割によって法定相続分を超える所有権を取得した場合、登記手続の簡略化が考えられている。後述(3)参照。

(33)　相続登記申請期間内に相続人申告登記をした者が、遺産分割をする前に、法定相続分による登記をしたときは、その後に行われた遺産分割により、法定相続分を超えて所有権を取得した相続人は、遺産分割の日から３年以内に所有権移転登記を申請する義務を負うものと解される（不登法76条の２第２項＊）。

のであるから、法定相続分（民法900条、901条）を超えて所有権を取得したか否かにかかわらず、遺産分割から３年以内に所有権移転登記を申請する義務を負うことになる。

したがって、今次の不動産登記法改正による相続登記申請の義務化が、所有者不明土地の発生を予防する効果をもつかどうかは、相続登記の申請と連動して、遺産分割がどれだけ円滑にされるかにかかっている、と考えられる(34)。この観点から、不動産の登記名義人が死亡した場合には、その相続人は、相続開始および当該不動産についての所有権取得を知った日から３年以内に、遺産分割を済ませてその旨を登記することが最も望ましいものとされている、という規範意識が形成されることを促す方策が重要になる。

衆議院・参議院の各法務委員会も、「遺産分割協議が行われ、その結果を登記に反映させることは確定的な権利帰属を促進し、不動産所有権の分散化の防止につながるもので、本改正〔令和３年民法改正等〕の趣旨にも沿うものである」との認識に立ち、「関係機関及び専門職者は連携体制を強化し、その促進に向けて、積極的に周知広報を行う」べき旨を附帯決議している(35)。

(2) 相続登記申請義務を怠った場合の制裁

不動産の登記名義人の相続人に、相続による所有権取得の登記を促すという目的の達成手段として、利益付与と制裁賦課の双方の手段が、ワン・パッケージとして導入された。

公法上の登記申請義務を履行しなかった場合の制裁（相続登記申請義務の懈怠に対する制裁）として、相続登記申請義務のある者が、相続の開始を知り、かつ当該不動産の所有権（共有持分権を含む）を取得したことを知った日から３年以内（不登法76条の２第１項、76条の３第１項・２項）または遺産分割

(34)　遺産分割自体を促進するための方策としては、民法904条の３＊、後述(5)参照。
(35)　衆議院法務委員会附帯決議５、参議院法務委員会附帯決議５。

の日から３年以内（不登法76条の２第２項＊、76条の３第４項＊）に、「正当な理由」がないにもかかわらず登記申請を怠ったときは、10万円以下の過料に処される（不登法164条＊）[36]。

もっとも、この「正当な理由」についての法務局の判断、裁判所に対する過料事件の通知の手続など、過料の制裁の運用に際しては、透明性と公平性の確保に努めること、および相続登記申請義務を負う者について、DV被害者に当たる場合の状況、経済的困窮の状況など、実質的に相続登記申請が困難な者の事情等を踏まえた柔軟な対応を行うことが求められている[37]。

(3) 登記手続の簡略化等

(ⅰ) 相続人に対する遺贈による所有権移転登記

相続登記を促すインセンティブを付与する制度として、相続等に関する登記手続の簡略化が図られた。

「相続」による権利移転の登記は、登記権利者である相続人が単独で申請することができる（不登法63条２項）。この「相続」による権利移転には、被相続人が特定の遺産を特定の相続人（受益相続人）に「相続させる」旨の遺言（特定財産承継遺言。民法1014条２項）をした場合の権利取得も含まれる（注38参照）。これに加えて、改正不動産登記法は、相続人に対する遺贈による不動産所有権移転登記についても、登記権利者（受遺者）が単独で申請することを認めた（不登法63条３項＊）。したがってまた、今次の改正は、相続人への遺贈による不動産所有権移転以外の権利変動に関する登記・登録も含めて、相続を契機とする権利取得者について全面的に単独申請を認める趣旨で

(36)　「中間試案」第６－２(2)、「部会資料38」第１－２(2)、「部会資料53」第２部－第１－１(2)参照。
(37)　衆議院法務委員会附帯決議２、参議院法務委員会附帯決議２。

はないことに留意する必要がある(38)。これは、今次の不動産登記法改正が、所有者不明土地・建物の発生予防を主眼とするという立法政策によるものだからである。

(ⅱ) 法定相続分による相続登記がされた場合

不動産の登記名義人が死亡した場合において、法定相続分に従った相続登記が行われ、その後に遺産分割がされ、法定相続分を超えて所有権を取得した者は、遺産分割から３年以内に所有権移転登記を申請しなければならない(不登法76条の２第２項＊。前述（１）（ⅲ）④)。この方法による相続登記申請義務の履行を促すインセンティブとして、登記権利者が単独で、更正登記（不登法67条）の方法により、遺産分割の結果を反映した登記を申請できるものとする旨が提案された(39)。この提案は、法定相続分による登記をした後に、遺産分割協議の結果を反映した登記を申請するときは、持分権の移転による移転登記（したがって、持分権を移転する登記義務者と持分権を取得する登記権利者との共同申請となる）とする現在の登記実務を変更するとともに、法定相続分による相続登記へのインセンティブにもなると考えられたものである(40)。

---

(38)　「中間試案」第６－３⑴、「部会資料38」第１－３⑴、「部会資料53」９頁参照。ちなみに、特定の相続人の特定の遺産を相続させる旨の遺言（特定財産承継遺言。民法1014条２項）がされた場合は、被相続人の死亡により、当該特定財産の所有権が被相続人から受益相続人に、「相続」を原因として、直接に移転するものと解されている（最判平成３年４月19日民集45巻４号477頁）。この実体法上の権利変動法理は、法定相続分を超える所有権（共有持分権を含む）の取得について対抗要件主義を導入した民法899条の２によっても否定されていないものと解される。したがって、特定財産承継遺言の受益相続人および対抗要件を備えるために必要な行為をすることができる遺言執行者（民法1014条２項）は、「相続」を原因とする所有権移転登記手続（不登法63条２項）を単独で申請することができる（昭和47年４月17日甲1441民事局長回答〔民事月報27巻５号165頁〕参照)。松尾（2019e）51頁、77-79頁。

(39)　「中間試案」第６－３⑵、「部会資料38」第１－３⑵、「部会資料53」第２部–第１－１⑸、「部会資料60」第１－１⑸本文参照。

(40)　それに対しては、法定相続分による登記がされた状態が固定化し、遺産分割へのインセンティブを欠いてしまうことも懸念される。前述⑴⒱参照。

しかし、その後、法定相続分での相続登記がされている場合において、以下①～④の登記をするときは、「更正の登記によることができるもの」としたうえで、「登記権利者が単独で申請することができる」とし、これを「不動産登記実務の運用により対応する」ものとされた(41)。それは、法定相続分での相続登記がされた後の、①遺産分割の協議または審判もしくは調停による所有権の取得に関する登記、②他の相続人の相続の放棄による所有権の取得に関する登記、③特定財産承継遺言による所有権の取得に関する登記、④相続人が受遺者である遺贈による所有権の取得に関する登記である。これは、これらの登記、特に①の登記は、必ずしも更正の登記（不登法67条）によらなくとも、現在の実務と同様に、共同申請によって「所有権の移転の登記」をすることも妨げられるものではないと考えられることから、その趣旨を明確にしたものである(42)。

(iii) 登記手続の負担軽減

単独申請の拡大に加え、相続登記を促すべく、相続登記についての登録免許税の減免および添付書面の簡略化についても、必要な措置を検討することが求められている(43)。

(4) 所有不動産記録証明書の交付等

相続登記へのインセンティブの１つとして、①不動産の所有権の登記名義人、および②不動産の所有権の登記名義人について死亡、法人の合併等の一般承継があった場合における相続人等の一般承継人は、当該不動産の登記名義人が現在の登記名義人となっている所有不動産の一覧を、証明書として発行することを請求できる制度（所有不動産記録証明制度）が導入された（不登

(41)　「部会資料62」第１－１(5)本文。
(42)　「部会資料62－２」１～２頁。
(43)　衆議院法務委員会附帯決議３、参議院法務委員会附帯決議３。

法119条の２第１項＊・第２項＊）[44]。

このうち、前記②を用いることにより、特定の自然人について相続が発生し、または特定の法人が合併する等して、権利の一般承継が発生した場合に、当該自然人または法人が登記名義人となっている不動産を一括して把握することができる（不登法119条の２第２項＊）。これにより、登記名義人の相続人等の一般承継人が、相続登記等、所有権の一般承継の登記が必要となる不動産を把握することを容易にし、そうした登記申請に関連するコストを軽減することができる。それを通じて、相続登記等の一般承継による登記を促すインセンティブを創出し、相続登記等の登記漏れを防ぐ効果が期待されている。

一方、前記①は、不動産の登記名義人について相続や合併が発生したりする前に、自然人であれ法人であれ、本人自身が所有する不動産を「一覧的」に確認することができるようにする手段ともなりうる（不登法119条の２第１項＊）。

前記①の場合、何人も、登記官に対し、手数料を納付して、自らが所有権の登記名義人（これに準ずる者として法務省令で定めるものを含む）として記録されている不動産に係る登記記録に記録されている事項のうち法務省令で定めるもの（記録がないときは、その旨）を証明した書面（以下、「所有不動産記録証明書」という）の交付を請求することができる（不登法119条の２第１項＊）。

前記②の場合、相続人、その他の一般承継人は、登記官に対し、手数料を納付して、被承継人に係る所有不動産記録証明書の交付を請求することができる（不登法119条の２第２項＊）。

前記①・②いずれの場合も、代理人による交付請求を許容することを前提にしている[45]。所有不動産記録証明書の交付請求は、法務大臣の指定する登

(44)「中間試案」第６－４②、「部会資料38」第１－４、「部会資料53」第２部−第５－４、「要綱」第２部−第５－４でも維持された。
(45)「要綱」第２部−第５－４注２参照。

記所の登記官に対し、法務省令で定めるところにより、することができる（不登法119条の2第3項＊）。

前記①・②における手数料の額は、物価の状況、登記事項証明書の交付に要する実費、その他一切の事情を考慮して政令で定められる（不登法119条3項、119条の2第4項＊）。また、その手数料の納付は、収入印紙をもってしなければならない（不登法119条4項本文、119条の2第4項＊）[46]。

所有不動産記録証明制度は、証明書の交付請求に係る登記名義人の氏名または名称および住所等の現在の情報に基づき、システム検索を行い、その結果を「一覧的」に証明するものである。したがって、その情報源となる現在の登記記録における所有権の登記名義人の氏名または名称および住所についての記録は、過去の一定時点のものであって、当該情報が更新されているとは限らない。その結果、証明書の交付請求に係る登記名義人が現在所有する、または相続等の一般承継が生じた時点で所有していた不動産の「網羅性」を保障するものではなく、それには技術的限界があることが前提となっている[47]。

(5) 遺産分割の期間制限に関する民法等の規律

(i) 相続開始時から10年以内の遺産分割の促進策

所有者不明土地の発生を予防するために、相続登記を促進するに際し、その成果を実質的に左右する根本的な要因として、遺産分割をどのようにして促すことができるかが、重要な鍵を握っている（前述（1）（vi）参照）。しかし、遺産分割そのものに期間制限を設けることは、遺産分割されずにその

(46)　ただし、法務省令で定める方法で登記事項証明書の交付を請求するときは、法務省令で定めるところにより、現金をもって手数料を納付することができるものとされた（不登法119条4項ただし書、119条の2第4項＊）。
(47)　「要綱」第2部–第5–4注1参照。

期間が経過した場合にどのような効果を生じさせるかという問題とも絡み、必ずしも容易ではない。

そこで、改正民法は、相続開始時から10年を経過した後にする遺産分割については、具体的相続分の算定の基礎となる①特別受益（民法903条、904条）および②寄与分（民法904条の2）に関する規定が適用されないものとした（民法904条の3柱書本文＊）。これにより、相続開始時から10年を経過しても遺産分割がされないと、共同相続人が他の共同相続人の特別受益および自己の寄与分を考慮に入れた具体的相続分による遺産分割を求める利益を失いうる。これは、利益を失うおそれのある共同相続人のイニシアティブにより、相続開始時から10年以内に遺産分割が行われるよう、間接的に促すものであるといえる(48)。その結果、遺言がない場合は、遺産分割がされずに10年経過した後は、法定相続分（民法900条、901条）または指定相続分（民法902条）に従って遺産分割が行われることになる(49)。

(ii) 例外

ただし、①相続開始時から10年を経過する前に、相続人が家庭裁判所に遺産分割の請求をしたとき（民法904条の3第1号＊）、または②相続開始時から始まる10年の期間の満了前6か月以内の間に、遺産分割を請求することができないやむを得ない事由が相続人（当初の相続人が死亡しているときは、その地位を承継した者）にあった場合において、その事由が消滅した時から6か月を経過する前に、当該相続人が家庭裁判所に遺産分割の請求をしたとき（民法904条の3第2号＊）は、この限りでない（民法904条の3柱書ただし書＊）。

---

(48)「中間試案」第4－2、3、「部会資料42」第1、「部会資料51」第1部‐第4－3補足説明（20頁）。

(49) しかし、10年経過後も遺産分割の基準（民法906条）の規定はなお適用されるものと解される（「部会資料42」第1－2(1)参照）。なお、遺産共有と通常の共有が併存する共有物につき、共有物分割請求（民法258条）がされた場合については、第3章3(1)(iv)参照。

(iii) 相続開始から10年経過後に生じる不利益の内容

遺産分割がされずに、相続開始から10年が経過した後であっても、共同相続人間で具体的相続分に従って分割する旨の合意がされた場合は、それに従った遺産分割の協議は有効である。さらに、遺産分割の調停または審判による場合でも、具体的相続分による旨の合意に従った遺産分割は有効であると解される(50)。

これに対し、遺産分割がされないまま相続開始から10年が経過し、法定相続分によって遺産分割がされた場合において、具体的相続分による場合よりも不利益を受けた共同相続人が、同じく利益を受けた共同相続人に対し、不当利得を理由とする返還請求をすることは認められない(51)。相続開始時から10年経過後は具体的相続分に関する民法903条、904条および904条の２が適用されないものとした趣旨は、遺産分割による共同相続人間の最終的な利益帰属をも含意するものであり、法定相続分に従った遺産分割により、具体的相続分に従った遺産分割よりも利益を受ける共同相続人の利得は、不当利得とはいえないと解される。

また、相続開始時から10年を経過した後は、遺産分割の審判の申立ての取下げは、相手方の同意を得なければ、その効力を生じないものとされた（家手法199条２項＊）(52)。また、遺産分割の調停の申立ての取下げについても同様である（家手法273条２項＊）。これらも、できる限り速やかに遺産分割がされるように促すためのルールであると解される。

(iv) 遺産分割を禁止する場合の期間制限

他方で、遺産分割をしない旨の契約についても、規律が改められた。共同

(50) 「部会資料42」第１－５補足説明、「部会資料51」第１部－第４－３補足説明（20頁）参照。
(51) 「部会資料51」第１部－第４－３補足説明（20頁）参照。
(52) 「部会資料42」第１－６補足説明（８～９頁）参照。

相続人は5年以内の期間を定めて、遺産の全部または一部について遺産分割をしない旨の契約をすることができるが、その期間の終期は、相続開始時から10年を超えることができないものとされた（民法908条2項＊）。この契約は5年以内の期間を定めて更新することができるが、その期間の終期も相続開始時から10年を超えることができない（民法908条3項＊）。

関連して、遺産分割について共同相続人間に協議が調わず、または協議することができない場合、各共同相続人は遺産の全部または一部の分割を家庭裁判所に請求することができるが（民法907条2項本文）、その際、家庭裁判所は、「特別の事由」があるときは、5年以内の期間を定めて、遺産の全部または一部について分割を禁ずることができる。ただし、その期間の終期も相続開始時から10年を超えることができないものとされた（民法908条4項＊）。この期間は、家庭裁判所が5年以内の期間を定めて更新することができるが、その終期も相続開始時から10年を超えることができない（民法908条5項＊）。

（ｖ）遺産分割の期間制限と相続登記申請期間との関係

以上のように、遺産分割に関する民法改正からは、原則として相続開始時から10年以内に遺産分割を行うべきであるという規範意識の形成が促されているように思われる。もっとも、相続開始時から10年以内に遺産分割をしなかった場合に、過料等の制裁が課されるわけではない。

では、遺産分割の期間に関するこの改正民法のルールと、相続登記の申請義務・申請期間に関する改正不動産登記法のルール（前述（1））とはどのような関係に立つであろうか。相続登記に関する不動産登記法改正は、不動産の登記名義人が死亡し、自己のために相続の開始があったことを知り、かつ当該不動産の所有権の取得を知った日から3年（相続登記申請期間）以内に、相続による所有権移転について登記申請義務を課し、その義務違反に対しては過料の制裁を定めた（不登法164条。前述（2））。この相続登記申請義務は、相続登記申請期間内に、遺産分割して登記すれば、完全に果たされる（遺産分割を要しない単独相続の場合または特定財産承継遺言もしくは相続人への遺贈がある場合は、その旨の登記を単独申請で行いうる。不登法76条の２第１項＊。前述（１）（iii）①～③、（３）（ｉ））。したがって、相続登記申請期間内に遺産分割をして登記することが最も望ましいという規範意識の形成が期待される（前述（１）（vi））。しかし、そうすることができない場合は、相続登記申請期間内に法定相続分による相続登記または相続人申告登記をすることになるが、この場合において、その後に遺産分割したときは、遺産分割の日から３年以内に所有権移転登記の申請義務をなお負うことになる（不登法76条の２第２項、76条の３第４項。前述（１）（iii）④～⑤、（iv））。ところが、法定相続分による相続登記または相続人申告登記から、遺産分割までの期間については、不動産登記法の規律対象とはなっていない。そこで、この点については、改正民法の遺産分割の規律（民法904条の３＊、908条２項～４項＊）が適用され、共同相続人に相続開始時から10年以内の遺産分割を促すことになる。その結果、相続開始時から10年以内に遺産分割すべきであるという民法の規範と、相続登記申請期間内に遺産分割をして登記することが最も望ましいという不動産登記法の規範との間にはギャップがある。これをどのように埋めるべきかは、今後の課題である。

なお、遺産分割に際し、遺産に属する財産に対し、共同相続人以外の者が共有持分をもつ場合（遺産共有と通常共有が併存する共有物）の分割に関しては、後述する（第３章３（１）（iv）参照）。

(6) 登記名義人の権利能力の喪失に関する登記所の情報入手権限の拡大

所有者不明土地の発生を抑えるために、不動産所有権を相続によって取得した相続人に相続登記の申請を義務づける一方で、登記官の側にも公的機関から死亡等の情報を取得し、職権でそれを登記に表示する制度も導入された。

登記官は、（ｉ）所有権の登記名義人（法務省令で定めるものに限る）が「権利能力を有しないこととなった」と認めるべき場合として法務省令で定める場合には、法務省令で定めるところにより、職権で、当該所有権の登記名義人についてその旨を示す「符号」を表示することができる（不登法76条の4＊）[(53)]。

その際、（ⅱ）登記官は、（ⅰ）の職権による登記をするために必要な限度で、関係地方公共団体の長、その他の者に対し、その対象となる不動産の所有者等（所有権が帰属し、または帰属していた自然人または法人（法人でない社団または財団を含む）に関する情報の提供を求めることができる（不登法151条＊）[(54)]。

また、（ⅲ）登記官は、自然人については、登記官が住民基本台帳ネットワークシステムに照会して、所有権の登記名義人の死亡情報等を取得し、職権で不動産登記に反映することができる[(55)]。

その手段として、登記所が住民基本台帳ネットワークシステムから所有権の登記名義人の死亡情報を取得するため、新たな仕組みが創設された[(56)]。

（ア）自然人である所有権の登記名義人は、登記官に対し、自らが所有権の登記名義人として記録されている不動産について、氏名および住所の情報に加え、生年月日等の検索用情報を提供する。この検索用情報は登記記録上に公示せず、登記所内部において保有するデータとして扱われる。

（イ）登記官は、氏名、住所および検索用情報を検索キーとして、住民基本台帳ネットワークシステムに定期的に照会を行う等して、自然人である登記名義人の死亡等の事実を把握することができる。

---

(53)　「部会資料38」第2－2参照。

(54)　「中間試案」第6－1、「部会資料38」第1－1、第2－2参照。なお、登記名義人について死亡情報を入手した登記所は、当該登記名義人の最後の住所地宛てに相続登記を促す通知を送付する等の措置も検討された。「中間試案」第6－1、「部会資料38」第1－1参照。

なお、登記官の情報提供請求権は、不動産登記法14条1項の地図を作成するために必要な限度にも及ぶ（不登法151条＊）。

(55)　登記官による自然人の氏名・住所の変更登記に関しては、後述2(2)参照。また、法人については、商業・法人登記システムから情報を入手し、名称・住所の変更登記を行うことができる。後述2、特に同(2)参照。

(56)　「要綱」第2部‐第3参照。なお、「部会資料38」第2－3も参照。

なお、(ア) 検索用情報の提供に関しては、①この新たな仕組みを定める規定の施行後に、新たに所有権の登記名義人となる者は、登記申請の際に、生年月日を含む検索用情報の提供を必ず行うことが求められる。これに対し、②当該規定の施行前にすでに所有権の登記名義人となっている者は、その不動産の特定に必要な情報、自己が当該不動産の登記名義人であることを証する情報および検索用情報の内容を証する情報とともに、検索用情報の提供を、任意に行うことができる(57)。

(57) 「要綱」第2部−第3 (注) 参照。

2 登記名義人の探索・特定を容易にするための法改革

(1) 登記名義人の氏名・名称および住所の変更の登記義務

所有者不明土地を発生させる原因として、相続による所有権移転が生じても登記がされないことのほか、住所変更をしたにもかかわらず、登記所に住所変更届をしないために、登記簿の住所が旧住所のままになっていることが少なくないことが考えられる(58)。登記名義人の氏名（自然人の場合）・名称（法人の場合）の変更についても、同様の問題が起こりうる。そこで、登記名義人の氏名・名称および住所の情報の更新を図るための仕組みが導入された。

不動産の所有権の登記名義人に、氏名・名称および住所の変更が生じた場合に、変更日から2年以内に、変更の登記を申請することが義務づけられた(59)。すなわち、所有権の登記名義人の氏名（自然人の場合）もしくは名称（法人の場合）または住所について変更があったときは、当該所有権の登記名義人は、その変更があった日から2年以内に、氏名・名称または住所についての変更の登記の申請義務を負う（不登法76条の5＊）。そして、「正当な理由」なしに申請義務の履行を怠ったときは、5万円以下の過料に処される（不登法164条2項＊）。

(2) 登記所による登記名義人の氏名・名称および住所の変更情報の入手

登記名義人の氏名・名称または住所の変更登記申請義務化と並んで、登記

(58)　前掲注（15）参照。
(59)　「中間試案」第7－1、「部会資料38」第2－1参照。

所の側にも、他の公的機関から登記名義人の氏名・名称および住所の変更情報を入手し、不動産登記に反映させる権限を付与した[60]。登記官は、所有権の登記名義人の氏名もしくは名称または住所について変更があったと認めるべき場合として法務省令で定める場合には、法務省令で定めるところにより、職権で、氏名もしくは名称または住所についての変更の登記をすることができる（不登法76条の６本文＊）。

ただし、当該所有権の登記名義人が自然人であるときは、氏名または住所の変更の登記は、その申出があるときに限られる（不登法76条の６ただし書＊）。

(3) 法人に関する登記事項の追加

不動産の登記名義人が法人である場合は、会社法人等番号が登記事項に追加された[61]。すなわち、所有権の登記名義人が法人であるときは、会社法人等番号（商登法７条〔他の法令において準用する場合を含む〕に規定するもの）その他の特定の法人を識別するために必要な事項として法務省令で定めるものを登記しなければならない（不登法73条の２第１項１号＊）[62]。

(4) 日本国内に住所をもたない登記名義人の所在把握を容易にする措置

また、外国に住所を有する所有権の登記名義人の所在を把握するために、日本国内における連絡先を登記することができるものとした[63]。すなわち、所有権の登記名義人が国内に住所を有しないときは、その国内における連絡先となる者の氏名または名称および住所、その他の国内における連絡先に関

(60)　「中間試案」第７－２、「部会資料38」第２－２、「要綱」第２部－第３参照。
(61)　「中間試案」第10－１、「部会資料35」第２－１、「要綱」第２部－第５－１参照。
(62)　この登記に関して必要な事項は、法務省令で定められる（不登法73条の２第２項＊）。
(63)　「中間試案」第10－２①。

する事項として法務省令で定めるものを登記しなければならない（不登法73の2第1項2号＊）[64]。

(5) 不動産登記情報の公開の制限

(i) 被害者保護のための住所情報の公開の見直し

不動産の所有者が不明状態となることを回避するために、不動産登記情報を充実させ、活用を図る一方で、個人のプライバシー、その他私人の利益保護の観点から、不動産登記情報の公開に対し、一定の制限が設けられた。

まず、登記事項証明書および登記事項の概要証明書（以下、「登記事項証明書等」という）の交付（不登法119条1項・2項）に際し、DV（ドメスティック・バイオレンス）等の被害者を保護するために、登記官は、登記記録に記録されている自然人の住所が明らかにされることにより、人の生命もしくは身体に危害を及ぼすおそれがある場合、またはこれに準ずる程度に心身に有害な影響を及ぼすおそれがあるものとして法務省令で定める場合において、その者からの申出があったときは、法務省令で定めるところにより、登記事項証明書等に、当該住所に代わるものとして法務省令で定める事項を記載しなければならない（不登法119条6項＊）[65]。

---

(64)　この登記に関して必要な事項は、法務省令で定められる（不登法73条の2第2項＊）。
　日本国内における連絡先として、第三者の氏名・名称および住所を登記する場合は、当該第三者の承諾があること、および当該第三者は日本国内に住所を有するものであることが必要となる（要綱第2部－第5－2(1)注1参照）。
　連絡先となる者の氏名・名称および住所等の登記事項に変更があった場合は、所有権の登記名義人のほかに連絡先として第三者が登記されているときは、当該第三者が単独で変更の登記の申請をすることができる（要綱第2部－第5－2(1)注2参照）。
　また、所有権の登記名義人となろうとする者が、外国に住所を有する外国人（法人を含む）である場合に必要となる住所証明情報は、①外国政府等の発行した住所証明情報か、②住所を証明する公証人の作成に係る書面（外国政府等の発行した本人確認書類の写しが添付されたものに限る）のいずれかでなければならない（「中間試案」第10－2②、「部会資料35」第2－2、「要綱」第2部－第5－2(2)参照）。
(65)　「要綱」第2部－第5－5に基づく。

(ii) 登記簿の附属書類の閲覧の制限

(ア) 登記簿の附属書類の写しの交付請求については、何人も、登記官に対し、手数料を納付して、登記簿の附属書類（電磁的記録を含む）のうち、政令で定める「図面」の全部または一部の写し（電磁的記録の場合は、記録された情報の内容を証明した書面）の交付を請求することができる（不登法121条1項)。この点については、現行法が維持されている。

これに対し、(イ) 登記簿の附属書類の閲覧請求については、①登記簿の附属書類のうち、政令で定める「図面」(電磁的記録の場合は、記録された情報の内容を法務省令で定める方法により表示したもの）については、何人も、登記官に手数料を納付し、閲覧を請求することができる（不登法121条2項＊)。

②その他の附属書類の閲覧請求については、何人も「正当な理由」があるときは、登記官に対し、法務省令で定めるところにより、手数料を納付して、登記簿の附属書類の全部または一部（その正当な理由があると認められる部分に限る）の閲覧を請求することができる（不登法121条3項＊)。

ただし、③自己を申請人とする登記記録に係る登記簿の附属書類については、登記を申請した者は、登記官に対し、法務省令で定めるところにより、手数料を納付して、閲覧を請求することができる（不登法121条4項＊）[66]。

---

(66) 「要綱」第2部-第5-3に基づく。

3　土地所有権の国庫帰属の承認——いわゆる土地所有権の放棄に関する新立法

(1) 立法の経緯

(i) 土地所有権の放棄の可否と要件

所有者不明土地の発生を予防する方策として、所有者不明土地の潜在的な発生源であるといえる、所有者が所有権放棄の要望をもつ土地について、放棄を認めるべきか否か、認めるとして、どのような要件の下で認めるべきかが検討されてきた。その際には、法理論および法政策の両面で、考慮すべき問題がある。

法理論上の問題として、①土地所有権の放棄の法的意味が問われる。土地の私的所有が認められず、土地が全人民の所有に属する社会主義国では、私人が国家から与えられた土地使用権の対象地を国家に任意に返還することも想定され、それによって土地使用権が消滅しても、土地所有者に変更はない(例えば、2013年ベトナム土地法16条１項ｃ号、65条１項ｃ号は「自発的な土地の返還」を認め、その場合は国家が土地を回収して土地使用権が消滅する。もっとも、その場合も、土地使用権の返還意思を確認する地区の人民委員会の文書、天然資源環境局による現場検証記録等が必要で、そのうえで世帯・個人・住民共同体の土地使用権の回収を県の人民委員会が決定し〔同法66条２項〕、土地を地区の人民委員会に引き渡すことになる。したがって、土地使用権者の一方的な意思表示によって土地を返還して土地使用権を消滅させる意味での放棄が認められているわけではない)。これに対し、土地の私的所有を認める国では、土地所有権の放棄が当然に想定されているとはいえない。フランスでは所有権の内容を定めた民法544条の解釈と同713条（2016年改正）により、土地所有権の放棄と放棄後の帰属先が定められている。ドイツでは民法928条１項により、土地所有者が放棄の意思を土地登記所に表示し、土地登記簿に登記されることによって放棄が認められ、同条２項により、無主となった土地を先占する権利が土地の存在する州の州庫に帰属し、州庫が所有者として土地登記簿に登記することによって所有権を取得する。

しかし、日本民法には土地所有権の放棄について一般的に認めた規定はない。民法287条が、承役地所有者が工作物の設置・修繕義務を免れるために、「地役権に必要な土地の部分の所有権を放棄して地役権者に移転」するにとどまる。法務省の民事局長回答には、崩壊寸前の崖地について土地所有権の放棄を否定したもの（昭和41年８月27日付民事甲第1953号民事局長回答）がある一方で、裁判例は、一般論としては土地所有権の放棄を否定しないが、具体的事案では権利濫用ないし公序良俗違反に当たるとして放棄の効果を否定するものが多い。日本法における土地所有権の放棄は、（ａ）いったん完全に私有になった土地を国家またはその他の公的機関に新たに「移転する」ことを求める行為で、それを認める特別の法律がなければできないのか、あるいは（ｂ）土地に対する原有権（original property）を保持する国家に対して土地を「お返しする」行為なのか、そのいずれかに容易に断じ難い歴史的事情がある。そこには、日本における土地所有制度の歴史的発展経緯、特に大政奉還・版籍奉還がされた後、間もなく始まった地券制度の導入以降の土地をめぐる私人の権利・義務と国家の権限・責務との関係が曖昧に推移した事情が反映している。

また、その他の法理上の問題として、②土地以外の不動産（建物等）および動産の所有権の放棄との関連も考慮する必要がある。建物は、所有権の放棄を認めると、土地以上に管理コストが問題になり、物理的に滅失させることも可能であることから、放棄は土地以上に慎重であるべきになるべきこと、動産は、現在も所有権の放棄が可能であると解されており、物理的に滅失させることも比較的容易で、新たな立法をする必要性が乏しいことから、規律の対象から外された。さらに、③土地所有権の放棄は、所有権以外の権利の放棄との理論的関連も考慮して、議論する必要もある（後述（ⅱ）参照）。

法政策上の問題としては、①土地の管理・処分が困難になった所有者に、相続が生じるまで所有からの離脱を一切認めないことは、管理不全の土地を生じさせることになり、好ましいとはいえない。しかし、②土地の利用価値があるうちは利用して収益を上げ、その価値が乏しくなったら放棄することや、土地を利用する間に土壌を汚染したり、維持・管理費用が増大したことを理由に、安易に放棄を認めることは、土地所有者のモラル・ハザードを惹起させる。さらに、③土地所有権の放棄を認めることは、その帰属先となる国家等に管理の負担と費用を生じさせる。それは最終的には国民等が負担することになるから、土地所有者と国民等との公平を図ることも考慮に入れなければならない。

土地所有権の放棄については、これら法理論および法政策の双方の問題点に配慮して検討する必要がある[67]。法制審議会民法・不動産登記法部会にお

---

(67)　フランス民法における土地所有権の放棄に関しては、小柳（2021）157～243頁、307～335頁、法制審議会民法・不動産登記法部会（第１回）参考資料３（原恵）23～27頁参照。

ドイツ民法における土地所有権の放棄に関しては、法制審議会民法・不動産登記法部会（第１回）参考資料２（藤巻梓）２～６頁参照。

土地所有権の放棄に関する裁判例として、①国が登記名義人の土地所有権放棄を主張して抹消登記手続を請求し、請求を認容した、大津地判昭和53年１月23日下民29巻１＝４号１頁、②これを土地の放置にすぎないとして取り消した、大阪高判昭和58年１月28日高民36巻１号１頁（確定）、③崩壊した傾斜地（仮換地）の土砂の撤去を請求された使用収益権者が、従前の土地に対する所有権を崩壊事件後に放棄して撤去義務の不存在を主張したが、権利の放棄は第三者の権利を害する場合は許されないこと等を理由に否定した、東京高判昭和51年４月28日判時820号67頁（確定）、④父から贈与を受けて登記を取得した山林の所有者が、所有権放棄の意思表示をして国に所有権移転登記手続請求したのに対し、土地の管理負担を押し付けるもので権利濫用として棄却した、松江地判平成28年５月23日訟月62巻10号1671頁、⑤これを認容し、「不動産について所有権放棄が一般論として認められるとしても」、本件土地所有者による所有権放棄は「権利濫用等に当たり無効」とした、広島高裁松江支判平成28年12月21日訟月64巻６号863頁（確定）等がある。

日本における土地所有権制度の形成プロセスに関しては、松尾（2018b）125～135頁参照。

土地以外の不動産および動産の所有権の放棄については、中間試案の段階で新たな規律を設けないことが提案され、その方向性が固まった。中間試案第５－３⑵、「部会資料

いては、土地所有権の放棄を実質的に認める方向で、しかし、その要件を徐々に絞る形で、検討が進んできた。

まず、土地所有権の放棄は、自然人に限ること、共有地については共有者全員が共同で放棄する必要があること、国の行政機関に事前審査を申請し、放棄の「認可」(行政行為）を得ることによって放棄が効力をもつという特別の意味の「放棄」とすることが提案された。そして、「放棄」が認可されるための実体的要件としては、①土地の権利の帰属に争いがない、筆界が特定されている、②土地について第三者の使用収益権や担保権の設定がない、所有者以外の占有者がいない、③現状のままで土地を管理することが将来的にも容易な状態である（建物、その他土地の性質に応じた管理を阻害する工作物、埋設物、土壌汚染がない等)、④土地所有者が審査手数料および土地の管理に係る一定の費用を負担する、⑤土地所有者が、相当な努力が払われたと認められる方法により土地の譲渡等をしようとしてもなお譲渡等をすることができないことを要件とすることなどが検討された(68)。

このような個別的要件の検討とともに、土地所有権の放棄の法理上の説明として、（a）そもそも土地所有権の放棄は原則として認められないことを前提に、例外的にそれを認めるための方法を法律上設ける趣旨で検討するものなのか、反対に、（b）土地所有権の放棄も認められるのが原則であるが、土地の性質上、公共の利害に与える影響が大きいことから、公共の福祉に基づき、それを法律上制限するための制度を設ける趣旨なのか、原理的な問題も議論された。すなわち、中間試案の段階では、国の行政機関に事前審査を申請し、放棄の「認可」(行政行為）を得ることによって放棄が効力をもつという特別の意味の「放棄」とすることが提案された（「中間試案」第5－1、第5－2注1・注2)。そして、パブリック・コメントの後、（a）説により、「不動産は、法令に特別の定めがある場合を除き、その所有権を放棄することができないものとする規律を民法に設けた上で」、土地所有権の「放

36」第1、補足説明4～5頁参照。
(68)「中間試案」第5－1、第5－2、同注1・注2参照。

棄」の申請を審査機関が「認可」する法律を制定する方針が示された（「部会資料36」第1柱書、第1－1、補足説明4－6頁。なお、土地所有権の国庫帰属の効果は、民法239条2項による。同第1注1）。しかし、これに対しては、不動産所有権が放棄できない旨を民法に規定すると、動産所有権の放棄の可否の議論にも影響を及ぼす可能性があるという観点から反対があり、「民法に所有権の放棄に関する新たな規律を設けることなく」、土地所有権の国への「移転」の「認定処分」を一定の要件の下に可能にする法律を新たに制定する方向が固まった（「部会資料48」第1柱書、第1－1、補足説明4－6頁）。これはただちに（a）説を放棄したとも、（b）説に与したとも言い難い修正である。そこには、前述した日本の土地所有権概念の特色が反映しているように思われる[69]。

そうした中で、土地所有権の放棄を認めるための要件をさらに絞り込むことが検討された。その結果、土地所有権の放棄認可が可能な土地として、その取得原因を相続（特定財産承継遺言を含む）または相続人に対する遺贈によって取得した土地に限ることが提案された。加えて、土地所有権の放棄者の国に対する損害賠償責任（放棄の認可時から5年以内。土地所有権放棄の要件が具備されていないことを過失なく知らなかった場合を除く）も加えられた[70]。

（ii）土地所有権以外の権利の放棄との関係

土地所有権以外の権利の放棄について、民法は、地上権の放棄（民法268条1項）、永小作権の放棄（民法275条）、地役権の放棄（民法287条）、共有持分権の放棄（民法255条1項）等を認めている。これらの権利は、所有権または他の共有持分権を制約する権利であるから、それらの権利が放棄されても、既存の所有権または共有持分権の帰属自体に変更は生じない。もっとも、地上権および永小作権の放棄の場合は、元々の所有者がもっていた状態が回復

(69)「部会資料2」1～2頁、「部会資料20」3～4頁、「部会資料36」4～6頁、「部会資料48」3～4頁参照。
(70)「部会資料36」第1参照。

されるものであるのに対し、共有持分権の放棄は、その持分を他の共有者が新たに取得することになり、管理費用の増加等、他の共有者に対する影響が大きなものとなる。そこで、共有持分権の放棄に関する民法255条の見直しの要否が検討された(71)。

この点については、一般的に、共有持分を放棄するためには、他の共有者全員の同意を必要とするものとする【甲案】と、不動産に対象を絞り、共有不動産の共有持分を放棄するためには、他の共有者全員の同意を必要とするものとする【乙案】が提示された(72)。しかし、その後、法制審議会民法・不動産登記法部会第19回会議では、前記【甲案】と、共有持分の放棄については、新たな規律を設けないとする、新【乙案】が提示され、最終的に後者が採用された(73)。理由は、共有者が他の共有者に一方的に負担を押し付ける目的で共有持分を放棄することは、権利濫用（民法1条3項）に当たるし、不動産の場合は他の共有者との共同申請によらなければ持分の移転登記ができず、移転登記がされなければ固定資産税の納付義務を免れることもできない（地方税法343条2項）からである。

(iii) 土地所有権の放棄を制度化するための立法形式

以上に概観したような法理論上および法政策上の問題点を検討したうえで、既述のように、土地所有権の放棄の可否については、民法に規律を設けることなく、土地所有権の国への「移転」の認定を、一定要件の下に可能にする法律を新たに制定する方向が固まった（前述（i）参照）。このことは、民法の規律を超える土地所有権の移転であるとともに、民法上の単独行為として土地所有権の放棄を認め、その結果として土地が無主となり、国庫に帰属する（民法239条2項）という原始取得の法的構成をとらないことを意味する。

こうして、民法上土地所有権の放棄を認めるフランス民法やドイツ民法の

(71)「中間試案」第5-3参照。
(72)「部会資料36」第2参照。
(73)「部会資料48」16～18頁。

場合（前述（ⅰ）参照）とは異なるものとして、日本法独自の方法で土地所有権の国庫への移転を可能にする新たな立法として、「相続等により取得した土地所有権の国庫への帰属に関する法律」（令和３年４月28日法律第25号。以下、「相続土地国庫帰属法」という）が制定された[74]。これは、土地所有者から法務大臣に対して土地所有権を国庫に帰属させたい旨の「申請」があった場合に、所定の要件の下でこれを「承認」するという行政行為による所有権移転を認めるものである。他方で、民法には所有権の放棄に関する新たな規律は設けないこととなった[75]。

相続土地国庫帰属法は、所有者不明土地（相当な努力を払ってもなおその所有者の全部または一部を確知することができない土地）の「発生の抑制」を図ることを目的として、法定相続または相続人に対する遺贈（以下、「相続等」という。後述（２）（ⅰ）（ア）参照）によって土地の所有権または共有持分権を取得した者が、これを国庫に帰属させることを可能にする制度を創設するものである（相帰法１条）。

（ⅳ）相続土地国庫帰属法の制定の含意

民法上、土地所有権の放棄（単独行為）を認める旨の規定を置く方法をとらず、土地所有権の移転を国に申請し、国の承認によって土地所有権の承継取得を認めるものとして、相続土地国庫帰属法を制定したことは、土地については、法令に特別の定めがある場合を除き、民法の解釈としても、所有権を放棄することができないことを認めたことを意味するものであろうか。一方では、同法の制定により、今後は土地所有権を放棄することはできないという解釈が有力になるとの見方もある[76]。他方では、同法によって土地ない

(74)　相続土地国庫帰属法は、公布の日から起算して２年を超えない範囲内において、政令で定める日から施行される（同法附則１項）。
(75)　「要綱」第３部注１参照。
(76)　荒井（2021）218頁参照。また、要綱の背景には、不動産については、法令の定めがある場合を除き、その所有権を放棄することができないとの考え方があることは否定できないとの見方もある（潮見（2021）26頁）。

し不動産の所有権を放棄することができるか否かをめぐる民事ルールのあるべき姿について何らの決着がつけられたわけではないとの見方もある[77]。

この問題について判断するためには、相続土地国庫帰属法に基づく土地所有権の移転の要件および効果（後述（2））を具体的に検討する必要がある（後述（6）参照）。

(2) 土地所有権の国庫帰属の承認

(i) 承認申請の要件

(ア) 承認申請権者

土地所有権の国庫帰属の申請をすることができるのは、相続[78]または相続人に対する遺贈により[79]、土地の所有権の全部または一部（共有持分）を取得した者である。申請権者の土地所有権取得原因を相続または相続人に対する遺贈（以下、「相続等」という）に限定した理由は、相続等が所有者不明土地の最大の発生原因と目されること、および自ら進んで取得したのではない土地については管理負担を免れる途を開くのが相当であると考えられることである（「部会資料48」6頁参照）。この観点から、AがBと土地を共同で購入して共有者となったが、Bが死亡してその持分を相続し単独所有者となった場合は、Aの最初の共有持分の取得が相続等を契機にしてやむを得ず取得したとはいえないため、申請権限を否定する方向性が示された（「部会資料48」7頁参照）。しかし、AがBの持分を取得したのは相続等を契機としてやむを得ず取得したものといえることから、申請権を認める方向に転換した（「部会資料54」4頁参照）。こうして、相続等による取得というこの要件を満たす

---

(77)　潮見（2021）26頁。
(78)　特定の土地を特定の相続人に相続させる遺言（特定財産承継遺言）によって土地所有権を取得した場合も含むと解される。前掲注38参照。
(79)　「要綱」第3部-1①参照。

者は、法務大臣に対し、その土地の所有権を国庫に帰属させることの承認を申請することができる（相帰法2条1項）。

ただし、土地が共有の場合は、共有者全員が共同して行わなければならない（相帰法2条2項前段）。もっとも、共有の場合、共有者の一部にたとえその共有持分の全部を相続等によらずに（例えば、売買等によって）取得した者（法人を含む。「部会資料48」第1（注4）参照）があったとしても、その者は、他の共有持分の全部または一部を相続等によって取得した共有者と共同して、承認申請をすることが可能である（相帰法2条2項後段）。

（イ）承認申請適格を欠く土地（承認申請不適格事由）

以下の5つに該当する土地については、そもそも国庫帰属の承認申請をすることができない（相帰法2条3項）(80)。

① 建物が存在する土地

② 担保権または使用・収益を目的とする権利が設定されている土地

③ 通路、その他の他人による使用が予定される土地として政令で定めるものが含まれる土地

④ 土壌汚染対策法（平成14年法律第53号）2条1項に規定する特定有害物質（法務省令で定める基準を超えるものに限る）によって汚染されている土地

⑤ 境界が明らかでない土地その他の所有権の存否、帰属または範囲について争いがある土地

（ⅱ）承認申請書の提出および手数料の納付

承認申請者は、①承認申請者の氏名（自然人）または名称（法人。共有持分を相続等以外の原因によって取得した場合。前述（ⅰ）参照）および住所、②承認申請に係る土地の所在、地番、地目および地積を記載した承認申請書（法

(80)　これら5事由のいずれかに該当する場合は、承認申請の却下事由となる（相帰法4条1項2号）。後述(ⅲ)参照。

務省令の定めによる）および添付書類（法務省令の定めによる）を法務大臣に提出しなければならない（相帰法３条１項）。

また、承認申請者は、法務省令で定めるところにより、物価の状況、承認申請に対する審査に要する実費、その他一切の事情を考慮して政令で定める額の手数料を納めなければならない（相帰法３条２項）。

（iii）承認申請の却下事由

承認申請は、つぎの場合には却下される（相帰法４条１項）。すなわち、①承認申請権限（前述（ｉ）（ア））をもたない者の申請による場合[81]、②承認申請不適格事由（前述（ｉ）（イ））に該当する土地の場合[82]、③承認申請書もしくはその添付書類の提出または手数料の納付（前述（ii））がない場合[83]、または④承認申請者が、正当な理由がないにもかかわらず、事実の調査（後述（iv）（イ）。相帰法６条）に応じない場合である。

（iv）法務大臣による承認

（ア）承認の要件

承認申請が受理された場合、法務大臣は、承認申請に係る土地が、以下の①～⑤（承認不適格事由）のいずれにも該当しないと認めるときは、その土地の所有権の国庫への帰属について「承認をしなければならない」（相帰法５条１項）ものとされている[84]。

①　崖（勾配、高さその他の事項について政令で定める基準に該当するものに限る）がある土地で、通常の管理に過分の費用または労力を要するもの

②　土地の通常の管理または処分を阻害する工作物、車両または樹木その

(81)　相帰法２条１項・２項。
(82)　相帰法２条３項。
(83)　相帰法３条１項・２項。
(84)　なお、相続土地国庫帰属法に規定する法務大臣の権限は、法務省令で定めるところにより、その一部を法務局または地方法務局の長に委任することができる（相帰法15条１項）。

他の有体物が地上に存する土地

③　除去しなければ土地の通常の管理または処分をすることができない有体物が地下に存する土地

④　隣接する土地の所有者その他の者との争訟によらなければ通常の管理または処分をすることができない土地として政令で定めるもの

⑤　①～④のほか、通常の管理または処分をするに当たり過分の費用または労力を要する土地として政令で定めるもの

法務大臣による承認の要件に関する前記①～⑤の承認不適格事由は、承認申請の要件（消極要件）としての承認申請適格を欠く土地（前述（ⅰ）（イ）①～⑤）と異なり、承認申請の受理後、必要な場合には法務大臣が職員に事実の調査（相帰法6条。後述（イ））をさせたうえで判断される。

（イ）承認審査のための事実の調査、資料の提供要求等、意見聴取

法務大臣は、承認申請に係る審査のために必要と認めるときは、その職員に「事実の調査」をさせることができる（相帰法6条1項）。

その際、当該職員は承認申請に係る土地のみならず、その周辺の地域に所在する土地についても実地調査をし、承認申請者その他の関係者から事実を聴取し、資料の提出を求めることができる（相帰法6条2項）。

また、法務大臣は、必要と認めるときは、それらの土地の占有者にあらかじめ知らせることにより、職員を土地に立ち入らせることができる（相帰法6条3項～7項）。この立入りによって損失を被った者は、通常生ずべき損失の補償を国に請求できる（相帰法6条8項）。

法務大臣は、事実の調査（前述①）のため必要があると認めるときは、関係行政機関の長、関係地方公共団体の長、関係のある公私の団体、その他の関係者に対し、資料の提供、説明、事実の調査の援助、その他必要な協力を求めることができる（相帰法7条）。

法務大臣は、承認をするときは、あらかじめ、当該承認に係る土地の管理につき、財務大臣および農林水産大臣の意見を聴かなければならない（相帰

法8条本文）[85]。

（ウ）承認

法務大臣は、承認申請がされた土地につき、国庫帰属を承認することとしたとき、または承認しないこととしたときは、法務省令の定めに従い、承認申請者に通知しなければならない（相帰法9条）。国庫帰属の承認は、土地の1筆ごとに行われる（相帰法5条2項）。しかし、法務大臣の承認によってただちに国庫帰属の効果が生じるものではないことに注意を要する。つぎにみる負担金の納付が必要である。

（v）負担金の納付

承認申請者は、法務大臣の承認があったときは、承認に係る土地につき、国有地の種目ごとにその管理に要する10年分の標準的費用の額を考慮して、政令の定めによって算定された額の「負担金」を納付しなければならない（相帰法10条1項）。負担金の額は、法務大臣が国庫帰属の承認を通知する際に、承認と併せて申請者に通知される（相帰法10条2項）。承認申請者が負担金の額の通知を受けた日から30日以内に負担金を納付しないときは、承認は効力を失う（相帰法10条3項）ことに注意する必要がある。

（vi）国庫帰属の時期

法務大臣が国庫帰属を承認した土地の所有権は、承認の時ではなく、承認申請者による負担金の「納付の時」に国庫に帰属する（相帰法11条1項）。こ

(85)　ただし、承認申請に係る土地が主に農用地（農地法2条1項の農地または採草放牧地）または森林（森林法2条1項）として利用されている土地ではないと明らかに認められるときは、この限りでない（相帰法8条ただし書）。農用地または森林として利用されている土地の場合には、その一部に宅地があるようなときは、その土地の性質について、農用地および森林を管理することになる農林水産大臣と、それ以外の土地を管理することになる財務大臣の意見を聴く必要があるが、そうでない土地の場合には、土地の性質の判断が容易であると考えられるからである。「部会資料58」4頁参照。

れは、負担金の納付を確実にするという政策目的を達成するために、土地所有権の国庫帰属を負担金の納付に係らせるという法定の効果を定めたものと解される。

法務大臣は、承認に係る土地の所有権が国庫に帰属したときは、ただちにその旨を財務大臣に（当該土地が主に農用地または森林として利用されていると認められるときは、農林水産大臣に）通知しなければならない（相帰法11条２項）。

(3) 国庫帰属地の管理・処分

法務大臣の承認および承認申請者の負担金納付によって国庫に帰属した土地（国庫帰属地）は、国有財産として、国有財産法が適用され、管理・処分が行われる。同法によれば、普通財産（行政財産以外の一切の国有財産。国有財産法３条３項）は財務大臣が管理し、または処分しなければならない（国有財産法６条）とされている。

ただし、国庫帰属地のうち、主に農用地または森林として利用されている土地は、農林水産大臣が管理または処分する（相帰法12条１項）(86)。農林水産大臣が管理する土地のうちで、主に農用地として利用されている土地の管理および処分については、農地法45条（国が買収した土地・立木等の管理）、46条１項（売払い）、47条（売払い、所管換・所属替）および49条（立入調査）が準用される（相帰法12条２項）。その際、農地法46条１項または47条による農用地の売払いを原因とする所有権の移転については、農地法３条１項本文の規定は適用されず、農業委員会の許可を要しない（相帰法12条３項）。

さらに、相続土地国庫帰属法12条１項によって農林水産大臣が管理する土地のうち、主に森林として利用されている土地の管理および処分には、国有

(86)　なお、相続土地国庫帰属法に規定する農林水産大臣の権限は、農林水産省令で定めるところにより、その全部または一部を地方農政局長または森林管理局長に委任することができる（相帰法15条２項）。また、この規定によって森林管理局長に委任された権限は、農林水産省令で定めるところにより、森林管理署長に委任することができる（同法15条３項）。

林野の管理経営に関する法律「第２章」の規定（国有林野の貸付け、使用および売払いに関する。ただし、国が森林経営の用に供し、または供すると決定した森林原野の貸付等に関する７条を除く、８条～８条の４）が準用される（相帰法12条４項）。

(4) 承認の取消し

法務大臣は、承認申請者が偽り、その他不正の手段によって承認（相帰法５条１項）を受けたことが判明したときは、これを取り消すことができる（相帰法13条１項）。これは、行政行為の取消しの性質をもち（「中間試案」第５-２注６）、取消しにより、土地所有権の国庫への帰属（所有権移転）は遡及的に無効になる（「要綱」第３部注６参照）。法務大臣が承認を取り消したときは、法務省令の定めに従い、承認を受けた者にその旨を通知する（相帰法13条５項）。

ただし、法務大臣は、取消しをする際には、あらかじめ当該国庫帰属地を所管する各省各庁の長（当該土地が交換、売払いまたは譲与によって国有財産（国有財産法２条１項）でなくなっているときは、当該交換等の処分をした各省各庁の長）の意見を聴かなければならない（相帰法13条２項）。

さらに、当該取消しに係る国庫帰属地（交換、売払いまたは譲与によって国有財産でなくなっている土地を含む）の所有権を取得した者または当該国庫帰属地につき所有権以外の「権利」の設定を受けた者があるときは、これらの者の同意を得なければならない（相帰法13条３項）。この規定により、国庫帰属地に対して権利を取得した第三者の承認取消原因に関する善意・悪意を問うことなく、行政行為としての国庫帰属の承認に対する第三者の保護が安定的に図られることになり、承認の取消しによる取引安全への影響は回避されるものと解される。

例えば、ＡからＢが相続によって所有するに至った土地αにつき、Ｂが国庫帰属の承認申請を行い、国庫帰属が承認されたとする。その後土地αが国からＣに売却され、Ｃが土地αにＤのために抵当権を設定した。この場合において、Ｂの承認申請を取り消すためには、土地αを売却した省庁の長の意見を聴き、かつ土地αについての現在の所有者Ｃおよび抵当権者Ｄの同意を得なければならない。また、前記の例で、Ｂの申請による国庫帰属が承認された土地αにつき、それを所管する省庁の長がＣのために国有林野の樹木採取権（国有林野の経営管理に関する法律８条の５第１項）、公共施設運営権（民間資金等の活用による公共施設等の整備等の促進に関する法律16条）等の公権を設定した場合も、法務大臣が土地αの国庫帰属の承認を取り消すためには、土地αを所管する省庁の長の意見を聴き、かつＣの同意を得なければならない。

承認の取消しは、行政行為の取消しの性質をもち（「中間試案」第５－２注６）、土地所有権の国庫への移転は遡及的に無効になることから、第三者を保護し、国の土地利用を妨げないようにするために、所管省庁の長の意見を聴き、かつ権利を取得した第三者の同意を取消しの要件としたものである（「部会資料36」第１注３）、補足説明20頁）。

(5) 承認を受けた者の損害賠償責任

承認（相帰法５条１項）に係る土地につき、当該承認の時に、承認申請不適格事由（相帰法２条３項。前述（２）（ⅰ）（イ）①～⑤）、または承認不適格事由（相帰法５条１項。前述（２）（ⅳ）（ア）①～⑤）があったことにより、国に損害が生じた場合において、当該承認を受けた者が当該事由を知りながら告げずに承認を受けたときは、その者は、国に対して損害賠償責任を負う（相帰法14条）。国庫帰属の承認申請を受けた者と国との間には契約関係はなく、国が債務不履行責任を追及することはできないことから、この規定が設けられた。

(6) 相続土地国庫帰属法の意義と課題

相続土地国庫帰属法は、土地を自ら管理・処分することが困難となった所有者のために、一定要件の下で土地所有権の国庫移転を認めることにより、土地所有者としての負担から解放される方途を付与した制度として、画期的意義をもつ。それは自然人から国庫への土地所有権の移転という方式をとっているが、機能的には土地所有権の放棄および無主となった不動産の国庫帰属に相当する制度である。もっとも、相続土地国庫帰属法が、土地所有権の放棄をめぐる法理論上および法政策上の課題に完全に結着をつけたものといえるかは、現時点では断じ難い。

法政策的観点からの課題として、国庫帰属の承認要件が適切かどうか、検証する必要がある。相続土地国庫帰属法は、①承認申請権者（相帰法2条1項・2項）、②承認申請要件（相帰法2条3項）および③承認要件（相帰法5条1項）という3つのフィルター（前述（2）（i）（ア）、（イ）、（iv）（ア）参照）を通じて、所有権移転の要件を比較的厳格に絞っている。特に承認要件の判断には解釈の余地がありうる。はたして国庫帰属承認に至るまでの前記3つのフィルターは適切か、厳格にすぎるか、あるいはなおもモラル・ハザードが懸念されるのか、今後承認申請および承認の実績に鑑みて、法政策的観点から検証が必要である。相続土地国庫帰属法は、施行後5年経過後の施行状況を踏まえて検討が予定されている（附則2条）。その際には、国庫帰属の承認申請があった場合に、「関係機関や地方公共団体との連絡・連携を密にし、土地の有効活用の機会を確保するよう、地域の実情に沿った運用に努めること」も求められている（衆議院法務委員会附帯決議1、参議院法務委員会附帯決議1）。ちなみに、法務省民事局のサンプル調査（令和2年2月～3月）によれば、土地所有者の中で土地所有権の放棄制度の利用を希望する者は約20.4%に上り、そのうち放棄の認可要件（「中間試案」の認可要件。前述（1）（i）参照）を満たすと見込まれる率は約4.5%とされている（部会（第16回）

参考資料８)。そこで、国庫帰属が承認された土地の適正な管理および円滑な利用についても現実的対応を考えておく必要がある。そのすべてを国庫が抱えうるか、土地に最も利害関係の深い地域コミュニティ等への帰属ルートも準備しておくべきか、この点も重要な法政策的課題である。

法理論的観点からも、相続土地国庫帰属法の制定が、民法上土地所有権放棄を主張する可能性を遮断するものかどうか、議論の余地があることは、すでに確認したとおりである（前述（1）（iv）参照)。たしかに、相続土地国庫帰属法が施行され、必要に応じて改正を経ることにより、この問題を論じる実益は徐々に小さくなっていくことが予想される。しかし、社会経済状況の恒常的な変化に伴い、立法が常に完全な状態を保つことが困難であるとすれば、民法上土地所有権の放棄が主張される可能性はなお残ることになるであろうか。

第3章

所有者不明土地を円滑・適正に利用・管理するための法改革

1　土地の共有者が不明の場合における利用・管理の円滑・適正化

(1) 共有者不明土地の管理

所有者不明土地の多くの場合が、土地の共有者の全部または一部が不明の場合である。これは、所有者不明土地が発生する主な原因が、相続の発生に伴い、相続登記がされず、遺産分割もされないまま、共同相続人による遺産共有状態が継続する間に、共有者の所在や特定が困難になっていることによるからである。この事態は、その相続人が死亡してさらに共同相続（第２次相続、第３次相続）が発生することにより、一層深刻なものとなる[(87)]。

（ｉ）そこで、共有者の一部が特定不能または所在不明の場合でも、共有物の利用および管理を円滑かつ適正に行うための制度改革が行われた[(88)]。

裁判所は、①共有者が他の共有者を知ることができず（共有者の特定不能）または②共有者が他の共有者の所在を知ることができないとき（共有者の所在不明）は、特定不能または所在不明の共有者（以下、「所在等不明共有者」という）以外の共有者の請求により、当該所在等不明共有者以外の共有者の持分の価格に従い[(89)]、その過半数により、共有物の管理に関する事項を決定することができる旨の裁判をすることができる（民法252条２項１号＊）。

この裁判に係る事件は、当該共有物の所在地を管轄する地方裁判所が管轄する（非訟法85条１項）。申立てを受けた裁判所は、①当該共有物について民法252条２項１号＊の裁判の申立てがあったこと、②この裁判をすることに

(87)　吉原（2017）９～14頁参照。
(88)　「中間試案」第１－１(3)、「部会資料30」第１－２、「部会資料41」第１－２、「部会資料51」第２－５、「部会資料56」第２－３、第２－５、「部会資料59」第２－３、第２－５、「部会資料62-１」第２－３、第２－５。
(89)　その際、共有物の管理に関する事項の決定に必要な持分の最小限度についての規定は設けられなかった。

ついて異議があるときは、一定の期間内（1か月を下ってはならない）にその旨の届出をすべきこと、③その届出がないときは、裁判がされることを「公告」し、かつ前記②で定めた期間が経過した後でなければ、裁判をすることができない（非訟法85条2項＊）。この裁判は確定によって効力を生じ（非訟法85条5項＊）、所在等不明共有者に告知する必要はない（非訟法85条6項＊）。

この裁判を得ることにより、共有者は、所在等不明共有者を除く共有者の持分価格の過半数の決定により、共有物の管理に関する事項を決定することができる（共有物の「管理」の意味については、後述2（2）（ｉ）参照）。

（ii）また、共有者が他の共有者に対し、相当の期間を定めて共有物の管理に関する事項を決することについて賛否を明らかにすべき旨を催告した場合において、当該他の共有者がその期間内に賛否を明らかにしないときも、裁判所は、賛否を明らかにしない共有者以外の共有者の請求により、その持分の価格の過半数により、共有物の管理に関する事項を決定することができる旨の裁判をすることができる（民法252条2項2号＊）。

この裁判に係る事件は、当該共有物の所在地を管轄する地方裁判所が管轄する（非訟法85条1項）。この申立てを受けた裁判所は、賛否を明らかにしない共有者に対し、①民法252条2項2号＊の裁判の申立てがあったこと、②裁判所に対して一定の期間内（1か月を下ってはならない）に共有物の管理に関する事項を決することについて賛否を明らかにすべきこと、③その期間内に賛否を明らかにしないときは、裁判がされることを「通知」し、かつ前記②で定めた期間が経過した後でなければ、裁判をすることができない（非訟法85条3項＊）。前記②で定めた期間内に、通知を受けた共有者が裁判所に対して賛否を明らかにしたときは、裁判をすることができない（非訟法85条4項＊）。この裁判は確定によって効力を生じ（非訟法85条5項＊）、告知が行われる（非訟法85条6項＊参照）。

この裁判を得ることにより、共有者は、賛否を明らかにしない共有者を除く共有者の持分価格の過半数の決定により、共有物の管理に関する事項を決定することができる（共有物の「管理」の意味については、後述2（2）（ｉ）

参照)。

ただし、前記（ⅰ)・(ⅱ）いずれの場合についても、所在等不明共有者または賛否を明らかにしない共有者を除く共有者がもつ持分の価格の過半数による決定が、すでに「共有者間の決定」に基づいて共有物を使用する共有者に「特別の影響」を及ぼすべきときは、その共有者の承諾を得なければならない（民法252条３項＊)。例えば、土地αの共有者A_1・A_2・A_3・A_4（持分割合は各４分の１）のうち、A_4が所在不明であるとする。この場合、A_1は、A_2の同意を得て、所在不明のA_4を除く共有者（A_1・A_2・A_3）の持分価格の過半数による決定により、土地αをA_1に10年間無償で使用させることを認める旨の裁判を申し立て、それが確定することにより、A_1は土地αを使用することができる。

その際、土地αをすでにA_3が、共有者間の決定によらずに使用していた場合は、A_1・A_2の決定の効力はA_3に及び、A_3に土地αの明渡しを求める理由となる（民法252条１項後段＊)。

これに対し、A_3が、かつてA_4が所在不明となる前に、A_2・A_3・A_4の合意により、土地αを特に期限を定めずに無償で使用することを認められて使用していた場合は、A_1・A_2の決定により、A_3が土地αの使用をできなくなることが、A_3に「特別の影響を及ぼす」と判断されるときは、A_1は、A_3の承諾がなければ、土地αを使用することができない。A_3に「特別の影響を及ぼす」といえるかどうかは、土地αの性質に応じ、土地αの使用方法を変更する必要性・合理性とA_3に生じる不利益とを比較衡量的に踏まえ、A_3が使用方法の変更可能性を想定すべきであったかどうか（A_3が使用方法の変更を受忍すべきかどうか）を、具体的な事案ごとに検討して、判断されるものと解される（後述２（２)（ⅰ）参照)。

前記（ⅰ)・(ⅱ）の法改正は、所在等不明の共有者、または賛否を明らかにしない共有者の持分権の効力を制限することになるが、それを正当化する根拠として、改正土地基本法が提示する土地所有者等の責務（土地基本法１条、６条）も考慮に入れる必要がある。

このように、改正民法252条＊は、共有者不明土地の利用・管理を円滑にすることに資しうる。なお、この規定は、共有地に限らず、共有物一般に妥当することに留意する必要がある（後述２（２）参照）。

(2) 共有者不明土地の変更

（i）共有者不明の場合

つぎに、共有物の変更について、共有者が他の共有者を知ることができず（共有者の特定不能）、またはその所在を知ることができない（共有者の所在不明）場合、裁判所は、共有者の請求により、当該所在等不明共有者以外の共有者全員の同意を得ることにより[(90)]、共有物に変更を加えることができる旨の裁判をすることができる（民法251条２項＊）。

この裁判に係る事件は、当該共有物の所在地を管轄する地方裁判所が管轄する（非訟法85条１項＊）。申立てを受けた裁判所は、①当該共有物について当該裁判の申立てがあったこと、②裁判所が当該裁判をすることに異議があるときは、一定の期間内（１か月を下ってはならない）にその旨の届出をすべきこと、③その届出がないときは、当該裁判がされることを「公告」し、かつ前記②で定めた期間が経過した後でなければ、裁判をすることができない（非訟法85条２項＊）。この裁判は確定によって効力を生じ（非訟法85条５項＊）、所在等不明共有者に告知する必要はない（非訟法85条６項＊）。

この裁判を得ることにより、共有者は、所在等不明共有者を除く共有者全員の同意により、共有物の変更に関する事項を決定することができる（共有物の「変更」の意味については、後述２（２）（ｖ）参照）。

例えば、土地α（更地）の共有者A_1・A_2・A_3・A_4（持分割合は各４分の１）

(90)　その際、共有物の変更に必要な持分の最小限度（例えば、持分の価格の２分の１を超える同意など）についての規定は設けられなかった。「部会資料41」第１－２注３、補足説明５頁参照。

のうち、A_4が所在不明であるとする。この場合、A_1・A_2・A_3は、所在不明のA_4を除く共有者全員の同意により、土地αを造成し、その上に建物βを建てて利用したいと考える場合、その旨の裁判を申し立て、それが確定することにより、このような形での土地αの変更をすることができる。

なお、共有物の「管理」については、①所在等不明共有者がいる場合のほか、②催告に対して賛否を明らかにしない共有者がいる場合にも、裁判により、それらの共有者を除いた共有者の持分価格の過半数による決定が可能である（前述（１）（ⅱ））。

これに対し、共有物の「変更」については、①所在等不明共有者がいる場合は、前述のように、裁判により、その者を除いた共有者全員の同意で行うことができるが、②賛否を明らかにしない共有者がいる場合は、それ以外の共有者の同意で行うことを可能にする裁判の制度は設けられていない（「部会資料51」10頁参照）。「変更」は「管理」よりも共有者の利害が大きく、特定不能でも所在不明でもない共有者が、催告を受けても賛否を明らかにしないときは、実質的に同意の擬制に当たる意思決定からの除外を正当化することが困難だからであると考えられる。

この規定も、共有者不明の土地に限らず、共有物一般に妥当することに留意する必要がある。

（ⅱ）共有物の管理者が共有者またはその所在を知り得ない場合

なお、共有者がその持分価格の過半数の合意により、「共有物の管理者」を選任した場合において（民法252条１項括弧書＊。後述２（２）（ⅳ））、共有物の管理者が共有者を知ることができず、またはその所在を知ることができないときは、裁判所は、共有物の管理者の請求により、当該所在等不明共有者以外の共有者の同意を得て共有物に変更を加えることができる旨の裁判をすることができる（民法252条の２第２項＊）。

この裁判に係る事件は、当該共有物の所在地を管轄する地方裁判所が管轄する（非訟法85条１項＊）。申立てを受けた裁判所は、①当該共有物について当該裁判の申立てがあったこと、②裁判所が当該裁判をすることに異議があるときは、一定の期間内（1か月を下ってはならない）にその旨の届出をすべきこと、③その届出がないときは、当該裁判がされることを「公告」し、かつ前記②で定めた期間が経過した後でなければ、裁判をすることができない（非訟法85条2項*）。この裁判は確定によって効力を生じ（非訟法85条5項*）、所在等不明共有者に告知する必要はない（非訟法85条6項*）。

この裁判を得ることにより、共有物の管理者は、所在等不明共有者を除く共有者全員の同意により、共有物の変更に関する事項を決定することができる（共有物の「変更」の意味については、後述2（2）（v）参照）。

なお、共有物の管理に関しては、所在等不明共有者がある場合でも、共有物の管理者がその判断で行うことができる（民法252条の2第1項本文*。後述2（2）（iv）参照）。

2　共有物の使用・変更・管理・分割に関する一般規定の改正

(1) 共有物の使用

所有者（共有者）不明土地問題への対応を超えて、民法における共有規定の改正は、共有物の使用・変更・管理一般に関する規律の修正にも踏み込んでいる。

①共有物の使用について、共有物を使用する共有者は、「別段の合意」がある場合を除き、他の共有者に対し、自己の持分を超える使用の対価を償還する義務を負うことが明文で定められた（民法249条２項＊）。自己の持分を超える使用に関しては、共有者間の合意がない限り、不当利得になると解されるからである。

②共有者は、共有物について、善良な管理者の注意をもって使用しなければならない（民法249条３項＊）。

③後述するように、共有物の管理に関しては、各共有者の持分の価格に従い、その過半数で決定される（民法252条１項前段＊。後述（２）参照）。そして、このことは「共有物を使用する共有者」に対しても妥当することが明らかにされた（民法252条１項後段＊。後述（２）（ⅰ）参照）。もっとも、すでに「共有者間の決定に基づいて共有物を使用する共有者」に対しては、持分価格の過半数による新たな決定が「特別の影響を及ぼすべきとき」は、その共有者の「承諾」を得なければ、新たな決定は効力をもたない（民法252条３項＊）。しかし、その反対解釈として、共有者間の合意によらずに現に共有物を使用する共有者に対しては、他の共有者は持分の価格に従った過半数の合意により、明渡しを求めることができるものと解される[(91)]。

(91)　この改正規定（民法252条１項後段＊、252条３項＊）は、現に共有物を使用する共有者に対しては、たとえ多数持分権者でも、持分価格の過半数による決定のほかに、「明

例えば、土地αの共有者A_1・A_2・A_3（持分割合は各3分の1）のうち、A_1が、土地αを誰も使っていなかったことから、A_2・A_3に無断で菜園として使っていたとする。一方、A_2・A_3は土地αを整地し、駐車場として使用することを合意し、A_1にその明渡しを求めたとする。これに対し、A_1は、土地α全部につき使用権がある（民法249条1項＊）と主張することが考えられる。それに対し、A_2・A_3は、何ら合意なしに土地αを使用するA_1に対し、その持分を超える使用の対価の償還を請求することができる（民法249条2項＊）だけでなく、土地αの明渡しをも請求することができる（民法252条1項後段＊、252条3項＊）。このように、これらの規定（民法249条2項＊、251条1項後段＊、252条3項＊）は、共有者が団体（社団、組合）を構成するものではないにもかかわらず、共有物はその最初の使用の段階から、共有者間の合意に基づいて行われるべきこと（共有物の使用に関する原初的合意の原則ともいうべき合意の重視）、共有者全員の合意が成り立たない場合に、共有物の使用方法をどのようにすべきかは、共有物の管理に関する事項として、共有持分の価格の過半数による決定で行われるべきことを確認したものと考えられる[92]。

(2) 共有物の管理・変更一般

(ⅰ) 共有物の管理一般

共有物の「管理」に関する事項は、各共有者の持分の価格に従い、その過半数で決する（民法252条1項前段＊）。共有物の「管理」とは、広義におい

渡しを求める理由」を主張・立証しなければならないとする判例（最判昭和41年5月19日民集20巻5号947頁、最判昭和63年5月20日集民154号71頁）とは異なる立場をとるものである（「部会資料3」5頁）。つまり、持分価格の過半数による決定自体が、「明渡しを求める理由」となることを意味する（「部会資料27」2頁、4－5頁、「部会資料40」2(1)②・3頁、「部会資料51」第2.3①・7頁）。

(92)　松尾（2018a）206〜234頁。

ては、共有物の保存・利用・改良ないし変更を含むが、狭義において、共有者の持分価格の過半数の決定によって行いうる行為としての「管理」（民法252条１項＊）は、共有物の現状ないし価値を維持する行為である「保存」（各共有者が行いうる。民法252条５項＊。後述（iii））を超え、共有物の性質を変えない範囲内で、その利用または改良を目的とする行為（民法103条２項参照）であり、「変更」（共有者全員の同意を要する。民法251条１項＊。後述（v））に至らない行為である[93]。また、この狭義の「管理」は、「共有物の管理者の選任及び解任」を含む（民法251条１項括弧書＊）。また、共有物の「形状又は効用の著しい変更を伴わない」変更をも含む（民法251条１項括弧書＊）。

この意味における共有物の「管理」は、共有者の持分価格の過半数による決定で行うことができ、その効力は「共有物を使用する共有者」に及ぶ（民法251条１項後段＊）。このうち、共有者間の決定に基づかずに共有物を使用する共有者に対しては、この決定により、共有物の引渡しを求めることができる（前述（１）③）。これに対し、共有者間の決定に基づいて共有物を使用する共有者に対しては、共有者の持分価格の過半数による新たな決定が、その共有者に「特別の影響を及ぼすべきとき」は、その「承諾」を得なければならない（民法252条３項＊）。その趣旨は、いったん共有者の持分価格の過半数で決定した共有物の管理が硬直化することを回避し、共有者および共有物の状況変化に応じて柔軟に管理することを可能にすることにある[94]。

この趣旨に照らして、「特別の影響を及ぼすべきとき」とは、区分所有に関する法律（以下、「区分所有法」という）17条２項、31条１項後段の同様の文言およびその解釈を手掛かりに、共有物の種類・性質に応じ、共有物の使用方法を変更する必要性・合理性と共有物を使用する共有者に生じる不利益を比較衡量的に踏まえ、具体的な事案ごとに判断すべきものと解されている。例えば、①共有地の共有者の１人に建物を建築して使用することを認め、建

(93)　小粥編（2020）572–573頁〔小粥太郎〕参照。
(94)　金融財政事情研究会編（2019）64〜66頁、「部会資料３」２–４頁。「中間試案」第１–１⑴③・補足説明４-６頁。

物が建築された後で、土地の使用者を変更する場合、②共有地の共有者の1人に30年の土地使用を認めた後で、使用期間を5年に変更する場合、③共有建物の共有者の1人に店舗営業目的での使用を認め、それによって生計を立てている場合に、使用目的を住居専用に変更する場合等である[(95)]。

もっとも、後述するように、共有者は、共有物に対し、持分価格の過半数による決定により、一定期間内の使用借権、賃借権等を設定することができる旨の規定が新設された（民法252条4項＊）。この規定は、通常は共有者以外の第三者に対して賃借権等を設定することを想定しているが、立法過程では「第三者に対して」の文言が削除された（後述（ii）参照）。この一定期間内の賃借権等の権利が、共有者に対しても設定できるとすれば、その設定された権利を共有者の持分価格の過半数による決定によって覆すことはできないものと解される。

その結果、共有者間の決定に基づいて目的物を使用する共有者に「特別の影響を及ぼすべきとき」（民法251条3項＊）か否かが問題となるのは、一定期間内の賃借権等の設定の規定（民法252条4項＊）の適用が認められない場合、例えば、その期間を超える長期の賃借権等が設定された場合等が考えられる。その場合は、共有者間の決定に基づいて共有物を使用する共有者にとって、将来持分の過半数による新たな決定による使用方法の変更も想定されうるから、その者は、新たな決定に基づく引渡（明渡）請求に対し、それが自分にとって「特別の影響を及ぼす」ことを主張・立証することにより、その者の承諾なしには新たな決定の効力は及ばないと反論することが認められると解される。

では、共有者全員の合意により、一定期間内の賃借権等（民法252条4項＊）の期間を超えて、共有物に賃借権等の設定を受けた共有者は、民法252条3項＊の適用を受けるであろうか。共有者全員の合意によれば、共有物の変更

(95)　「部会資料3」3－4頁、「中間試案」第1－1⑴③・4－6頁、「部会資料27」5－6頁、「部会資料40」3－4頁。なお、区分所有法31条の「特別の影響を及ぼすべきとき」の解釈に関する最判平成10年10月30日民集52巻7号1604頁参照。

や処分もできるはずであるから、それによって設定された賃借権等の期間や使用目的を、共有者の持分価格の過半数の決定によって変更することはできず、その場合には民法252条３項は適用されないとも考えられる。もっとも、設定された権利が対抗要件を具備しうるものである場合は、対抗要件を備えていなければ、共有者の特定承継人、その他の第三者に対抗できないものと解される。また、そもそも共有者全員の合意の内容自体が、将来共有者の持分価格の過半数による新たな決定で賃借権等の期間や使用方法を変更する可能性を明示または黙示に認めていた場合は、民法252条３項を適用する余地がある。

（ii）共有物への使用・収益権の設定に関する新規定

改正民法は、共有物の管理方法の１つとして、共有者が前述した民法252条１項・２項・３項＊に従い、持分価格の過半数の決定により、共有物に「賃借権その他の使用及び収益を目的とする権利」（以下、「賃借権等」という）を、以下の期間を超えない範囲で、設定することができる旨の規定を創設した（民法252条４項＊）。

① 樹木の栽植または伐採を目的とする山林の賃借権等は10年。

② ①以外の土地の賃借権等は５年。

③ 建物の賃借権等は３年。

④ 動産の賃借権等は６か月。

この規定は、短期賃貸借（民法602条）の設定については、共有者全員の合意に基づく共有物全部の処分権限がなくとも、管理権限の範囲内で可能な行為として、改正前民法252条本文および602条の解釈として認められていたことを、明文化したものである[(96)]。

この規定の立法過程では、当初は「第三者に対して」賃借権等を設定する場合の規律であることが明示されていたが（「部会資料３」５-６頁、「中間試案」

(96)「部会資料３」５～８頁、「部会資料27」６～７頁。

第1－1（1）④、「部会資料27」2（1）④括弧書・3頁、「部会資料40」2（1）④・3頁)、最終的に「第三者に対して」という文言がなくなった（「部会資料51」第2－3③））。なお、その補足説明では、「第三者に使用権を設定している場合においても」、共有者の持分価格の過半数の決定によって当該使用権を消滅させることができないのは、共同相続人の1人である配偶者に配偶者居住権が成立している場合に他の共同相続人が持分価格の過半数の決定によって配偶者居住権を消滅させることができない（他の共同相続人は配偶者居住権を受忍すべき立場にあるから）ことと同様であるとみている（「部会資料51」7頁）。したがって、共有者がその1人に、持分価格の過半数の決定により、使用借権、賃借権等の「権利」を設定した場合は、それが改正民法252条4項の期間内のものであれば、その権利を他の共有者が持分価格の過半数の再決定によって変更することはできず、そのことは第三者に賃借権等を設定した場合と相違ないものと解される。共有者間の決定により、共有者の1人に賃借権等の権利を設定することは、共同相続人が配偶者居住権を設定する場合のほか、被相続人が生前に共同相続人の1人に不動産を使用貸借した債務を共同相続人が承継する場合（最判平成8年12月17日民集50巻10号2778頁）等に鑑みて、矛盾した法律関係の成立を認めることにはならないものと解される。ちなみに、組合が組合員と雇用契約を締結して給与を支払う債務を負うことは、組合と組合員との間に矛盾した法律関係の成立を認めることにはならないと解されている（最判平成13年7月13日集民202号673頁）。したがって、重要なのは、共有者間の決定における意思表示の内容である。例えば、土地αの共有者A_1・A_2・A_3（持分価格は各3分の1）のうち、A_1とA_2の合意により、土地αを資材置場として使用する目的でA_1に5年間、使用借権を設定する旨の決定をした場合、その期間が経過する前に、A_2とA_3の合意で、土地αをBに賃貸することに合意したとしても、A_1の同意なしに土地αを明け渡させることはできないであろう。このことは、改正民法252条3項の適用の帰結ではなく、同条4項の適用の帰結であると解される。

改正民法252条4項に従い、共有者の持分価格の過半数の同意により、共有物を第三者に賃貸した場合、賃貸に反対した共有者と第三者（賃借人）との関係はどうなるであろうか。

例えば、土地αの共有者A_1・A_2・A_3（持分割合は各３分の１）のうち、A_1とA_2の合意により、土地αを資材置場として使用する目的でＢに５年間、１か月賃料12万円で賃貸した場合、A_3とＢとの法律関係はどうなるであろうか。A_3はＢへの賃借権の設定に反対していたとする。

これについて、一方では、（ａ）賃貸借契約はA_1・A_2とＢとの間でのみ成立し、ＢはA_1・A_2に毎月12万円を支払い、A_3はA_1・A_2各自に対し、持分価格に従い、不当利得として毎月２万円を償還請求することができる（民法249条２項＊）という考え方がある。そして、ＢはA_3に対しては、なんら使用・収益請求権をもたないことになる。しかしながら、Ｂは土地αを適法に利用することができる。このように、この考え方によれば、共有物の利用契約は個々の共有者A_1・A_2と相手方Ｂとの間でのみ相対的に存在するが、共有物に対する相手方Ｂの占有権原は全ての共有者A_1・A_2・A_3との間で絶対的に存在することになる。また、A_1・A_2が土地αをＢに建物所有目的で賃貸する（借地借家法２条１号の借地権を設定する）契約を締結したが、A_3が異議を述べた場合、借地権の設定（その最低存続期間は、借地借家法３条により、30年）をすることはできないが、A_1・A_2とＢとの間では賃貸借契約は有効に成立しているから、A_3の賛成が得られなかった場合、Ｂは賃貸借契約を解除し、損害があればA_1・A_2に対して損害賠償請求できることになる（「部会資料40」４－５頁）。

しかし、他方では、（ｂ）共有物の管理に関する規定（民法252条４項＊）に従い、A_1・A_2が土地αにＢのために賃借権を設定した場合、それはA_1・A_2・A_3が共有する土地αを目的物とするものであり、A_1・A_2は、たとえA_3が反対したとしても、共有物である土地αをＢに所定の期間内は賃貸する権限をもつことから、その範囲において土地αについてA_3も持分に応じて管理費用の支払義務、「その他共有物に関する負担を負う」ことになり（民法253条１項）、その一環として、Ｂに対して土地αを使用・収益させる債務をも負うという解釈もできるであろうか。そのように解しないと、A_3はBに対する関係で共有物を使用・収益させる債務を負担しない一方で、賃料相当額は、A_1・A_2に対する不当利得返還請求（償還請求）という形で、実質的に賃料に当たるものとして収受できることになり、バランスを欠くとともに、法律関係を複雑にするように思われる。少なくとも、A_3がA_1・A_2に対する賃料相当額の支払を請求することは、A_1・A_2によるBへの賃貸を明示的または黙示的に追認したものと解され、A_3との間にも賃貸借契約の効力が遡及的に発生する（民法116条参照）とみる余地があるように思われる。その場合には、共有物の管理行為の範囲内では、共有物の利用契約も共有物の占有権原も、全ての共有者A_1・A_2・A_3と相手方との間で存在することになる。

民法252条４項＊に基づく共有物の管理方法の決定の効力が、他の共有者に及ぼす影響に関するこの問題の考え方は、①前記のように、民法252条１項前段に基づく共有物の管理方法の決定の効力が、その決定に反対した共有者にどのように及ぶか、という場合のみならず、②民法252条２項＊に基づく管理方法の決定が、その意思決定に参加しなかった所在等不明共有者（同項１号＊）および催告期間内に賛否を明らかにしなかった共有者（同項２号＊）に及ぼす効力とも共通の問題である。

（iii）共有物の保存行為

共有物の管理に関して、各共有者は、民法252条１項～４項の規定にかかわらず、共有物の保存行為は、各自単独ですることができる（民法252条５項＊）。これは、改正前民法252条ただし書の規律を踏襲するものである。

（iv）共有物の管理者

共有者は、共有物の管理行為の一環として、持分価格の過半数の合意により、共有物の管理者を選任および解任することができる（民法252条１項括弧書＊）。例えば、A_1・A_2・A_3が土地αを共有する場合（持分は各自３分の１）

において、A_1・A_2がＢを土地αの管理者とする委任契約を締結したときは、A_3が異議を述べたとしても、Ｂは管理者の地位を取得する。この場合についても、（a）Ｂを土地αの管理者とする委任契約は個々の共有者A_1・A_2とＢとの間でのみ存在するが、Ｂを管理者とする法律関係（この法律関係を「部会資料41」12頁は「管理者選任関係」という）はA_3を含む全ての共有者との間に発生するとみるか、（b）Ｂを管理者とする委任契約も、管理者の法的地位も、全ての共有者A_1・A_2・A_3と相手方Ｂとの間に発生するとみることができる（「中間試案」第1－1（5）オ・補足説明20頁、「部会資料27」18頁【甲案】）かについては、共有物に対する使用・収益権の設定の場合と同様の問題がある（前述（ⅱ）参照）。

選任された共有物の管理者は、共有物の管理に関する行為をすることができる（民法252条の2第1項本文＊）。ただし、共有物に変更（その形状または効用の著しい変更を伴わないものを除く）を加えるには、共有者全員の同意を得なければならない（民法252条の2第1項ただし書＊）。例えば、先の例でA_1・A_2がＢを土地αの管理者に選任した場合、たとえA_3がこれに反対したとしても、Ｂは土地αを資材置場として使用する目的でＣに5年間賃貸する契約を締結することができる。ただし、土地αにＣの借地権を設定するためには、A_3の同意も得なければならない。

その際、前述したように、共有物の管理者が、共有者を知ることができず、またはその所在を知ることができない共有者があるときは、裁判所は、共有物の管理者の請求により、当該共有者以外の共有者の同意を得て共有物に変更を加えることができる旨の裁判をすることができる（民法252条の2第2項＊）[97]。例えば、先の例で、A_3が所在不明の場合、ＢはA_1・A_2の同意を得て土地αにＣの借地権を設定することができる旨の裁判を得て、Ｃに借地権を設定することができる。

もっとも、共有者が共有物の管理に関する事項を決した場合は、共有物の

(97)　前述1(2)(ⅱ)参照。その具体的手続は、非訟事件手続法85条1項1号・2項・5項・6項＊による。

管理者は、この決定に従い、その職務を行わなければならない（民法252条の2第3項＊)。そして、これら共有物の管理者の権限に関する規定（民法252条の2第1項〜第4項＊）に違反して、共有物の管理者が行った行為は、共有者に対してはその効力を生じない（民法252条の2第5項本文＊)。ただし、共有者は、このことを「善意の第三者」に対抗することができない（民法252条の2第5項ただし書＊)。例えば、先の例で、土地αを他人に賃貸するためには共有者全員の同意を要する旨の管理に関する事項をA_1・A_2・A_3が定めていた場合において、管理者BがA_1・A_2のみの同意を得て土地αを資材置場として使用する目的でCに5年間賃貸する契約を締結した場合、Cは賃借権を取得することができないのが原則である。ただし、Cが土地αの管理に関する事項について善意でBと前記の賃貸借契約をしたことを主張・立証することにより、Cは土地αに対する前記の内容の賃借権を取得する。

（v）共有物の変更一般

各共有者は、他の共有者の同意を得なければ、共有物に変更を加えることができない。この点は、改正前と同様、共有物の変更には、共有者全員の同意が必要である。もっとも、改正により、この「変更」には、共有物の「形状又は効用の著しい変更を伴わないもの」を除くものとされた（民法251条＊)。これは、区分所有建物の「共用部分の変更」（区分所有者および議決権の各4分の3以上の多数によらなければならない）は「その形状又は効用の著しい変更を伴わないものを除く」（区分所有者および議決権の各過半数〔区分所有法39条1項〕で決することができる）とする区分所有法17条1項をモデルにしたものと解される。これにより、共有物の些細な変更等、その形状・効用の「著しい変更」とはいえない程度の変更は、その具体的内容に従い、管理に関する行為であれば、共有者の持分価格の過半数によって行うことができる。

また、変更行為をしようとする共有者が他の共有者を知ることができず、またはその所在を知ることができないときは、裁判所に対し、当該他の共有者以外の他の共有者の同意を得て共有物に変更を加えることができる旨の裁判を申し立てることができる（民法251条２項＊）[98]。

(3) 共有物分割請求に関する規律の見直し

共有物の分割は、共有者間の合意に基づいて行われるのが原則である（協議分割。民法258条１項＊参照）。しかし、共有物の分割について①「共有者間に協議が調わないとき」（協議不調）、または②「協議をすることができないとき」（協議不能）は、その分割を裁判所に請求することができる（民法258条１項＊。裁判分割）。改正前民法258条１項は、裁判分割の要件として、①の協議不調の場合だけを定めたが、改正民法はこれに②の協議不能の場合を加えた。これは、共有者の一部の者が協議に応じないために協議をすることができないときも、裁判所に共有物の分割請求ができることを明確にする趣旨である。それは、遺産分割の規律の仕方（民法907条２項）を参考にしたものであるが、そもそも協議の機会を設けることができない場合であり、共有者が特定不能または所在不明の場合をも含むものと解される[99]。

裁判分割においては、裁判所は、第一次的に、①共有物の現物を分割する方法（民法258条２項１号＊。現物分割）か、あるいは②共有者に債務を負担させて、他の共有者の持分の全部または一部を取得させる方法（民法258条２項２号＊。全面的価格賠償または部分的価格賠償による分割。以下、「賠償分割」という）をとることができる。

しかし、①現物分割も、②賠償分割もすることができないとき、または分割によって共有物の価格を著しく減少させるおそれがあるときは、第二次的に、裁判所は、③共有物の競売を命ずることができる（民法258条３項＊。競売分割）。

このように、③競売分割は、①現物分割も②賠償分割もできない場合の補

(98)　その具体的な手続に関しては、共有者不明土地を例にして、すでに説明した。前述１(2)(i)参照。
(99)　「部会資料37」３頁。「中間試案」第１－２(1)①、「部会資料51」14頁参照。

充的な分割方法である。しかし、①現物分割と②賠償分割では、どちらを先に検討すべきといった先後関係をつけない（同順位とする）趣旨である[(100)]。

裁判所は、共有物分割の裁判において、当事者に対し、「金銭の支払、物の引渡し、登記義務の履行その他の給付」を命ずることができるものとされた（民法258条４項＊）。これは、賠償分割における金銭債務の履行を確保する方法として意味をもつ。それは、履行確保の手続的措置等に関して、遺産分割に関する規律としての家事事件手続法196条を参考に規定を設けたものである[(101)]。この規定に基づき、賠償分割を命じる裁判においては、取得共有者の代価支払義務と他の共有者の持分移転登記義務とを引換給付とすることも可能と解される[(102)]。また、賠償分割で共有持分を取得した共有者は、他の共有者の持分について登記義務の履行を命じる確定判決を得ることにより、単独で持分取得の登記申請（不登法63条１項）をすることができる[(103)]。

なお、共有物の全部またはその持分が相続財産に属する場合については、後述３（１）（iv）参照。

(4) 共有規定の改正と準共有

共有に関する民法第２編第３章第３節の規定は、「数人で所有権以外の財産権を有する場合」にも準用される（民法264条＊。準共有）。ただし、共有に関する改正民法の規定については、注意が必要である。すなわち、不動産の共有者が特定不能または所在不明（所在等不明）の場合における共有持分の取得・譲渡に関する民法264条の２＊および264条の３＊（後述第４章２）は、民法264条による準用対象から外されている（民法264条括弧書）。これらについては、特別の準用規定があり、不動産の所在等不明共有者の持分の取得・

(100)「部会資料37」５頁。「部会資料47」１～２頁も参照。
(101)「部会資料37」５～６頁。
(102)「部会議事録21回」29～31頁参照。
(103)「部会資料37」６頁参照。

譲渡に関する改正規定（民法262条の２第１項＊～第４項＊および262条の３第１項＊～第３項＊）は、不動産の使用・収益権の準共有の場合についてのみ準用される（民法262条の２第５項＊、262条の３第４項＊）。したがって、共有動産の持分や、動産の使用・収益権の準共有の場合には、それらの改正規定は準用されないことに留意する必要がある[104]。

(104)　後述第４章２(4)参照。

3　相続財産の管理および清算に関する規律

(1) 相続財産の管理

(ⅰ) 遺産共有と通常共有

共有に関する規定は、共同相続財産の共有に関する規律の一般法としての意味をもっている。すなわち、相続人が数人あるときは、相続財産はその共有に属するものとされている（民法898条１項）。

したがって、遺産共有に関しても、共有財産である共同相続財産の管理に関する行為、管理に関する手続、共有物を使用する共有者と他の共有者との関係、管理行為に関する同意取得方法、共有物の管理者の規律を適用する共同相続人が他の共同相続人から同意を取得する方法等についても、通常の共有と同様の仕組みを用いることで、検討が進められてきた(105)。

これに対し、相続財産に関する特別規定がある場合は、それによることになる。例えば、共有物の分割に関する規定（民法258条＊）は、共有物の全部またはその持分が相続財産に属する場合において、共同相続人間で当該共有物の全部またはその持分について遺産分割をすべきときは、原則として、適用されない（後述（ⅳ）参照）。そのほか、相続財産管理人の選任（民法897条の２＊。後述（ⅱ）参照）、共有者の「善良の管理者の注意」（民法249条３項＊）に対する共同相続人の「固有財産におけるのと同一の注意」（民法918条＊）、不動産の所在等不明共有者の持分の取得の裁判に関して共有持分が相続財産に属し、共同相続人間で遺産分割すべき場合において、相続開始時から10年経過していないとき（民法262条の２第３項＊。後述第４章２（２）

(105)「部会資料３」21〜22頁、「中間試案」第１－１⑴、⑵、⑶、⑷、第４－１⑴、⑵、「部会資料31」第３・30〜32頁、「部会資料42」第３・９〜10頁。

(iii）参照）等がある。

そして、相続財産について共有に関する規定を適用するときは、民法900条から902条までの規定（法定相続分〔民法900条〕、代襲相続人の相続分〔民法901条〕、遺言による相続分の指定〔民法902条〕）に従って算定した相続分をもって各相続人の共有持分とすることが明文で規定された（民法898条２項＊）。

なお、この規定が、相続財産についての共有説および合有説の解釈論にどのような影響を与えるかについては、議論の余地がある。共有持分についての基準を明確化したことが、相続財産に属する個々の財産についての共有説、さらにはその前提にある法定相続主義（相続開始と同時に、相続財産に属する個々の財産について、法定相続分に従って共有状態が発生する）を強化したものとまではいえないと解される。民法898条２項も、法定相続分のみならず、遺言による相続分の指定があるときは、指定相続分によることを明確にしている。

前述したように、相続財産の共有については、通常の共有とは異なる特別の規律も存在し、それについての法改正も行われた。以下では、この点について確認する[106]。

(ii）相続財産の管理人

たとえ相続人が不明（特定不能または所在不明）等の場合であっても、相続財産の管理を円滑かつ適正に行うために、家庭裁判所は、「利害関係人」または検察官の請求により、いつでも、「相続財産の管理人」の選任、その他の「相続財産の保存」に必要な処分を命ずることができるものとされた（民法897条の２第１項本文＊）[107]。そして、家庭裁判所が選任した相続財産の管理人については、民法27条～29条の規定（不在者財産管理人の職務、権限、管理

(106)　そのほか、通常共有の共有者の特定不能または所在不明の場合における持分取得等の裁判に関する規律が、遺産共有についても設けられたが、それは相続開始から10年経過後に妥当する。この点については、後述第４章２(2)(iii)参照。

(107)　この相続財産の保存に関する処分の審判の手続は、家事事件手続法190条の２＊による。

人の担保提供および報酬）が準用される（民法897条の２第２項＊）。これは、共有物の管理者（民法252条１項括弧書＊、252条の２＊。前述２（２）（iv））に対する特則とも解することができる。もっとも、相続財産の管理人は相続財産全体を対象とするのに対し、共有物の管理者は個々の共有物を対象とするものであるから、共同相続人が特定の相続財産につき、共有物の管理者を選任することは妨げられないものと解される。

相続財産の管理人は、①相続人が１人である場合においてその相続人が相続の単純承認をしたとき（最早それは共有物ではない）、②相続人が数人ある場合において遺産の全部の分割がされたとき（遺産共有の状態ではなくなる）、または③民法952条１項の規定により相続財産の清算人が選任されているとき（相続財産の清算人が管理人に代わる）は、選任することができない（民法897条の２第１項ただし書＊）。

相続財産の管理人の制度は、①相続人が数人ある場合における遺産分割前の相続財産、および②相続人のあることが明らかでない場合における相続財産につき、それぞれ保存に必要な処分を可能にするとともに、これら①・②の相続財産の管理人の制度を、改正前民法918条２項が定めていた相続財産の管理人の制度（なお、同項は、改正前民法926条２項〔限定承認がされた場合〕、936条３項・926条２項〔限定承認に際して相続人が数人ある場合〕、940条２項〔相続放棄者がある場合〕において準用される場合を含むものとしていた。しかし、改正法により、これらについては、相続財産の清算人の制度〔後述（２）〕が定められたことから、削除）と統合し、相続財産の管理人に関する統一的規律を設けたものである[108]。

改正民法によって創設された相続財産管理人の制度（民法897条の２＊。関連規定として、民法898条２項＊、918条２項・３項削除＊、926条２項＊、家手法190条の２＊）は、相続財産について共同相続人の全部または一部が不明（特定不能または所在不明）の場合にも利用することが想定されている（前述①・

---

(108)「中間試案」第２‐４(2)、「部会資料34」８～９頁参照。

②は、共同相続人の全部または一部が所在等不明の場合を含みうる）。したがって、相続財産管理人の制度も、所有者不明土地の管理に関する制度の一環として理解することができる(109)。

(iii) 相続放棄をした者による管理

相続放棄をした者は、放棄の時に、相続財産に属する財産を現に占有しているときは、相続人または「相続財産の清算人」（民法952条１項＊）(110)に対して当該財産を引き渡すまでの間、自己の財産におけるのと同一の注意をもって、その財産を保存しなければならない（民法940条１項＊）。相続放棄をした者は、①他に相続人がいれば、当該相続人がその財産を管理し、必要があればいつでも相続財産管理人を選任することができるので、占有する財産を当該相続人に引き渡せばよい。また、②他に相続人がいなければ、相続財産法人が成立し、相続財産清算人が選任されるので、この者に当該財産を引き渡すべきことになる。これら①・②の場合には、受任者の報告義務（民法645条）、受領物の引渡義務（民法646条）および費用償還請求権（民法650条１項）ならびに代弁済請求権（民法650条２項）の各規定が準用される（民法940条２項＊）(111)。

(iv) 共有物の全部またはその持分が相続財産に属する場合の分割

共有物の全部またはそれに対する一部の持分が相続財産に属する場合において、共同相続人間で、相続財産である当該共有物の全部またはその持分について遺産の分割をすべきときは、当該共有物またはその持分について、民法258条（裁判分割）の規定による分割をすることができないものとされた（民法258条の２第１項＊）。これらの共有物またはその持分は、共有物分割の規

(109)　「中間試案」第２-４(2)、「部会資料34」８～９頁参照。
(110)　相続財産の清算人に関しては、後述(2)参照。
(111)　相続放棄をした者の義務については、「部会資料45」５～６頁参照。

律ではなく、遺産分割の規律（民法906条～914条）に従って分割されるべきだからである。

しかし、「共有物の持分」が相続財産に属する場合において、相続開始の時から10年を経過したときは、民法258条の２第１項の規定にかかわらず、相続財産に属する「共有物の持分」についても、通常共有の持分とともに、民法258条の規定による分割をすることができる（民法258条の２第２項本文＊）[(112)]。

ただし、当該共有物の持分について遺産分割の請求があった場合において、相続人が当該共有物の持分について民法258条の規定による分割をすることに異議の申出をしたときは、この限りでない（民法258条の２第２項ただし書＊）。なお、相続人がこの異議の申出をするには、民法258条１項＊の規定による共有物分割の請求を受けた裁判所から、当該請求があった旨の通知を当該相続人が受けた日から２か月以内に、当該裁判所に対してしなければならない（民法258条の２第３項＊）。

(2) 相続財産の清算人

(ⅰ) 複数の相続人が限定承認をした場合

改正前民法は、「相続財産の管理人」の選任が可能な場合として、①相続財産の清算を目的とせずに、相続人のために相続財産の管理が行われる場合（民法918条２項・３項）だけでなく、②相続人が限定承認をし（民法296条２項）、または相続人が不存在であるために（民法952条１項）、相続財産の清算が行われる場合も、認めていた。しかし、目的を異にする管理人を同一の名称で呼ぶことは相当でないと考えられることから、相続財産の清算を目的にして選任される管理人には「相続財産の清算人」という名称を用いることとされ

(112)　共有物分割請求に関しては、前述２(3)参照。

た[113]。

相続財産の清算人には、［１］相続人が数人ある場合において限定承認をしたときに民法936条１項＊に基づいて選任されなければならない「相続財産の清算人」（以下、本節（ⅰ））と、［２］相続人のあることが明らかでない場合（民法951条）に、民法952条１項＊に基づいて選任される「相続財産の清算人」（後述（ⅱ））とがある。

［１］相続人が数人ある場合において、限定承認をしたときは[114]、相続財産の清算を円滑かつ適正に進めるために、家庭裁判所は、相続人の中から、「相続財産の清算人」を選任しなければならない（民法936条１項＊）。相続財産の清算人は、相続人のために、相続人に代わって、「相続財産の管理および債務の弁済に必要な一切の行為」を行う権限をもつ（民法936条２項＊）。この場合における相続財産の清算人には、以下、①～⑥のように、限定承認に関する民法926条～民法935条が準用される（民法936条２項＊）。

①　相続財産の清算人は、その固有財産におけるのと同一の注意をもって、相続財産の管理を継続しなければならない（民法926条１項）[115]。

②　相続財産の清算人は、その相続財産の清算人の選任があった後10日以内に、全ての相続債権者（相続財産に属する債務の債権者）および受遺者に対し、相続財産の清算人となったこと、および一定期間内（この期間は２か月を下ることができない）に債権の請求の申出をすべき旨を公告しなければならない（民法927条１項）[116]。そして、この公告には、相続債権者および受遺者がその期間（以下、「公告期間」という）内に申出をしないときは弁済から除斥されるべき旨を付記しなければならない（民法927条２項本文）。ただし、相続財産の清算人は、知れている相続債権者および受遺者を除斥することはできず（民法927条２項ただし書）、これ

(113)　「部会資料51」19頁参照。
(114)　共同相続人は全員が共同してのみ限定承認をすることができる（民法923条）。
(115)　この場合、受任者に関する民法645条、646条、651条１項・２項が準用される（民法926条２項＊）。
(116)　この公告は、官報に掲載して行う（民法927条４項、936条２項＊）。

ら知れている相続債権者および受遺者には、相続財産の清算人が各別にその申出の催告をしなければならない（民法927条３項）。

相続財産の清算人は、前記の公告期間（民法927条１項）の満了前には、相続債権者および受遺者に対して弁済を拒むことができる（民法928条）。しかし、公告期間が満了した後は、相続財産をもって、公告期間内に申出をした相続債権者、その他知れている相続債権者に対し、それぞれその債権額の割合に応じて弁済しなければならない（民法929条本文）[117]。

相続財産の清算人は、公告期間満了後は、弁済期が未到来の債権も弁済しなければならず（民法930条１項）、条件付債権および不確定期限付債権は、家庭裁判所が選任した鑑定人の評価に従って弁済しなければならない（民法930条２項）。

③　公告期間の満了後、相続財産の清算人は、受遺者に対しては、相続債権者に弁済した後でなければ、弁済することができない（民法931条）。

④　相続財産の清算人は、公告期間の満了後に弁済する際に、相続財産を売却する必要があるときは、相続財産を競売に付さなければならない（民法932条本文）。ただし、家庭裁判所が選任した鑑定人の評価に従い、相続財産の全部または一部の価額を弁済して、その競売を止めることができる（民法932条ただし書）。相続債権者および受遺者は、自己の費用で相続財産の競売または鑑定に参加することができる。その際には、相続債権者または受遺者から参加の請求があったにもかかわらず、その請求をした者を参加させないで競売または鑑定をしたときは、その競売または鑑定は、その請求をした者に対抗することができない（民法933条）。

⑤　相続財産の清算人は、前記②の公告もしくは催告（民法927条１項・３項）をすることを怠り、または公告期間（民法927条１項）の満了前に相続債権者もしくは受遺者に弁済したことにより、他の相続債権者もしくは受遺者に弁済をすることができなくなったときは、これによって生じ

(117)　ただし、その際には、優先権を有する債権者の権利を害することはできない（民法929条ただし書）。

た損害を賠償する責任を負う（民法934条１項前段）。

公告期間の満了後に、相続財産の清算人が、民法929条～931条（前記②、③）の規律に違反して弁済をしたときも、同様である（民法934条１項後段）。なお、このことは、事情を知って不当に弁済を受けた相続債権者または受遺者に対し、他の相続債権者または受遺者が求償請求することを妨げるものではない（民法934条２項）(118)。

⑥　前記②の公告期間内（民法927条１項）に申出をしなかった相続債権者および受遺者で、相続財産の清算人に知れなかったものは、残余財産についてのみその権利を行使することができる（民法935条本文）(119)。

（ii）相続人のあることが明らかでない場合

［２］相続財産の清算人は、相続人のあることが明らかでない場合にも選任される。

①　相続人のあることが明らかでない場合、相続財産は法人となる（相続財産法人。民法951条）。この被相続人の死亡時から当然に法人であったものとして取り扱われ、被相続人の債権・債務の決済等、相続財産の清算が行われ、家庭裁判所は、利害関係人または検察官の請求により、相続財産の清算人を選任しなければならない（民法952条１項＊）(120)。

②　相続財産法人の代表者として家庭裁判所は、相続財産の清算人を選任したときは、遅滞なく、その旨および相続人があるならば一定の期間内（６か月を下回ることができない）にその権利を主張すべき旨を公告しなければならない（民法952条２項＊）。この相続財産の清算人には、不在者の財産管理人の職務、権限および担保提供ならびに報酬に関する規定

(118)　これらの損害賠償請求権および求償権については、民法724条が準用される（民法934条３項）。

(119)　ただし、相続財産について特別担保を有する者は、この限りではない（民法935条ただし書）。

(120)　相続人の不存在の場合における相続財産の清算に関する処分の審判事件は、相続が開始した地を管轄する家庭裁判所の管轄に属する（家手法203条１号＊）。

（民法27条～29条）が準用される（民法953条＊）。相続財産の清算人は、相続債権者または受遺者の請求があったときは、その者に相続財産の状況を報告しなければならない（民法954条＊）。

相続財産法人は、相続人のあることが明らかになった場合は、成立しなかったものとみなされる（民法955条前段）。ただし、その場合は、相続人の法定代理人としての相続財産の清算人がその権限内でした行為の効力は妨げられない（民法955条後段＊）。そして、相続財産の清算人の代理権は、相続人が相続の承認をした時に消滅する（民法956条１項＊）。これによって代理権を失った相続財産の清算人は、遅滞なく相続人に対して清算に係る計算をしなければならない（民法956条２項＊）。

③　家庭裁判所による相続財産清算人の選任および相続人の捜索の公告（民法952条２項＊）があったときは、相続財産清算人は、すべての相続債権者および受遺者に対し、２か月以上の期間を定めて、その期間内にその請求の申出をすべき旨を公告しなければならない。その期間は、相続人の捜索の公告期間（民法952条２項＊。相続人が権利を主張すべき期間として家庭裁判所が６か月以上の期間を定めて公告した期間。前記②参照）内に満了するものでなければならない（民法957条１項＊）[121]。この改正により、相続債権者および受遺者の請求申出期間は、相続人の捜索の公告期間内に満了することになった。

改正前民法では、相続人のあることが明らかでない場合（民法951条）は、①家庭裁判所が利害関係人または検察官の請求により、相続財産管理人を選任し（改正前民法952条１項）、遅滞なくその旨を公告（これは、相続人の捜索の公告を兼ねる）したうえで、②この相続財産管理人の選任公告後、２か月以内に相続人のあることが明らかにならなかったときは、相続財産管理人が

（121）　この場合、限定承認に関する民法927条２項～４項、928条～935条（932条ただし書〔弁済のための相続財産の換価に対し、家庭裁判所が選任した鑑定人の評価に従い、相続財産の全部または一部の価額を弁済し、その競売を止めることができる旨の規定〕を除く）の規定が、相続財産の清算人に準用される（民法957条２項）。

2か月以上の期間を定めて相続債権者および受遺者に請求の申出の公告を行い（改正前民法957条1項）、③この②の期間の満了後もなお相続人のあることが明らかでないときは、家庭裁判所は、相続財産管理人または検察官の請求により、6か月以上の期間を定めて、相続人があるならばその期間内に権利を主張すべき旨を公告しなければならなかった（最後の相続人の捜索の公告。改正前民法958条）。

改正民法は、この③の最後の相続人の捜索の公告期間に関する改正前民法958条を削除し、相続財産清算人の選任後、ただちに相続財産清算人の選任の公告および相続人の捜索の公告を同時並行的に実施して、前者は後者の期間内に終了すべきものとした（民法952条2項＊）。これにより、相続財産の清算に要する期間を短縮し、手続を簡略化することにより、清算コストの軽減が図られている（図表3-1参照）[122]。

なお、相続人の捜索の公告期間（民法952条2項＊）内に相続人としての権利主張をする者がない場合において、被相続人と生計を同じくしていた者、被相続人の療養看護に努めた者、その他被相続人と特別の縁故があった者の請求に対し、家庭裁判所が相当と認めるときは、これらの者に清算後残存すべき相続財産の全部または一部を与えることができる（特別縁故者に対する相続財産の分与。民法958条の2第1項。改正前民法958条の3第1項と同じ）。この請求は、相続人の捜索の公告期間（民法952条2項＊）の満了後3か月以内にしなければならない（民法958条の2第2項＊）[123]。この規定自体は、特別縁故者の財産分与請求は最後の相続人捜索の公告期間（改正前民法958条）の満

(122)　相続財産清算人の選任および相続人の捜索の公告があったときは、それから2か月待つこと（改正前民法957条1項）なしに、相続財産清算人が事案に応じて適切であると認める時期に、相続債権者および受遺者に対する請求の申出の公告をすれば足りるという考え方は、「部会資料51」19～20頁において打ち出され、改正民法952条2項に通じた。なお、「中間試案」第2-4(2)、「部会資料34」21～22頁、「部会資料45」4～5頁参照。

(123)　それゆえに、特別縁故者による相続財産の分与の請求を受けて行われる審判は、相続人の捜索の公告期間（民法952条2項＊）の満了後3か月を経過した後にしなければならない（家手法204条）。

了後3か月以内にしなければならないとしていた規定（改正前民法958条の3第2項）と同様である。しかし、相続人の捜索の公告期間自体が前述したように短縮されていることに注意する必要がある（図表3－1参照）。

図表3－1　相続人のあることが明らかでない場合

改正前民法	改正後民法
①家庭裁判所が「相続財産の管理人」の選任・公告（改正前民法952条1項。相続人捜索の公告を兼ねる）	①家庭裁判所が「相続財産の清算人」の選任・公告、および相続人捜索の公告（6か月以上の期間）（民法952条1項・2項＊）
②前記①から2か月以内に相続人のあることが明らかにならない場合、相続財産管理人が相続債権者・受遺者に対して請求申出の公告（2か月以上の期間）（改正前民法957条1項）	②相続財産清算人が相続債権者・受遺者に対して請求申出の公告（2か月以上の期間。ただし、前記①の相続人捜索の公告期間内に満了）（民法957条1項＊）
③前記②の期間（2か月以上の期間）の満了後も相続人のあることが明らかでない場合、家庭裁判所が最後の相続人捜索の公告（6か月以上の期間）（改正前民法958条）	――（前記①参照）
④前記③の期間（6か月以上の期間）の満了後3か月以内に、特別縁故者による財産分与請求（改正前民法958条の3第2項）	③前記①の期間（6か月以上の期間）の満了後3か月以内に、特別縁故者による財産分与請求（民法958条の2第2項＊）

4　所有者不明土地・建物の管理

(1) 所有者不明土地・建物管理制度の創設

所有者不明土地を円滑かつ適正に利用および管理するという観点からは、令和3年民法改正等によって導入された、所有者不明土地管理人の制度が中心的な役割を果たすことが期待される（後述（3）参照）。それに併せて、所有者不明建物についても、所有者不明建物管理人の制度が設けられた（後述（4）参照）。さらに、所有者不明土地か否かを問わず、土地・建物が管理不全の状態になっているときに、それに対応するための管理不全土地・建物の管理人の制度も創設された（後述5参照）。すなわち、「第2編　物権」、「第3章　所有権」の末尾に、新たに「第4節　所有者不明土地管理命令及び所有者不明建物管理命令」（民法264条の2＊～264条の8＊）および「第5節　管理不全土地管理命令及び管理不全建物管理命令」（民法264条の9＊～264条の14＊）を設けた。

所有者不明土地・建物管理制度の趣旨は、所有者が特定不能または所在不明となった土地および建物につき、所有者不明土地管理人および所有者不明建物管理人を選任し、土地・建物が所有者不明の状態にあったとしても、円滑かつ適正な管理を行うことができるようにしたものである[124]。

そのために、所有者不明土地管理人および所有者不明建物管理人には、管理命令の対象となった土地または建物の管理・処分権が専属する（民法264条の3第1項＊、264条の8第5項＊）。そして、裁判所の許可を得て、土地または建物を処分することもできる（民法264条の3第2項＊、264条の8第5項＊）。この場合には、所有者不明土地・建物管理人の制度は、所有者不明の

(124)　他方、管理不全土地・建物管理制度の趣旨については、後述5参照。

土地または建物を解消する手段ともなりうる[125]。

所有者不明土地・建物管理人の制度に先立ち、その先駆的な制度として、「表題部所有者不明土地の登記及び管理の適正化に関する法律」（令和元年5月24日法律第15号。以下、「表題部所有者不明土地法」という）が定める、①特定不能土地等管理者（表適法19条〜29条）、および②特定社団等帰属土地等管理者（表適法30条）がある。これらの者の法的地位、権限、義務、報酬・費用、辞任・解任等の規定（表適法19条〜30条）は、所有者不明土地管理人等の法的地位、権限、義務等の規定に1つのモデルを提供しているとみることができる[126]。

(2)　不在者財産管理制度との関係

所有者不明土地管理人および所有者不明建物管理人による管理の制度は、特定の土地または建物が所有者不明の状態になっている場合に、その管理人を選任し、管理を行うものである。この点で、所在不明になった不在者の財産全体について管理を行う権限をもち、義務を負う不在者財産管理人（民法25条〜29条）の制度と対比して、スポット的管理という特徴づけもされている。

なお、「令和3年民法改正等」は、不在者の財産管理人の制度についても改正を加えている。まず、家庭裁判所が選任した不在者財産管理人は、不在者の財産の管理、処分その他の事由によって金銭が生じたときは、不在者のために、当該金銭を不在者の財産管理に関する処分を命じた裁判所の所在地を管轄する家庭裁判所の管轄区域内の供託所に供託することができるものとされた（家手法146条の2第1項＊）[127]。そして、家庭裁判所は、不在者が財産を管理することができるようになったとき、管理すべき財産がなくなったと

(125)　所有者不明土地の解消を促すための手段については、後述第4章参照。

(126)　後藤（2020）201〜259頁参照。なお、特定不能土地等管理者・特定社団等帰属土地等管理者と、所有者不明土地管理者との関係については、後述(3)(i)末尾参照。

(127)　不在者財産管理人がこの供託をしたときは、法務省令の定めに従い、その旨その他法務省令で定める事項を公告しなければならない（家手法146条の2第2項＊）。

き、その他財産の管理を継続することが相当でなくなったときは、不在者、管理人もしくは利害関係人の申立てにより、または職権で、不在者財産管理人の選任、その他の不在者の財産の管理に関する処分の取消しの審判をしなければならないが、この「管理すべき財産がなくなったとき」には、家庭裁判所が選任した不在者財産管理人が、管理すべき財産の全部を供託したときを含むものとされた（家手法147条＊）[(128)]。

さらに、所有者不明土地管理人・所有者不明建物管理人の制度を新設することとの関係で、規律のバランス等も考慮し、①家庭裁判所が不在者財産管理人を選任する際に、その職務内容（不在者財産管理人の権限内容を含む）をあらかじめ定めることができる旨の規律、②不在者財産管理人の選任の申立権者の範囲に関する規律、③特定の行為について不在者財産管理人と不在者との間で、または複数の不在者の間で利益が相反する場合に、不在者財産管理人が当該行為をすることは認められないことを前提とする規律等についても、新設することが検討された。しかし、現行法の解釈・実務によって適切に対応可能であると判断され、新たな規律は設けられないことになった[(129)]。

(3) 所有者不明土地の管理

(ⅰ) 所有者不明土地管理命令と所有者不明土地管理人の選任

裁判所は、所有者を知ることができず、またはその所在を知ることができない土地（土地が共有の場合は、共有者を知ることができず、またはその所在を知ることができない土地の共有持分）について[(130)]、必要があると認めるときは、「利害関係人」（後述（ⅱ）参照）の申立てにより、当該申立てに係る土地または共有持分を対象として、「所有者不明土地管理人」による管理を命ずる

(128)「部会資料34」２～３頁、「部会資料45」１～２頁参照。
(129)「中間試案」第２-３、「部会資料34」１～４頁、「部会資料45」１～２頁参照。
(130)「所有者不明土地」の定義等に関しては、前述第１章３および図表１-４参照。

処分（所有者不明土地管理命令）をすることができる（民法264条の２第１項＊）。管轄裁判所は、申立てに係る不動産の所在地を管轄する地方裁判所となる（非訟法90条１項）。また、「国の行政機関の長又は地方公共団体の長」（国の行政機関の長等）も、「所有者不明土地につき、その適切な管理のため特に必要があると認めるとき」は、所有者不明土地管理命令を地方裁判所に申し立てることができる(131)。

裁判所が所有者不明土地管理命令をするためには、①所有者不明土地管理命令の申立てが対象となる土地または共有持分についてあったこと、②対象となる土地の所有者または共有者は、異議があるときは、一定の期間（１か月以上の期間である必要がある）内にその旨の届出をすべきこと、および③その届出がないときは所有者不明土地管理命令がされること、を公告しなければならない。そして、④②の期間が経過した後に、裁判所は所有者不明土地管理命令を発出することができる（非訟法90条２項＊）。裁判所が所有者不明土地管理命令をする場合は、所有者不明土地管理人を選任しなければならない（民法264条の２第４項＊）。

所有者不明土地管理命令の効力は、対象とされた土地、およびその土地にある動産で、当該土地の所有者または共有持分をもつ者が所有するものに及ぶ（民法264条の２第２項＊）。

しかし、所有者不明土地上に建物が存在する場合は、所有者不明土地管理命令の効力はその土地上の建物には及ばない（民法264条の２第２項＊参照）。

---

(131)「令和３年民法等改正」に伴い、所有者不明土地の利用の円滑化等に関する特別措置法（以下、「所有者不明土地利用円滑化法」という）38条も改正された。まず「国の行政機関の長又は地方公共団体の長（次項及び次条第５項において『国の行政機関の長等』という。）は、所有者不明土地につき、その適切な管理のため特に必要があると認めるときは、家庭裁判所に対し、民法（明治29年法律第89号）第25条第１項の規定による命令又は同法第952条第１項の規定による相続財産の清算人の選任の請求をすることができる」（38条１項＊）と改正された。ついで、「国の行政機関の長等は、所有者不明土地につき、その適切な管理のため特に必要があると認めるときは、地方裁判所に対し、民法第264条の２第１項の規定による命令〔所有者不明土地管理命令〕の請求をすることができる」（38条２項＊）との規定が新設された。また、所有者不明土地利用円滑化法第３章第３節の表題を「所有者不明土地の管理に関する民法の特例」と改めた。

そこで、所有者不明土地管理人は、建物所有者が判明しているときは、土地の管理に必要な事項について、建物の管理・処分に影響を与える点については、建物所有者と協議し、土地の管理・処分を行うことになるものと考えられる。他方、建物所有者が特定不能または所在不明のときは、所有者不明建物管理人の選任を申し立て、この者と土地の管理・処分に必要な事項について協議することになるものと考えられる（後述（4）（iv）参照）[(132)]。

所有者不明土地管理命令が発出された場合は、裁判所書記官が職権で所有者不明土地管理命令の登記を嘱託しなければならない（非訟法90条６項＊）。一方、所有者不明土地管理命令の裁判は、対象となる土地の所有者または共有者等に告知することを要しない（非訟法90条12項＊）。

いったん発出された所有者不明土地管理命令が後に取り消された場合でも[(133)]、同命令の対象である土地または共有持分および同命令の効力が及ぶ動産の管理・処分、その他の事由により、所有者不明土地管理人が得た財産について、裁判所が必要であると認めるときも、所有者不明土地管理命令をすることができる（民法264条の２第３項＊）。

所有者不明土地管理命令に関する規定（民法264条の２＊～264条の７＊）は、「表題部所有者不明土地法」（前述（1）末尾参照）が定める①「所有者等特定不能土地」（表適法２条３項）および②「特定社団等帰属土地」（同法２条４項）には適用されない（表適法32条１項＊）。なぜなら、これらの土地については、裁判所が、利害関係人の申立てにより、①特定不能土地等管理者（表適法19条、20条）または②特定社団等帰属土地等管理者（表適法30条）を選任することができ、その管理の対象となる（表適法21条～29条、30条２項）か

(132)　所有者不明建物管理命令を申し立てるに当たり、所有者不明土地管理人が所有者不明建物管理人を兼ねることも、一概には排除されていない。裁判所が、個別事例ごとに、利益相反の有無ないし内容に鑑みて判断するものと考えられる（「部会資料44」１～４頁参照）。例えば、建物所有権の登記名義人が土地所有権の登記名義人と異なっており、借地権の存在が想定される場合は、建物所有者と土地所有者の利害が対立しうることが考慮に入れられるであろう。

(133)　所有者不明土地管理命令の取消しに関しては、後述(viii)参照。

らである。

ただし、①表題部所有者不明土地である旨の登記（表題部所有者不明土地〔共有の場合は共有持分〕の所有者等を特定できなかった旨の登記。表適法15条1項4号イ）、または②特定社団等帰属土地である旨の登記（表題部所有者不明土地の所有者等を特定できた場合であって、当該表題部所有者不明土地が法人でない社団等に属するときまたは法人でない社団等に属していたとき〔当該法人でない社団等以外の所有者等に属するときを除く〕において、表題部所有者として登記すべき者を特定できない旨の登記。表適法15条1項4号ロ）をする前に、所有者不明土地管理命令（民法264条の2第1項＊）がされた場合は、所有者不明土地管理人の管理権限に服することになる（表適法32条1項括弧書＊）。

（ii）所有者不明土地管理命令の申立権者

所有者不明土地管理命令の申立権をもつ者は、「利害関係人」および「国の行政機関の長又は地方公共団体の長」である（前述（i））。このうち、「利害関係人」の範囲が問題になる。この点については、所有者不明土地管理制度の趣旨に照らして解釈されるべきである。ちなみに、不在者の財産管理人の選任を申し立てることのできる「利害関係人」の範囲については、不在者の財産全体の把握と維持・管理を目的とする不在者財産管理制度の趣旨に鑑みて、不在者の推定相続人、債権者は含まれるが、隣人、友人、不在者の財産の買受希望者等のほか、隣地所有者であるというだけではそれに含まれないと解されている[134]。これに対し、所有者不明土地管理人を選任する理由が、所有者不明土地の適正な管理に主眼があるとすれば、所有者不明土地の管理が適正でないことにより、被害ないし悪影響を被っている隣地所有者も利害関係人に当たると解することができる[135]。さらに、所有者不明土地管理制度の趣旨が、所有者不明土地の適正な管理にとどまらず、円滑な利用や解消の促進にも及ぶとすれば、土地の所有権または共有持分の取得を希望する私人

(134)　山野目編（2018）590頁（岡孝）。
(135)　「部会資料43」3頁。

も、利害関係人に当たる可能性を排除されてはいないと解しうる(136)。

以上のように、所有者不明土地管理制度の趣旨を、所有者不明土地の適正な管理、円滑な利用、解消の促進という形で捉えた場合、所有者不明土地管理人が活用される場面はどのように想定されるであろうか。以下、具体例を通じて検討する。

① 所有者不明土地上の樹木、工作物等が倒壊し、または倒壊の危険があるなどして、隣地に被害または被害の危険が生じている場合、隣地所有者が所有者不明土地管理人の選任を求め、その者を相手に妨害排除請求または妨害予防請求をすることが考えられる。

② 土地の共有者の一部が所在等不明の場合において、他の共有者が自らの持分では持分価格の過半数を満たさないために管理行為（民法252条＊）ができない場合に、所有者不明土地管理人の選任を求め、その者と協議して共有地の管理を行うことも考えられる。

③ 土地の所有者またはその所在が不明で、かつ当該土地の固定資産税の未納状態が続いている場合、市町村長が所有者不明土地管理人の選任を申し立て、この者を相手に公売手続を進めることも考えられる。この場合には、結果的に、所有者不明土地管理命令の制度は、所有者不明土地の解消手段としても機能することになる。

④ 所有者不明土地を占有する者が、その土地の時効取得を主張する場合、所有者不明土地管理人を選任し、その者を相手に当該土地の所有権確認等の訴えを提起することも考えられる。この場合、所有者不明土地管理人としては、土地所有権確認請求等の訴えの被告として、自ら収集した

(136) 例えば、「土地を取得してより適切な管理をしようとする公共事業の実施者や民間の買受希望者」は申立権者に当たるものと解される（「部会資料33」6頁）。もっとも、民間の買受希望者については、所有者不明土地管理制度の趣旨に照らし、その申立てに至った具体的事情を勘案して、慎重に判断することが求められるであろう。ちなみに、民間の買受希望者が申立てをしようとする場合、登記名義人等の戸籍謄本等を取得するために、第三者請求（戸籍法10条の2第1項）をすることも一律に否定されていない（「部会資料43」3頁）。

証拠および提示された証拠に対する判断に基づいて適切に行動すれば、たとえ敗訴したとしても、善管注意義務（民法264条の5第1項＊。後述（v）参照）に違反することにはならないものと解される。

⑤ 所有者不明土地の買受等を希望する者が、所有者不明土地管理人を選任し、所有者不明土地管理人が裁判所の許可を得て、当該土地の売却等の処分をする可能性も排除されていない。例えば、国の行政機関または地方公共団体の長が、公共事業のために当該土地を買収しようとする場合のほか、所有者不明土地が所在する地域コミュニティ（地方自治法260条の2による認可地縁団体または権利能力のない社団）が、当該地域コミュニティの活動のために買取りを希望する場合、所有者不明土地に対して地域福利増進事業のための土地使用権等の取得の裁定を受けた事業者が買取りを希望する場合等が考えられるであろうか。さらに、民間企業や個人が買取りを希望する場合が問題になるが、当該土地の位置、地積、地目、従前の利用状況、所有者不明となった経緯、現在の管理状況、周辺の土地の利用状況との関係、その他の特性、および買取り等の処分を希望する者の利用目的、当該土地との関わり、購入計画の具体性、代金支払能力等を考慮し、所有者不明土地管理制度の趣旨への適合性に照らして、裁判所が判断することになる(137)。

(iii) 所有者不明土地管理人の法的地位

所有者不明土地管理人が選任された場合、①所有者不明土地管理命令の対象とされた土地または共有持分および②所有者不明土地管理命令の効力が及ぶ動産（前述（i）参照）、ならびに③その管理・処分、その他の事由によって所有者不明土地管理人が得た財産（管理・処分対象財産）を「管理及び処分をする権利」は、所有者不明土地管理人に「専属」する（民法264条の3第1項＊）(138)。

(137) 「中間試案」第2－1⑴、「部会資料33」6頁、「部会資料43」3頁参照。
(138) これは、「中間試案」第2－1⑴イ②【乙案】を採用したものである。

このように、所有者不明土地管理命令により、管理・処分対象財産に対する管理・処分権は、土地所有者から剥奪され、所有者不明土地管理人に付与される。これは、土地所有者の財産権を法律の規定によって制約するものである(139)。それは、所有者不明土地管理命令によってただちに土地所有者の所有権を剥奪するものではない点で、土地収用法に基づく収用とは異なる(140)。

所有者不明土地管理人に管理・処分権が専属することの帰結として、所有者不明土地管理人が管理・処分権をもつ対象財産（前記①〜③）に関する訴えについては、所有者不明土地管理人を原告または被告とすることになる（民法264条の４＊）。その際、所有者不明土地管理人が原告となって訴えを提起する場合には裁判所の許可が必要となるが、被告となって応訴する場合には裁判所の許可は必要でないと解される(141)。

なお、これらの管理・処分対象財産（前記①〜③）の所有者（共有持分を有する者を含む）を当事者として係属していた訴訟手続は、所有者不明土地管理命令によって中断することになる。この場合、所有者不明土地管理人は、その訴訟手続を受け継ぐことができる（民訴法125条１項＊）。しかし、所有者不明土地管理命令が取り消されたときは、所有者不明土地管理人を当事者とする管理・処分対象財産（前記①〜③）に関する訴訟手続は、中断する。この場合は、当該財産の所有者（共有持分を有する者を含む）が、訴訟手続を受け継がなければならない（民訴法125条２項＊）。

(iv) 所有者不明土地管理人の権限

所有者不明土地管理人は、管理対象財産（前述（iii）①〜③）について、

---

(139)　この規定（民法264条の３第１項＊）は、財産権の内容を公共の福祉に適合するように、法律で定めたもの（憲法29条２項）といえる。それはまた、土地所有者等が土地についての基本理念（土地基本法２条〜５条）に則り、土地の利用・管理・取引を行う責務を負うこと（土地所有者等の責務）の具体化であるともいえる（前述第１章２参照）。

(140)　ただし、所有者不明土地管理人は、裁判所の許可を得て、土地の売却等、管理対象財産の処分をすることができることに留意する必要がある（民法264条の３第２項ただし書＊）。後述(iv)参照。

(141)　「中間試案」第２−１(1)イ⑤、「部会資料33」14〜15頁、「部会資料43」７〜８頁参照。

保存行為、および管理対象財産の性質を変えない範囲内において、その利用または改良を目的とする行為をする権限をもつ（民法264条の３第２項１号＊・２号＊）。

そして、これらの行為の範囲を超える行為をするには、裁判所の許可を得なければならない（民法264条の３第２項柱書本文＊）(142)。例えば、所有者不明土地管理人が、管理対象財産である土地の売却をするためには、裁判所の許可を受けなければならない。このことは、裁判所の許可を得れば、所有者不明土地を売却することができることを意味する。それは、結果的に、所有者不明土地の解消に通じることになる（後述第４章１（２）（ⅱ）参照）。その際、裁判所は、許可の申立てを「却下する裁判」をするときは、理由を付さなければならない（非訟法90条５項２号＊）。

所有者不明土地管理人が、裁判所の許可が必要な行為であるにもかかわらず、その許可を得ずにした行為は無効である。ただし、土地所有者および所有者不明土地管理人はその無効を、裁判所の許可がないことについて「善意の第三者」（行為の相手方を含む）に対抗することはできない（民法264条の３第２項柱書ただし書＊）(143)。

（ｖ）所有者不明土地管理人の義務

所有者不明土地管理人は、その管理・処分対象財産（前述（ⅲ）①～③）について、その所有者またはその共有持分を有する者のために、「善良な管理者の注意」をもって、その権限を行使しなければならない（民法264条の５

(142)「部会資料43」６頁。なお、所有者不明土地管理人は、土地所有者の他の財産および負債の状況を調査する権限をもたず、土地所有者の債務を弁済する職務も負わない。しかし、土地に抵当権が設定されている場合において、土地の売却代金をもって被担保債権の弁済に充て、抵当権の設定登記の抹消登記手続をすることが、土地の管理上相当であると判断されるときは、その限りで債務の弁済をすることが一律に禁じられるものではないと解される（「部会資料33」11頁、「部会資料43」６頁参照）。

(143)「部会資料43」５～６頁。これは、特定不能土地等管理者および特定社団等帰属土地等管理者がその権限の範囲を超えて行った行為につき、「善意の第三者」に対抗できないものとする表題部所有者不明土地法21条３項、31条１項・２項と平仄を合わせたものと解される。信託法66条５項も参照。

第1項＊)。

数人の者の共有持分を対象として所有者不明土地管理命令が発せられた場合は、所有者不明土地管理人は、当該所有者不明土地管理命令の対象とされた共有持分を有する者全員のために、「誠実かつ公平に」その権限を行使しなければならない（民法264条の5第2項＊)。

所有者不明土地管理人は、管理・処分対象財産（前述（iii）①～③）から金銭が生じたときは、その所有者または共有持分を有する者のために、当該金銭を管理命令の対象土地（管理命令の対象がその共有持分であるときは、その共有地）の所在地の供託所に供託することができる。供託がされたときは、法務省令の定めに従い、公告が行われる（非訟法90条8項＊)。

（vi）所有者不明土地管理人の費用・報酬

所有者不明土地管理人は、管理・処分対象財産（前述（iii）①～③）から、裁判所が定める額の費用の前払および報酬を受けることができる（民法264条の7第1項＊)。裁判所は、費用または報酬の額を定める裁判をする場合には、所有者不明土地管理人の陳述を聴かなければならない（非訟法90条4項＊)。

以上のことの前提として、その実効性はともかく、管理・処分対象財産の管理に必要な費用および所有者不明土地管理人の報酬は、管理・処分対象財産の所有者またはその共有持分を有する者の負担となる（民法264条の7第2項＊)。

（vii）所有者不明土地管理人の解任・辞任

所有者不明土地管理人が、その任務に違反し、管理・処分対象財産（前述（iii）①～③）に「著しい損害」を与えたこと、その他「重要な事由」があるときは、裁判所は、利害関係人の請求により、所有者不明土地管理人を解任することができる（民法264条の6第1項＊)。裁判所は、解任の裁判をする場合には、所有者不明土地管理人の陳述を聴かなければならない（非訟法90条4項＊)。

所有者不明土地管理人は、「正当な事由」があるときは、裁判所の許可を得て、辞任することができる（民法264条の6第2項＊）。その際、裁判所は、許可の申立てを「却下する裁判」をするときは、理由を付さなければならない（非訟法90条5項2号＊）。

(viii) 所有者不明土地管理命令の変更・取消し

裁判所は、所有者不明土地管理命令を変更し、または取り消すことができる（非訟法90条9項＊）。

裁判所は、所有者不明土地管理人が管理すべき財産がなくなったとき（管理すべき財産の全部が供託されたときを含む。供託に関しては、前述（v）末尾参照）、その他財産の管理を継続することが相当でなくなったときは、所有者不明土地管理人もしくは利害関係人の申立てにより、または職権で、所有者不明土地管理命令を取り消さなければならない（非訟法90条10項＊）。

裁判所は、所有者不明土地管理人の管理・処分対象財産（前述（iii）①～③）の所有者またはその共有持分を有する者が、その所有権または共有持分が自己に帰属することを証明したときは、当該所有者または共有持分を有する者の申立てにより、所有者不明土地管理命令を取り消さなければならない（非訟法90条11項前段＊）。これによって所有者不明土地管理命令が取り消されたときは、所有者不明土地管理人は、当該所有者または共有持分を有する者に対し、その事務の経過および結果を報告し、帰属が証明された財産を引き渡さなければならない（非訟法90条11項後段＊）。

所有者不明土地管理命令の取消しの裁判は、事件の記録上、所有者不明土地等の所有者およびその所在が判明している場合に限り、その所有者または共有持分を有する者に告知すれば足りる（非訟法90条13項＊）。

所有者不明土地管理命令の取消しの裁判がされたときは、裁判所書記官は、職権で、遅滞なく、所有者不明土地管理命令の登記の抹消を嘱託しなければならない（非訟法90条7項＊）。

(4) 所有者不明建物管理制度

(ⅰ) 所有者不明建物管理命令

建物の所有者またはその共有者が特定不能または所在不明の場合、裁判所が必要であると認めるときは、利害関係人の請求により、当該建物またはその共有持分を対象として、所有者不明建物管理人による管理を命ずる処分（所有者不明建物管理命令）が行われる（民法264条の8＊）。

所有者不明土地上に建物が存在する場合において、建物所有者が土地所有者と同一であるときは、所有者不明土地管理命令の効力を建物にも及ぼすことも考えられる。しかし、所有者不明土地とその上の所有者不明建物の所有者が同一か否かは判明しないことも少なくない。両者が所有者を異にする場合、所有者不明土地管理人の管理権限を所有者不明建物に及ぼすと、利益相反が問題になる可能性がある。また、土地の所有者およびその所在が判明していても、建物の所有者またはその所在が不明の場合もある。その場合、土地所有者は建物の管理・処分について交渉できる相手方を必要とするであろう。そこで、所有者不明土地管理命令とは別個に、所有者不明建物管理命令の制度が設けられることになった[144]。そして、所有者不明建物管理命令の効力は、①所有者不明建物（その定義については、後述（ⅲ）参照）および②その敷地利用権（所有権を除く）[145]にも及ぶものとされた（所有者不明建物管理命令の効力が及ぶ範囲については、後述（ⅳ）参照）。

(ⅱ) 所有者不明建物管理命令の対象と区分所有建物

区分所有建物の専有部分、敷地利用権および共用部分は、所有者不明建物

(144)「部会資料44」1～4頁。
(145)　所有者不明建物の敷地の所有者も不明の場合、その土地は所有者不明土地管理命令の対象となる（前述(3)、後述(ⅳ)参照）。

管理命令の対象としないことが、検討段階から確認された[146]。その理由として、以下の点が挙げられる。すなわち、①区分所有者が所在不明となって、専有部分の利用・管理を放置し、それが区分所有者の共同の利益に反する行為またはそのおそれがある行為と認められる場合、他の区分所有者の全員または管理組合法人が、所在不明区分所有者の区分所有権および敷地利用権の競売等を請求できる（区所法57条〜59条）。また、②所在不明となった区分所有者が管理費、修繕積立金等を支払っていない場合、他の区分所有者、管理者または管理組合法人が、所在不明区分所有者の区分所有権の上に先取特権をもつゆえに（区所法7条）、担保権の実行としての競売（民事執行法180条）により、他の区分所有者等がこの区分所有権を買い受け、管理をすることもできる。さらに、③区分所有建物では、区分所有者が全員で建物、その敷地および附属施設の管理を行う団体を構成し、集会を開く等して建物等の管理を行い（区所法3条）、集会決議は、区分所有者および議決権を基にした多数決による（区所法17条、18条、39条）等、区分所有関係に特有の意思決定方法がとられている。また、区分所有建物の共用部分には民法の共有規定とは異なる規定が定められている（区所法11条〜19条）。したがって、区分所有者が特定不能または所在不明になった場合の専有部分、敷地、共用部分等の管理への対応に関しては、区分所有関係の特色を踏まえて別途検討されるべきものと考えられる[147]。この方針には、特段の反対がなく、その後も維持された[148]。その結果、所有者不明建物管理命令（民法264条の8＊）は、区分所有建物の専有部分および共用部分には適用しないことが明文化された（区所法6条4項＊）。

ちなみに、後述する管理不全建物管理命令の規律についても、区分所有建

(146)　この点について、「中間試案」第2－1(2)（注1）では、慎重に検討するとしていたが、「部会資料28」1.2は所有者不明建物管理命令の「対象とはしないものとする」ことを提案し、その方向が固まった。
(147)「部会資料28」7〜8頁。
(148)「部会資料44」6頁、「要綱」第1部–第3－1(8)（注)。

物の専有部分および共用部分は対象としないことが確認された[149]。

(iii) 所有者不明建物管理命令と所有者不明建物管理人の選任

所有者を知ることができず、またはその所在を知ることができない建物（建物が数人の共有に属する場合は、共有者を知ることができず、またはその所在を知ることができない建物の共有持分）がある場合（建物の所有者もしくは共有者の特定不能または所在不明)、裁判所は、必要があると認めるときは、「利害関係人」の請求により、その請求に係る建物またはその共有持分を対象として、所有者不明建物管理人による管理を命ずる処分（所有者不明建物管理命令）をすることができる（民法264条の８第１項＊)。管轄裁判所は、当該建物の所在地を管轄する地方裁判所である（非訟法90条１項＊)。そして、裁判所は、所有者不明建物管理命令をする場合には、当該命令において、所有者不明建物管理人を選任しなければならない（民法264条の８第４項＊)。所有者不明建物管理命令があった場合、裁判所書記官は、職権で、遅滞なく、所有者不明建物管理命令の対象とされた建物またはその共有持分について、所有者不明建物管理命令の登記を嘱託しなければならない（非訟法90条６項＊・16項＊)。

(iv) 所有者不明建物管理命令の効力が及ぶ範囲

所有者不明建物管理命令の効力は、①当該命令の対象とされた建物または共有持分を対象として所有者不明建物管理命令が発せられた場合における共有物である建物、②建物にある動産であって、当該建物の所有者または共有者が所有するもの、および③当該建物を所有し、または当該建物の共有持分を有するための「建物の敷地に関する権利（賃借権その他の使用及び収益を目的とする権利（所有権を除く。)）であって、当該所有者不明建物管理命令の対象とされた建物の所有者又は共有持分を有する者が有するもの」（民法264条の８第２項＊。下線は引用者による）に及ぶ。所有者不明建物管理命令の効力

(149)「部会資料50」９頁、「要綱」第１部-第３-２(7)（注)、区所法６条４項＊。後述５(3)(ii)参照。

が敷地の所有権に及ばない（前記引用下線部参照）理由は、所有者不明建物を所有するための土地利用権原が土地所有権である場合は、所有者不明土地管理命令を得ることが必要になるからであると考えられる。

しかし、所有者不明建物のための土地利用権原が何であるか不明の場合もある。そのうち、土地所有者が判明していれば、所有者不明建物管理人を選任し、土地所有者と土地利用権原について協議し、土地利用権原を設定するか、建物を収去するかについて、合意をすることができるものと解される(150)。その際には、土地所有者が所有者不明建物管理人の選任を申し立て、この者を相手方に建物収去・土地明渡請求の訴えを提起することも考えられる（民法264条の８第５項＊、264条の４＊）。

また、所有者不明建物のための土地利用権原が何であるか不明の場合で、土地所有者も不明の場合は、所有者不明土地管理人および所有者不明建物管理人の選任を申し立て、両者が協議して管理・処分を行うことになるものと解される(151)。

所有者不明建物管理命令は、いったん発出された所有者不明建物管理命令が後に取り消された場合でも、同命令の対象である建物または共有持分ならびに同命令の効力が及ぶ動産および建物の敷地に関する権利の管理・処分、その他の事由により、所有者不明建物管理人が得た財産について、裁判所が必要であると認めるときも、発出することができる（民法264条の８第３項＊）。

（ｖ）所有者不明建物管理人の法的地位

所有者不明建物管理命令および所有者不明建物管理人には、所有者不明土地管理命令および所有者不明土地管理人に関する規定（民法264条の３＊～

(150)「部会資料44」１～３頁参照。この場合、土地所有者が所有者不明建物管理人となりうるかは、利益相反状況に鑑みて判断されるものと解される。

(151)「部会資料44」１～３頁参照。所有者不明土地管理人が所有者不明建物管理人を兼ねることができるかどうかについては、利益相反状況に鑑みて判断されるものと解される（前掲注132参照）。

264条の７＊）が準用される（民法264条の８第５項＊）[152]。

すなわち、所有者不明建物管理命令が発出され、所有者不明建物管理人が選任された場合、所有者不明建物管理命令の効力が及ぶ①建物、②当該建物にある動産であって当該建物の所有者または共有者が所有するもの、および③当該建物の敷地に関する権利（所有権を除く）であって、当該建物の所有者または共有者が有するもの（民法264条の８第２項＊）、および④前記①～③の「管理、処分その他の事由」により、所有者不明建物管理人が得た財産を管理・処分する権利は、所有者不明建物管理人に「専属」する（民法264条の８第５項＊、264条の３第１項＊）。

その結果、所有者不明建物管理人が管理・処分権をもつ管理・処分対象財産（前記①～④）に関する訴えについては、所有者不明建物管理人を原告または被告とすることになる（民法264条の８第５項＊、民法264条の４＊）[153]。

なお、これらの管理・処分対象財産に関して、その所有者（共有持分を有する者を含む）を当事者として係属していた訴訟手続は中断する。この場合、所有者不明建物管理人は、その訴訟手続を受け継ぐことができる（民訴法125条１項＊・３項＊）。しかし、所有者不明建物管理命令が取り消されたときは、所有者不明建物管理人を当事者とする管理・処分対象財産に関する訴訟手続は、中断する。この場合は、当該財産の所有者（共有持分を有する者を含む）が訴訟手続を受け継がなければならない（民訴法125条２項＊・３項＊）。

(vi) 所有者不明建物管理人の権限

所有者不明建物管理人は、管理・処分対象財産（前述（ｖ）①～④）について、保存行為、およびそれらの財産の性質を変えない範囲内において利用または改良を目的とする行為をすることができる。そして、これらの行為の範囲を超える行為をするには、裁判所の許可を得なければならない（民法

---

(152)　非訟法90条２項＊～90条15項＊も、所有者不明建物管理命令および所有者不明建物管理人に準用される（非訟法90条16項＊）。
(153)　「中間試案」第２-１⑴イ⑤、「部会資料52」11～12頁、前述⑶ⅲ参照。

264条の８第５項＊、264条の３第２項本文＊）[154]。例えば、所有者不明建物、その中にある建物所有者または共有者が所有する動産、および敷地利用権（所有権を除く）を売却するためには、所有者不明建物管理人は、裁判所の許可を得なければならない（許可を得ることにより、売却することができる）。ただし、この許可がないことをもって善意の第三者に対抗することはできない（民法264条の８第５項＊、264条の３第２項本文＊）。

(vii) 所有者不明建物管理人の義務

所有者不明建物管理人は、その管理・処分対象財産（前述（ｖ）①〜④）の所有者またはその共有者のために、「善良な管理者の注意」をもってその権限を行使しなければならない（民法264条の５第１項＊、264条の８第５項＊）。

複数の者の共有持分を対象として所有者不明建物管理命令が発せられた場合は、所有者不明建物管理人は共有者全員のために「誠実かつ公平に」その権限を行使しなければならない（民法264条の５第２項＊、264条の８第５項＊）。

所有者不明建物管理人は、管理・処分対象財産から金銭が生じたときは、その所有者または共有者のために、当該金銭を管理命令の対象建物（管理命令の対象が共有持分であるときは、その共有建物）の所在地の供託所に供託することができる。供託がされたときは、法務省令の定めに従い、公告が行われる（非訟法90条８項＊・16項＊）。

(viii) 所有者不明建物管理人の費用・報酬

所有者不明建物管理人は、管理・処分対象財産から、裁判所が定める額の費用の前払および報酬を受けることができる（民法264条の７第１項＊、264条の８第５項＊）。裁判所は、費用または報酬の額を定める裁判をする場合には、所有者不明建物管理人の陳述を聴かなければならない（非訟法90条４項＊・16項）。

---

(154)　その際、裁判所が許可の申立てを「却下する裁判」をするときは、理由を付さなければならない（非訟法90条５項２号＊・16項＊）。

以上のことの前提として、その実効性はともかく、管理・処分対象財産の管理に必要な費用および所有者不明建物管理人の報酬は、当該財産の所有者およびその共有者の負担となる（民法264条の７第２項＊、264条の８第５項＊）。

(ix) 所有者不明建物管理人の解任・辞任

所有者不明建物管理人が、その任務に違反し、管理・処分対象財産に「著しい損害」を与えたこと、その他「重要な事由」があるときは、裁判所は、利害関係人の請求により、所有者不明建物管理人を解任することができる（民法264条の６第１項＊、264条の８第５項＊）。裁判所は、解任の裁判をする場合には、所有者不明建物管理人の陳述を聴かなければならない（非訟法90条４項＊・16項）。

所有者不明建物管理人は、「正当な事由」があるときは、裁判所の許可を得て、辞任することができる（民法264条の６第２項＊、264条の８第５項）。その際、裁判所は、許可の申立てを「却下する裁判」をするときは、理由を付さなければならない（非訟法90条５項２号＊・16項＊）。

(x) 所有者不明建物管理命令の変更・取消し

裁判所は、所有者不明建物管理命令を変更し、または取り消すことができる（非訟法90条９項＊・16項＊）。

裁判所は、所有者不明建物管理人が管理すべき財産がなくなったとき（管理すべき財産の全部が供託されたときを含む。供託に関しては、前述（vii）末尾参照）、その他財産の管理を継続することが相当でなくなったときは、所有者不明建物管理人もしくは利害関係人の申立てにより、または職権で、所有者不明建物管理命令を取り消さなければならない（非訟法90条10項＊・16項＊）。

裁判所は、所有者不明建物管理人の管理・処分対象財産の所有者またはその共有者が、その所有権または共有持分が自己に帰属することを証明したときは、当該所有者または共有者の申立てにより、所有者不明建物管理命令を取り消さなければならない（非訟法90条11項前段＊・16項＊）。これによって所有者不明建物管理命令が取り消されたときは、所有者不明建物管理人は、当該所有者または共有者に対し、その事務の経過および結果を報告し、帰属が証明された財産を引き渡さなければならない（非訟法90条11項後段＊・16項＊）。

所有者不明建物管理命令の取消しの裁判は、事件の記録上、所有者不明建物等の所有者およびその所在が判明している場合に限り、その所有者または共有者に告知すれば足りる（非訟法90条13項＊・16項＊）。

所有者不明建物管理命令を取り消す裁判があったときは、裁判所書記官は、職権で、遅滞なく、所有者不明建物管理命令の登記の抹消を嘱託しなければならない（非訟法90条７項＊・16項＊）。

5　管理不全土地・建物管理制度

(1)　管理不全土地・建物管理制度の創設

前節でみた所有者不明土地・建物管理制度に加え、管理不全土地・建物管理制度が導入された。これは、管理が適切にされていない土地・建物に対し、所有者不明となる前の段階で適正な管理等を行うことにより、所有者不明土地・建物の発生予防にも資することが期待される。すなわち、民法等改正法は、民法「第２編　物権」「第２章　所有権」の末尾に、「第５節　管理不全土地管理命令及び管理不全建物管理命令」（民法264条の９＊～264条の14＊）として、６か条の規定を新たに設けた。このうち、①民法264条の９＊～264条の13＊は、管理不全土地管理命令、管理不全土地管理人の権限、義務、解任・辞任、費用償還・報酬請求等について定める。ついで、②民法264条の14第１項＊～３項＊は、管理不全建物管理命令について定め、管理不全建物管理人の権限、義務、解任・辞任、費用償還・報酬請求等について、管理不全土地管理人についての規定を準用する（民法264条の14第４項＊）。

管理不全土地・建物管理制度は、所有者不明とはいえない（所有者の特定が可能で、その所在が判明している）土地・建物でも、後述する管理不全状態にあると認められる場合には、利害関係人の請求により、裁判所が管理命令を発出し、管理人に保存行為等の管理をさせる制度である[155]。

なお、管理不全土地・建物の管理人の制度は、土地所有者が不明（特定不能または所在不明）の場合であっても、管理不全状態であると認められるときは、なお利用可能である。しかし、所有者不明土地管理命令または所有者

(155)　「中間試案」第２－２(1)参照。その後、「部会資料39」第２－１(1)でも維持され、管理不全土地管理人の法的地位や権利・義務をめぐり、土地所有者との関係をどのように規律すべきかが議論された。

不明建物管理命令が発出されている場合は、その土地または建物に関する管理権限は所有者不明土地管理人または所有者不明建物管理人に専属するから、管理不全土地または建物の管理命令は却下されることになる。また、管理不全土地または建物の管理命令が発出された後に、所有者不明土地または建物の管理命令が発出された場合は、管理不全土地管理命令または管理不全建物管理命令は取り消されるものと解される(156)。

(2) 管理不全土地の管理

(ⅰ) 管理不全土地管理命令および管理不全土地管理人の選任

所有者による土地の管理が「不適当」であることにより、「他人の権利又は法律上保護される利益が侵害され、又は侵害されるおそれがある場合」、裁判所は、必要があると認めるときは、「利害関係人」の請求により、当該土地を対象として、管理不全土地管理人による管理を命ずる処分（管理不全土地管理命令）をすることができる（民法264条の９第１項＊）。裁判所は、管理不全土地管理命令をする場合は、当該命令において、「管理不全土地管理人」を選任しなければならない（民法264条の９第３項＊）。

管理不全土地管理命令の申立ては、当該不動産の所在地を管轄する地方裁判所の管轄に属する（非訟法91条１項＊）。

裁判所は、管理不全土地管理命令をする場合には、管理不全土地管理命令の対象となるべき土地の所有者の陳述を聴かなければならない（非訟法91条３項柱書本文＊）。所有者不明土地管理命令と異なり、管理不全土地管理命令は、所有者不明でない場合にもすることができるからである。ただし、その陳述を聴く手続を経ることにより、「当該裁判の申立ての目的を達することができない事情」があるときは、この限りでない（非訟法91条３項柱書ただ

(156)「中間試案」第２－２⑴注２、「部会資料39」16頁参照。

し書＊）。

管理不全土地管理命令の効力は、①当該管理不全土地管理命令の対象とされた土地のほか、②当該土地にある動産で、当該土地の所有者またはその共有持分を有する者が所有するものにも及ぶ（民法264条の９第２項＊）。

（ii）管理不全土地管理人の法的地位・権限

管理不全土地管理人は、①管理不全土地管理命令の対象とされた土地、②同命令の効力が及ぶ動産（前述（ｉ）末尾①、②）、および③その管理・処分、その他の事由によって管理不全土地管理人が得た財産（管理・処分対象財産）について管理および処分をする権限をもつ（民法264条の10第１項＊）。しかし、所有者不明土地管理人の場合と異なり、管理・処分対象財産に関する管理・処分権は管理不全土地管理人に専属するものとはされておらず、土地所有者は管理・処分権を保持していることから、管理・処分対象財産に関して、所有者を本人とすべき類型の訴訟では、土地所有者が原告または被告となり、管理不全土地管理人は当事者適格をもたないものと解される[(157)]。

このように、管理不全土地管理人の管理・処分権の内容は、所有者不明土地管理人のそれよりも、制限されたものとなっている[(158)]。すなわち、管理不全土地管理人は、管理・処分対象財産（前述①〜③）に対し、保存行為、および管理・処分対象財産の性質を変えない範囲内において、その利用または改良を目的とする行為をすることができる（民法264条の10第２項１号＊・２号＊）。

そして、これらの範囲を超える行為をするためには、裁判所の許可を得なければならない（民法264条の10第２項柱書本文＊）。その際、管理不全土地管理人は、その許可の申立てを裁判所にする場合には、その許可を求める理由

---

(157)「部会資料52」16頁。所有者不明土地管理人の法的地位および権限に関しては、前述４⑶ⅲ、ⅳ参照。

(158)「部会資料39」第２－１⑵参照。処分行為に関する規律の仕方につき、【甲案】規律を設けない、【乙案】訴えによる競売請求を可能とする、【丙案】裁判所の許可で可能とするといった案が検討された。同前第２－１⑶、⑷も参照。

を疎明しなければならない（非訟法91条２項＊）。そして、裁判所は、その許可の裁判をする場合には、管理不全土地管理命令の対象とされた土地の所有者の陳述を聴かなければならない（非訟法91条３項２号＊）。これに加えて、裁判所が管理不全土地管理命令の対象とされた「土地の処分」について許可をするには、その「所有者の同意」がなければならない（民法264条の10第３項＊）。ちなみに、所有者不明土地管理人が所有者不明土地管理命令の対象土地を処分することに裁判所が許可する際には、それが所有者不明土地であることに鑑み、所有者の同意までは不要である[159]。これに対し、管理不全土地管理命令が発出されても、管理・処分対象財産の管理・処分権は管理不全土地管理人に専属するものではなく、土地の処分については、所有者が判断すべきものである[160]。

管理不全土地管理人が、裁判所の許可が必要であるにもかかわらず、その許可を得ずにした行為は、無効である。ただし、この無効は「善意でかつ過失がない第三者」には、この許可がないことをもって対抗することができない（民法264条の10第２項柱書ただし書＊）。ちなみに、所有者不明土地管理人が、裁判所の許可が必要であるにもかかわらず、その許可を得ずにした行為は、「善意の第三者」には、この許可のないことをもって対抗することができない（民法264条の３第２項柱書ただし書＊）。この相違が生じる理由は、管理・処分対象財産について専属的な管理・処分権をもち、その選任について対象土地の登記簿に登記される所有者不明土地管理人に比べ、本来ならば所有者が決定すべき対象財産の管理・処分について、より制限された管理・処分権をもつにとどまる管理不全土地管理人の場合は、その行為が管理・処分権の範囲内かどうか、範囲外の場合は裁判所の許可を得ているかどうかについて、その行為の相手方（所有者からみれば第三者）が確認義務を負うもの

---

(159)　前述４(3)(iv)参照。
(160)　したがって、「土地の処分」が必要となり、そのために「所有者の同意」を得ようとしても、所在等が不明の場合には、所有者不明土地管理命令を得る必要がある。

と解されるからである[161]。

(iii) 管理不全土地管理人の義務

管理不全土地管理人は、管理・処分対象財産（前述（ii）冒頭①〜③）[162]の所有者のために、「善良な管理者の注意」をもって、その権限を行使しなければならない（民法264条の11第１項＊）。

管理・処分対象財産が、数人の共有に属する場合には、管理不全土地管理人は、その共有持分を有する者全員のために、「誠実かつ公平に」その権限を行使しなければならない（民法264条の11第２項＊）。

管理不全土地管理人は、管理不全土地管理命令の対象土地および同命令の効力が及ぶ動産の管理・処分、その他の事由によって金銭が生じたときは、その土地の所有者またはその共有持分を有する者のために、当該金銭を同命令の対象とされた土地の所在地の供託所に供託することができる（非訟法91条５項前段＊）[163]。

(iv) 管理不全土地管理人の費用・報酬

管理不全土地管理人は、管理・処分対象財産（前述（ii）冒頭①〜③）から、裁判所が定める額の費用の前払および報酬を受けることができる（民法264条の13第１項＊）。その際、裁判所は、費用の額を定める裁判をするためには、管理不全土地管理人の陳述を（非訟法91条３項４号＊）、また、報酬の額を定める裁判をするためには、管理不全土地管理人および管理不全土地管理命令の対象とされた土地の所有者の陳述を聴かなければならない（非訟法91条３項５号＊）。

そして、管理不全土地管理人による管理・処分対象財産の管理に必要な費

---

(161)「部会資料50」３頁、５頁、「部会資料52」15頁参照。
(162) 民法264条の10第１項＊の「管理不全土地等」をいう。
(163) 供託をしたときは、法務省令の定めに従い、供託をした旨、その他法務省令で定める事項を公告しなければならない（非訟法91条５項後段＊）。

用および報酬は、管理・処分対象財産の所有者の負担となる（民法264条の13第2項＊）。

（ｖ）管理不全土地管理人の解任・辞任

管理不全土地管理人がその任務に違反して、管理・処分対象財産に対して「著しい損害」を与えたこと、その他「重要な事由」があるときは、裁判所は、利害関係人の請求により、管理不全土地管理人を解任することができる（民法264条の12第1項＊）。裁判所は、解任の裁判をする場合には、管理不全土地管理人の陳述を聴かなければならない（非訟法91条3項3号＊）。そして、解任の申立てについて裁判をする場合には、理由を付さなければならない（非訟法91条4項3号＊）。

管理不全土地管理人は、「正当な事由」があるときは、裁判所の許可を得て、辞任することができる（民法264条の12第2項＊）。裁判所は、この許可の申立てを却下する裁判には、理由を付さなければならない（非訟法91条4項2号＊）。

（vi）管理不全土地管理命令の変更・取消し

裁判所は、管理不全土地管理命令を変更し、または取り消すことができる（非訟法91条6項＊）。

裁判所は、管理すべき財産がなくなったとき（管理すべき財産の全部が供託されたときを含む。供託に関しては、前述（iii）末尾参照）、その他財産の管理を継続することが相当でなくなったときは、管理不全土地管理人もしくは利害関係人の申立てにより、または職権で、管理不全土地管理命令を取り消さなければならない（非訟法91条7項＊）。

(3) 管理不全建物の管理

(ⅰ) 管理不全建物管理命令と管理不全建物管理人の選任

民法等改正法は、管理不全土地管理制度と並んで、管理不全建物管理制度も導入した(164)。これは、所有者による「建物」の管理が「不適当」であることにより、「他人の権利又は法律上保護される利益が侵害され、又は侵害されるおそれがある場合」において、裁判所が、必要があると認めるときは、「利害関係人」の請求により、当該建物を対象として、「管理不全建物管理人」による管理を命ずる処分（管理不全建物管理命令）をすることによるものである（民法264条の14第１項*）。裁判所は、管理不全建物管理命令をする場合には、当該命令において、管理不全建物管理人を選任しなければならない（民法264条の14第３項*）。

管理不全建物管理命令は、対象となる建物の所在地を管轄する地方裁判所の管轄に属する（非訟法91条１項*）。

裁判所は、管理不全建物管理命令をする場合には、管理不全建物管理命令の対象となるべき建物の所有者の陳述を聴かなければならない（非訟法91条３項柱書本文*・10項*）。所有者不明建物管理命令と異なり、管理不全建物管理命令は、所有者不明でない場合にも発出することができるからである。ただし、その陳述を聴く手続を経ることにより、「当該裁判の申立ての目的を達することができない事情」があるときは、この限りでない（非訟法91条３項柱書ただし書*・10項*）。

(ⅱ) 管理不全建物管理命令の対象と区分所有建物

管理不全建物命令は、区分所有建物の専有部分および共用部分は対象とし

(164)「部会資料39」第２－２参照。

ないことが、検討段階から確認された(165)。その理由は、建物の管理不全状態が、区分所有者の共同の利益に反する行為またはそのおそれがある場合に当たれば、他の区分所有者全員または管理組合法人がその停止措置等を請求することができる（区所法57条～59条）等、区分所有関係の特色を踏まえた対応が相応しいと考えられたからである。これは、所有者不明建物管理命令が区分所有建物を対象としない理由として述べたのと同様である(166)。その結果、管理不全建物管理命令（民法264条の14＊）は、区分所有建物の専有部分および共用部分には適用しないことが明文化された（区所法6条4項＊）。

(iii) 管理不全建物管理命令の効力が及ぶ範囲

管理不全建物管理命令の効力は、①当該命令の対象とされた建物、②当該建物にある動産で、当該命令の対象とされた建物の所有者またはその共有持分を有する者が所有するもの、および③当該建物を所有するための建物の敷地に関する賃借権、その他の使用・収益を目的とする権利（所有権を除く）で、当該命令の対象とされた建物の所有者またはその共有持分を有する者が有するものに及ぶ（民法264条の14第2項＊）。

(iv) 管理不全建物管理人の法的地位・権限

管理不全建物管理人には、管理不全土地管理人の権限、義務、解任・辞任、費用・報酬、および管理不全土地管理命令の変更・取消しに関する規定（民法264条の10＊～264条の13＊、非訟法91条2項＊～9項＊）が準用される（民法264条の14第4項＊、非訟法91条10項＊）(167)。

管理不全建物管理人は、①管理不全建物管理命令の対象とされた建物、②同命令の効力が及ぶ動産ならびに③同じく敷地利用権（前述（iii）①～③）、および④それらの管理・処分、その他の事由によって管理不全建物管理人が

(165)　「部会資料50」9頁、「要綱」第1部-第3-2(7)（注）。
(166)　「部会資料50」9頁、前述4(4)(ii)参照。
(167)　前述(2)(ii)～(vi)参照。

得た財産（管理・処分対象財産）の管理および処分をする権限をもつ（民法264条の10第1項＊、264条の14第4項＊）。しかし、所有者不明建物管理人の場合と異なり、管理・処分対象財産に関する管理・処分権は管理不全建物管理人には専属せず、建物所有者は管理・処分権を保持していることから、管理・処分対象財産に関して、所有者を本人とすべき類型の訴訟では、建物所有者が原告または被告となり、管理不全建物管理人は当事者適格をもたないものと解される。

管理不全建物管理人は、管理・処分対象財産（前述①～④）に対し、保存行為、および管理・処分対象財産の性質を変えない範囲内において、その利用または改良を目的とする行為をすることができる（民法264条の10第2項1号＊・2号＊、264条の14第4項＊）。これらの範囲を超える行為をするためには、裁判所の許可を得なければならない（民法264条の10第2項柱書本文＊、264条の14第4項＊）。管理不全建物管理人は、その許可の申立てを裁判所にする場合には、その許可を求める理由を疎明しなければならない（非訟法91条2項＊・10項＊）。そして、裁判所は、その許可の裁判をする場合には、管理不全建物管理命令の対象とされた建物の所有者の陳述を聴かなければならない（非訟法91条3項2号＊・10項＊）。さらに、裁判所が管理不全建物管理命令の対象とされた建物の「処分」を許可するには、その「所有者の同意」がなければならない（民法264条の10第3項＊、264条の14第4項＊）[(168)]。

管理不全建物管理人が、裁判所の許可が必要であるにもかかわらず、その許可を得ずにした行為は、無効である。ただし、この無効は「善意でかつ過失がない第三者」には、この許可がないことをもって対抗することができない（民法264条の10第2項柱書ただし書＊、264条の14第4項＊）。

（v）管理不全建物管理人の義務

管理不全建物管理人は、管理・処分対象財産（前述（iv）①～④）の所有

(168)　したがって、建物の「処分」が必要となり、そのために「所有者の同意」を得ようとしても、その所在等が不明の場合には、所有者不明建物管理命令を得る必要がある。

者のために、「善良な管理者の注意」をもって、その権限を行使しなければならない（民法264条の11第1項＊、264条の14第4項＊）。

管理・処分対象財産が、数人の共有に属する場合には、管理不全建物管理人は、その共有持分を有する者全員のために、「誠実かつ公平に」その権限を行使しなければならない（民法264条の11第2項＊、264条の14第4項＊）。

管理不全建物管理人は、管理不全建物管理命令の対象建物および同命令の効力が及ぶ動産ならびに敷地利用権の管理・処分、その他の事由によって金銭が生じたときは、その建物の所有者または共有者のために、当該金銭を同命令の対象とされた建物の所在地の供託所に供託することができる（非訟法91条5項前段＊・10項＊）[169]。

(vi) 管理不全建物管理人の費用・報酬

管理不全建物管理人は、管理・処分対象財産（前述（iv）①〜④）から、裁判所が定める額の費用の前払および報酬を受けることができる（民法264条の13第1項＊、264条の14第4項＊）。その際、裁判所は、費用の額を定める裁判をするためには、管理不全建物管理人の陳述を（非訟法91条3項4号＊・10項＊）、また、報酬の額を定める裁判をするためには、管理不全建物管理人および建物所有者の陳述を聴かなければならない（非訟法91条3項5号＊・10項＊）。

そして、管理不全建物管理人による管理・処分対象財産の管理に必要な費用および報酬は、管理・処分対象財産の所有者の負担となる（民法264条の13第2項＊、264条の14第4項＊）。

(vii) 管理不全建物管理人の解任・辞任

管理不全建物管理人がその任務に違反して、管理・処分対象財産に対して「著しい損害」を与えたこと、その他「重要な事由」があるときは、裁判所は、

(169)　供託をしたときは、法務省令の定めに従い、供託をした旨、その他法務省令で定める事項を公告しなければならない（非訟法91条5項後段＊）。

利害関係人の請求により、管理不全建物管理人を解任することができる（民法264条の12第１項＊、264条の14第４項＊）。裁判所は、解任の裁判をする場合には、管理不全建物管理人の陳述を聴かなければならない（非訟法91条３項３号＊・10項＊）。そして、解任の申立てについて裁判をする場合には、理由を付さなければならない（非訟法91条４項３号＊・10項＊）。

管理不全建物管理人は、「正当な事由」があるときは、裁判所の許可を得て、辞任することができる（民法264条の12第２項＊、264条の14第４項＊）。裁判所は、この許可の申立てを却下する裁判には、理由を付さなければならない（非訟法91条４項２号＊・10項＊）。

(viii) 管理不全建物管理命令の変更・取消し

裁判所は、管理不全建物管理命令を変更し、または取り消すことができる（非訟法91条６項＊・10項＊）。

裁判所は、管理すべき財産がなくなったとき（管理すべき財産の全部が供託されたときを含む。供託に関しては、前述（v）末尾参照）、その他財産の管理を継続することが相当でなくなったときは、管理不全建物管理人もしくは利害関係人の申立てにより、または職権で、管理不全建物管理命令を取り消さなければならない（非訟法91条７項＊・10項＊）。

6　相隣関係に関する規定の見直し

(1) 所有者不明土地問題と相隣関係

所有者不明土地の増加は、相隣関係において様々な問題を発生させている。土地の所有者は、隣地の所有者が特定不能または所在不明となっている場合には、様々な悪影響またはその危険を被ることが少なくない。隣地の樹木の枝が越境してきた場合、隣地の石垣や工作物が崩れかけている場合、自己の所有地上で建築等をするために隣地を使用したい場合などである。これらの問題に対処すべく、民法等改正法は、主として所有者不明となった隣地の適正な管理および円滑な利用を促すべく、民法の相隣関係規定の改正を行った。

(2) 隣地使用権の承認

(i) 隣地使用請求権から隣地使用権へ

改正前民法209条本文は、「土地の所有者は、境界又はその付近において障壁又は建物を築造し又は修繕するため必要な範囲内で、隣地の使用を請求することができる」とするものであった。それは、隣地使用の目的を境界またはその付近における障壁または建物の築造・修繕に限定するとともに、それに必要な範囲で隣地の使用を「請求することができる」とするものであった。したがって、使用に対する隣地所有者の承諾が得られないときは、隣地所有者に対して訴えを提起し、その承諾の意思表示に代わる判決（民法414条１項、民事執行法174条）を得る必要があるという見解（隣地使用請求権説）が、通説・

裁判例であった[170]。しかし、この場合には、隣地を使用するために訴えを提起するというコストを要するのみならず、隣地所有者の所在が知れない場合にはそれを探索するコストを要する。さらに、隣地所有者を特定できない場合には、ただちに訴えを提起することもできず、不在者の財産管理人の選任が可能か等、別の手続を模索しなければならなかった。

そこで、これに対しては、民法209条が認める目的に従って隣地を迅速に使用することができるようにするために、承諾不要説（隣地使用権説）も存在したが[171]、少数説にとどまった。その理由は、隣地使用に関して争いがある場合には、隣地使用に先立ち、隣地使用請求が民法209条の要件を満たしているかどうか、隣地使用の必要性の有無および範囲につき、隣地使用請求の内容、代替手段の有無、隣地の使用状況、隣地所有者が受けると予想される損害の種類・程度などを考慮に入れて裁判所が判断することにより、隣地所有者の所有権を保護することが重視されたからである[172]。

土地所有者に認められるべき隣地使用の権利については、相隣関係法理の観点から、地位の互換性を考慮に入れて、土地の所有権の便益の最大化と隣地所有者（およびその利用者）の利益保護との調和を図る必要がある。この基本的視点に基づき、隣地所有者の不明化という現象の増大に伴い、前述したような土地所有者による隣地使用のコスト（隣地所有者を探索するためのコストなど）の増大に対し、これを軽減し、土地所有権の効用を発揮するために、隣地の所有権を一定範囲で制限することが要請されることになった。

このような観点から、改正民法は、隣地の所有者が使用を承諾しない場合に意思表示に代わる判決を必要とする隣地使用請求権を、隣地所有者の承諾がなくとも使用できる隣地使用権へと変更した（民法209条１項柱書本文＊）。しかし、法律上認められる隣地使用権の範囲を超えた利用を回避し、隣地の

---

(170)　小粥編（2020）373頁〔秋山靖浩〕参照。横浜地判昭和38年３月25日下民14巻３号444頁、津地裁伊勢支判昭和48年６月20日判時714号216頁、東京地判昭和60年10月30日判タ593号111頁、東京地判平成17年８月９日判タ1226号159頁等。
(171)　川島＝川井編（2017）331頁〔野村好弘＝小賀野晶一〕。
(172)　能見＝加藤編（2019）251～252頁〔松尾弘〕参照。

所有者および利用者の利益を保護するために、原則として隣地を使用する者があらかじめ隣地使用の目的、日時、場所および方法を隣地の所有者および使用者に通知しなければならないという要件を設けることにより（民法209条３項＊）[173]、土地所有権の効用の増大と隣地の所有者および使用者の利益保護との調整を図った。

ただし、住家に立ち入るためには、「居住者」の「承諾」がなければならないとする点（民法209条１項柱書ただし書＊）は、改正前民法209条ただし書の「隣人」を「居住者」としたほかは、維持された[174]。

（ii）隣地使用権の要件

土地の所有者は、〔１〕境界またはその付近における障壁、建物、その他の工作物の築造、収去または修繕、〔２〕境界標の調査または境界に関する測量、〔３〕隣地から越境した竹木の枝の切取り（民法233条３項＊）を「目的」として、そのために「必要な範囲内」で、「隣地を使用することができる」（民法209条１項柱書本文・１号～３号＊）。このように隣地使用権の目的は、「境界又はその付近において障壁又は建物を築造し又は修繕するため」という改正前民法209条本文の場合よりも拡大されたことが注目される。ただし、「住家」については、その「居住者」の承諾がなければ、立ち入ることはできない（民法209条１項柱書ただし書）。

隣地使用権の目的の範囲が拡大される一方で、隣地使用権の内容として、隣地使用の日時、場所および方法は、隣地の所有者および隣地を現に使用している者（隣地使用者）のために損害が最も少ないものを選ばなければならないことが明確に規定された（民法209条２項＊）。

さらに、隣地使用権の行使要件として、隣地を使用する者は、あらかじめ、

(173)　さらに、その前提として、隣地使用権の内容が、使用の日時、場所および方法に関して隣地の所有者および隣地を現に使用している者のために損害が最も少ないものでなければならないことを定めた（民法209条２項＊）。

(174)　加えて、改正民法は、隣地使用の目的の範囲を若干拡大した（後述(ii)参照）。

①隣地使用の目的、②日時、③場所および④方法を、隣地の所有者および隣地使用者に「通知」しなければならない（民法209条3項本文＊）。このような事前通知をするためには、ひとまず相手方とその所在を探索しなければならない。これは、隣地使用請求権から隣地使用権への修正に伴い、隣地の所有者および使用者の利益が一方的に害されることのないように、歯止めとするための方策である。また、隣地の所有者または使用者が損害を受けたときは、隣地を使用した土地の所有者に対して、償金を請求することができる（民法209条4項＊）。

ただし、あらかじめ前記①～④を通知することが困難なときは、使用を開始した後、遅滞なく、通知することをもって足りる（民法209条3項ただし書＊）。これは、隣地の使用が必要であるにもかかわらず、隣地の所有者の特定不能または所在不明などのために、あらかじめ通知することが困難な場合に、隣地使用権の行使が妨げられることのないようにするものである。この例外則は、隣地の使用を必要とする土地所有者が、隣地の所有者の所在等が不明の場合における探索の負担を軽減する趣旨であり、所有者不明土地への対応策として、実際上重要な意味をもつものである。なお、隣地の所有者の所在等が不明の場合は、公示による意思表示（民法98条の適用ないし類推適用）も可能であるが、それを必須とするものではないと解される[175]。

(175)　検討段階では、隣地所有者が誰であるか、またはその所在を知ることができない場合は、隣地の使用目的・場所・方法・時期、および所有者が一定の期間内に異議を述べることができる旨を公告したにもかかわらず、相当期間内に異議がないときは、当該土地所有者は、①境界またはその付近における障壁または建物その他の工作物の築造または修繕、②越境した枝の切除、③境界標の調査または境界を確定するための測量の目的のために必要な範囲内で、隣地を使用することができるものとすることが提案されていた（「中間試案」第3－1②b参照）。また、急迫の事情があるときも、隣地所有者の承諾なしに隣地を使用できるものとすることが提案された（「中間試案」第3－1②c、「部会資料32」第1－1②c。また、「部会資料46」第1③も参照）。しかし、急迫の事情がある場合であっても、隣地の所有者および使用者は、土地所有者による隣地の使用状況を把握しておくべきであるから、「隣地を使用する者は、あらかじめ、その旨を隣地の所有者及び隣地を現に使用している者に通知しなければならない」ことを原則としつつ、「ただし、あらかじめ通知することが困難なときは、使用を開始した後、遅滞なく、通知することをもって足りる」との例外則を付加することが提案された（「部会資料

(3) 隣地から越境した竹木の枝の切除

（ⅰ）切除請求権（原則）

土地の所有者は、隣地の竹木の枝が境界線を越えるときは、その竹木の所有者に、その枝を切除させることができる（民法233条1項＊）。本項は、土地所有者に隣地から枝が越境した樹木の所有者に対するその枝の切除請求権を認めたものであり、改正前民法233条1項と実質的に変更はない。

土地所有者からの切除請求に対し、隣地の竹木が数人の共有に属するときは、各共有者がその枝を切り取ることができる（民法233条2項＊）。これは、共有物である竹木の枝が越境した場合に、それを切除することが、共有物の保存行為（共有者各自が可能）、変更行為（全共有者の合意が必要）、または変更に至らない管理行為（共有者の持分価格の過半数で可能）のいずれに当たるか、議論が生じる可能性があることから、明文規定が設けられた。土地所有者の切除請求の内容である越境した枝の切除は、その枝の樹木の所有者が本来行う義務を負っており、切除対象も越境部分で明確であるから、保存行為というべきであるとすれば、本規定は確認規定ということになる。これに対し、越境部分とはいえ枝の切除が共有物の管理または変更に当たる場合は、本規定が各共有者に切除行為をする権限を特に付与したものということになる。いずれの場合も、本規定により、土地の所有者は隣地の竹木の枝が越境しているときは、それが共有竹木であっても、共有者の誰に対しても切除請

51」第1－1③・補足説明2頁）。この例外則は、「部会資料52」第1－1③ではいったん外され、「部会資料55」第1－1③でもこれが維持されたが、「部会資料56」第1－1③で復活した。その趣旨は、隣地の所有者の所在等が不明の場合に、その探索の負担を軽減することにある（同前・補足説明2～3頁）。なお、隣地の所有者の所在等が不明の場合は、公示による意思表示（民法98条の適用ないし類推適用）も可能であるが、それを必須とするものではないとされている（同前・補足説明3頁）。改正民法209条3項ただし書は、このような趣旨で解釈されるべきものと考えられる。

求することができることが明確にされた。

(ii) 切除権（例外）

（ア）切除権の発生要件

隣地から越境した竹木の枝についての切除請求権の原則に対し、改正民法は、つぎの３つの場合において、例外的に、土地所有者に切除権を認めた。すなわち、土地の所有者は、隣地の竹木の枝が境界線を越える場合において、〔1〕竹木の所有者に枝を切除するよう「催告」したにもかかわらず、竹木の所有者が相当の期間内に切除しないとき、〔2〕竹木の所有者を知ることができず、またはその所在を知ることができないとき、または〔3〕急迫の事情があるときは、自ら「その枝を切り取ることができる」(民法233条３項*)。これは、隣地から越境した枝の切除権を認めたものである[176]。このうち、〔1〕の催告は、竹木が共有物であるときは、共有者の１人に対して催告すれば足りるものと解される。また、〔2〕は竹木の所有者が特定不能または所在不明の場合にも対応可能な切除権である。隣地の竹木の所有者が所在等不明であるときは、隣地自体の所有者も所在等不明の場合も少なくないと考えられることから、これは所有者不明土地問題への対応方策の１つといえる。

加えて、民法233条３項*により、隣地から越境した竹木の枝の切除権が認められる場合は、そのために必要な範囲で、隣地に立ち入ることができるものとされた（民法209条１項３号*）[177]。これは、隣地から越境した竹木の

(176)　隣地から越境した枝の切除に関しては、中間試案の段階から、土地所有者は、隣地の竹木の所有者が誰か、またはその所在を知ることができない場合は、公告を要することなく、越境した枝を自ら切除する権利（切除権）を認めることが提案されていた（「中間試案」第3-2【乙案】②b）。そもそも隣地から越境した枝は、所有者の所在等が不明か否かにかかわらず、土地所有者が自ら切り取ることができるとの提案（「中間試案」第3-2【甲案】）もあった。いずれにせよ、竹木の所有者の所在等が不明の場合には、切除の公告に対する異議申立ての有無を待つ必要はないものとする提案であり、これは、「部会資料32」第2でも維持された。「部会資料46」第2でもこの方向で検討が継続され、竹木が数人の共有に属する場合は、共有者の１人に対する切除請求または催告で可能とすることが確認された（「部会資料46」第2-1(1)①括弧書）。

(177)　前述(2)(ii)〔3〕参照。

枝の切除権を隣地使用権と結合させることにより、切除権を行使しやすくし、その実用性を高めたものとみることができる。

（イ）切除費用の負担者

切除権が行使された場合には、枝の切除費用の負担者が問題になる。この切除権に基づく枝の切除は、法律の規定によって付与された切除権の行使であるとともに、本来であれば竹木の所有者が行うべき枝の切除を、竹木の所有者に代わって行うものであるから、法理上は事務管理（民法697条）と解することもできる。したがって、切除の費用は、竹木の所有者に対して償還請求することが可能であると解される（民法702条１項・３項）。また、本来竹木の所有者が行うべき枝の切除をせずに、土地所有者が費用を支出して切除したことにより、切除費用の出費を免れたことを不当利得と解して、返還請求することも可能であると解される(178)。さらに、隣地の竹木の枝を越境させることは、土地所有者の所有権を侵害していることから、不法行為を理由として、切除に関して支出した費用等の損害に対する賠償請求をすることも考えられる（民法709条、717条２項）。

（ウ）切除した枝の所有権の帰属

切除した枝の所有権の帰属については、解釈の余地がある。それは切除した後の枝の処分方法にも影響する。これについては、ひとまず竹木の所有者の所有物であると解される。そうであるとすれば、切除後は隣地に存置すべきとも考えられる。しかし、それによって害虫の発生など、他人の権利または法益を侵害し、または侵害する危険があるときは、それによる竹木の所有者の損害賠償義務の発生を回避すべく、切除者が処分することも、可能であると解される。これが事務管理（民法697条）に当たると解することができるとすれば、その処分に要した費用は、竹木の所有者に対して償還請求する

(178)　不当利得の類型としては、非給付不当利得のうち、費用利得（民法196条、299条、350条、583条２項、608条、665条等参照）に当たるものと考えられる。

ことが可能であると解される（民法702条１項・３項）。他方、立法論としては、切除権者に切除した枝の処分権を付与し、費用償還請求権について規定を設けることも考えられる。切除権を認める以上、切除した枝の処理に関するルールも不可欠だからである（根に関しては、後述参照）。

また、切除した枝に経済的価値がある場合、切除した隣地所有者は、切除権を行使して切除した枝に対して取得した占有権に基づき、枝の切除に要した費用償還請求権（および枝の越境によって被った損害に対する損害賠償請求権）を被担保債権として、留置権（民法295条）を主張することも考えられる。もっとも、竹木の枝の所有者が不明であるときは、これも実効的ではない。そこで、切除権者に切除した枝の処分権も認め、その対価の償還債務と費用の償還請求権の相殺を認めることが適切であろう。

なお、隣地の竹木の根が越境した場合に関する改正前民法233条２項については、変更はない（民法233条４項＊）。土地所有者は、隣地から越境した竹木の根を自ら切取することができる。根は土地の一部と化していると解釈することができるからである。したがって、切取した根の所有権は土地所有者に帰属するものと解される。

(4)　継続的給付を受けるための設備の設置権等

(ⅰ)　導管等の設置権・使用権の創設

他の土地に囲まれて電気・ガス・水道水等、日常生活に必要な継続的供給を受けることができない土地の所有者に認められるべき権利として、これらの継続的供給を行うための導管等の設備の設置権または既存の導管等の設備の使用権の制度の創設が検討されてきた。いわゆる導管袋地の所有者のための設備の設置権または使用権である。

議論の末、改正民法は、民法「第２編　物権」、「第３章　所有権」、「第１節　所有権の限界」、「第２款　相隣関係の規定」の中で、公道に至るための他の土地の通行権（囲繞地通行権）の規定（民法210条～213条）と、自然水流に対する妨害の禁止の規定（民法214条）の間に、「継続的給付を受けるための設備の設置権等」の規定を新設した（民法213条の２＊、213条の３＊）[179]。

改正前民法には、①囲繞地通行権（民法210条～213条）、②高地の所有者が排水のために公の水流または下水道に至るまで低地に水を通過させる通水権（低地のために損害が最も少ない場所・方法を選ばなければならない。民法220条）、および③土地の所有者が水を通過させるために高地または低地の所有者が設けた工作物を使用できる通水用工作物の使用権（利益を受ける割合に応じて工作物の設置・保存の費用の分担義務を負う。民法221条）がある。判例には、民法220条・221条の類推適用により、宅地の所有者が宅地内に水を引き込み、下水を下水道等まで排出するため、他人の設置した給排水設備の使用承諾請求を認容した例がある（最判平成14年10月15日民集56巻８号1791頁）。また、下水道法は、土地所有者に排水設備（排水管）の設置義務を課したうえで（下水道法10条１項）、他人の土地または排水設備を使用しなければ下水を公共下水道に流入させることが困難であるときは、他人の土地に排水設備を設置し、または他人の設置した排水設備を使用することができるとし、その場合には他人の土地または排水設備にとって損害の最も少ない場所または箇所および方法を選ばなければならないとしている（下水道法11条１項）。継続的給付を受けるための設備の設置権・使用権の創設は、これらの設備を設置し、または既存の設備に接続して利用するために土地を使用する需要が拡大する一方で、土地や設備の所有者が所在等不明の場合も増大するという矛盾した状況を解決すべく、これら既存の制度を拡張したものである。

（ii）導管等の設置権・使用権の内容

土地の所有者は、他の土地に設備を設置し、または他人が所有する設備を使用しなければ「電気、ガス又は水道水の供給その他これらに類する継続的

(179)　「中間試案」第３－３⑴【甲案】、【乙案】②ｂ、「部会資料32」第３、「部会資料46」第３参照。

給付」を受けることができないときは、「継続的給付を受けるため必要な範囲内」で、「他の土地に設備を設置」し、または「他人が所有する設備を使用」することが認められる（民法213条の２第１項＊）。

この継続的給付を受けるための他の土地への設備の設置または他人が所有する設備の使用の場所および方法は、他の土地または他人が所有する設備のために「損害が最も少ないもの」を選ばなければならない（民法213条の２第２項＊）[180]。

(iii) 導管等の設置権・使用権の行使要件

継続的給付のために、他の土地に設備を設置し、または他人が所有する設備を使用する者は、その「目的、場所および方法」を他の土地または設備の「所有者」および「他の土地を現に使用している者」に「あらかじめ」通知しなければならない（民法213条の２第３項＊）。その際、他の土地またはその設備の所有者の所在等が不明の場合には、公示による意思表示（民法98条ないしその類推適用）を用いた対応が可能であると解される（「部会資料46」第３－１③（注２）、補足説明８頁参照）。

ちなみに、この通知は、あくまでも継続的給付設備の継続的な設置または使用それ自体について、他の土地または設備の所有者等にするものである。したがって、それは、新たな設備の設置工事または既存の設備への接続工事のために土地を使用することについての通知（民法209条３項＊、213条の２第４項後段＊。後述（iv）③）とは別のものである。

(iv) 設備の設置・使用のための土地の使用権

継続的給付のために、他の土地に設備を設置し、または他人が所有する設備を使用する権利をもつ者は、当該設備を設置し、または他人が所有する当該設備を使用するために「当該他の土地」または「当該他人が所有する設備

(180)　隣地使用権に関する民法209条２項＊、囲繞地通行権に関する民法211条１項、通水権に関する民法220条後段参照。

がある土地」を使用することができる（民法213条の2第4項前段＊）。

この土地使用権には、隣地使用権に関する規定が準用される（民法213条の2第4項後段＊）。したがって、①居住者の承諾がない限り、住家に立ち入ることはできない（民法209条1項ただし書＊）。②土地使用の日時、場所および方法は、当該土地の所有者およびこれを現に使用している者のために損害が最も少ないものを選ばなければならない（民法209条2項＊）。③土地使用の目的、日時、場所および方法を当該土地の所有者およびこれを現に使用している者に対し、あらかじめ通知しなければならない。ただし、あらかじめ通知することが困難なときは、使用開始後、遅滞なく通知すれば足りる（民法209条3項＊）。また、④当該土地の所有者またはこれを現に使用している者が損害を受けたときは、設備の設置工事または接続工事のために土地を使用する者に対し、償金請求することができる（民法209条4項＊）。

（v）償金支払義務

（ア）他人の土地への設備設置者の償金支払義務

継続的給付のために、他の土地に設備を設置する者は、その土地の損害（設備を置いた土地を継続的に使用することによって生じる損害。したがって、設備の設置工事に際しての土地使用による損害〔民法213条の2第4項＊が準用する民法209条4項＊が定める損害。前述（iv）④〕を除く）に対し、償金を支払わなければならない。これについては、1年ごとにその償金を支払うことができる（民法213条の2第5項＊）。

なお、継続的給付設備を設置するための土地の使用に際して土地の所有者または使用者に生じた損害は、民法213条の2第4項＊が準用する民法209条4項＊に従って支払われる（ただちに償金支払義務を負う。前述（iv）④）。

（イ）他人の設備の使用者の償金支払義務

継続的給付のために、他人が所有する設備を使用する者は、その設備の使用を開始するために生じた損害（例えば、他人が所有する設備への接続工事をするために、その設備の使用を一時停止することにより、当該設備の所有者等に生じた損害等）に対し、償金を支払わなければならない（民法213条の２第６項＊）。なお、他人の設備の使用開始後に生じる継続的な費用については、別途分担義務が生じる（後述（vi））。

（vi）他人の設備の使用者の費用分担義務

継続的給付のために、他人が所有する設備を使用する者は、その利益を受ける割合に応じて、その設備設置、改築、修繕および維持に要する費用を負担しなければならない（民法213条の２第７項＊）。

（vii）共有地の分割または土地の一部譲渡の場合

共有地の分割により、他の土地に設備を設置しなければ継続的給付を受けることができない土地（いわゆる導管袋地）が生じた場合、その土地の所有者は、継続的給付を受けるため、他の分割者の所有地のみに設備を設置することができる（民法213条の３第１項前段＊）。これは、共有地の分割に際し、こうした導管袋地が生じることを予想でき、その対応方法等（導管袋地を生じさせないようにするとか、生じさせてしまう場合には償金の支払等で利害を調整することを含む）をあらかじめ準備しておくことができるからである。それをせずに、分割者以外の土地所有者に設備の設置の負担をかけることを回避する趣旨である。したがって、この場合においては、土地の所有者は他の土地の損害に対し、償金を支払う義務を負わない（民法213条の３第１項後段＊）。

同様のことは、土地の所有者がその土地の一部を譲り渡したことにより、導管袋地が生じた場合にも当てはまる（民法213条の３第２項＊）。

これらの規律は、他の土地に囲まれて公道に通じない土地（袋地）の所有者が、公道に至るため、その土地を囲んでいる他の土地（囲繞地）を通行することができる場合についての民法213条１項・２項と同趣旨である。

(5) 管理措置権等の法定の試み

(i) 管理措置権等を法定する意義

相隣関係の規律として、隣地が管理不全の状態にある場合に、土地所有者が自ら隣地に立ち入り、必要な措置をとることができるようにするために、管理措置権等の制度を民法上創設することが検討された。その趣旨は、管理が適切にされていない土地（所有者の所在等が不明の場合も、不明でない場合もある）につき、速やかな応急措置が求められる（緊急性が高い）場合において、所有者不明土地管理人または管理不全土地管理人の選任の手続（民法264条の2＊、264条の9。前述4（3）、5（2））をとっていたのでは時間と費用を要するために、事態に相応しい適切な対応が期待できないときでも、対応可能な方策を設けることにある。この制度の創設により、管理が適切にされていない土地に対するシームレスな法定対応が可能になる。

現行民法には、管理措置権等に関する一般的規定はない。しかし、限定された場面について、水流の障害の除去権が規定されている。これは「水流が天災その他避けることのできない事変により低地において閉塞したときは、高地の所有者は、自己の費用で、水流の障害を除去するため必要な工事をすることができる」とするものである（民法215条）。それは、不可抗力による水流の障害の発生を要件として、水流の障害という管理不全状態を自ら除去することを可能にしている。その前提には、低地所有者が負う自然水流の妨害禁止・承水義務（民法214条）があるものと解される。その際には、高地所有者から低地所有者に対するあらかじめの通知（隣地使用権の行使要件として導入された民法209条3項＊参照）も必要とされていない。加えて、民法215条は、障害除去の費用負担についても、高地の所有者が負うべきことを明確に定めている。

これに対し、「貯水、排水又は引水のために」他の土地に設けられた「工作物の破壊又は閉塞により」、自己の土地に損害が及び、または及ぶおそれがある場合は、当該土地所有者は、当該他の土地所有者に、「工作物の修繕若しくは障害の除去をさせ、又は必要があるときは予防工事をさせることができる」(民法216条)。これは、修繕もしくは障害除去または障害予防工事を請求する権利を認めるものである。

中間試案では、相隣関係の規律として、管理不全土地の所有者に対する管理措置請求制度の導入が提案がされた[181]。

ついで、パブリック・コメントを経て、「権利の内容」として、(a) 管理措置請求権（以下【甲案】、【乙案】）と、(b) 管理措置権（下記【丙案】）という、２系統の構成が示された（引用中の下線は引用者による。以下同じ）[182]。

> １　権利の内容について
>
> 「相隣関係の規律」として、次の各案のような管理不全土地の所有者に対する管理措置請求制度を設けることについて、どのように考えるか。
>
> 【甲案】他の土地における土砂の崩壊、汚液の漏出若しくは悪臭の発生又は工作物若しくは竹木の倒壊その他の事由により、自己の土地に損害が及び、又は及ぶおそれがある場合には、その土地の所有者は、他の土地又は工作物若しくは竹木の所有者に、その事由の原因の除去をさせ、又は予防工事をさせることができる。
>
> 【乙案】天災その他避けることのできない事変による他の土地における土砂の崩壊、汚液の漏出、悪臭の発生、工作物の倒壊又は竹木の倒壊その他の事由により、自己の土地に損害が及び、又は及ぶおそれがある場合であっても、その土地の所有者は、他の土地又は工作物若しくは竹木の所有者に、その事由の原因の除去をさせ、又は予防工事をさせることができる。
>
> 【丙案】天災その他避けることのできない事変による他の土地におけ

(181)「中間試案」第３－４。
(182)「部会資料39」第１－１。

る土砂の崩壊、汚液の漏出、悪臭の発生、工作物の倒壊又は竹木の倒壊その他の事由により、自己の土地に損害が及び、又は及ぶおそれがある場合には、その土地の所有者は、自らその事由の原因の除去又は予防工事をすることができる。

（注１）管理措置請求権が認められる要件に関して、基本的には、現行法における土地所有権に基づく妨害排除請求権又は妨害予防請求権の要件と同程度の所有権侵害が必要であることを前提としている。

（注２）本文の案とは別に、甲案の要件を満たす場合に、その土地の所有者は、自らその事由の原因の除去又は予防工事をすることができるとする考え方もある。

また、前記「１　権利の内容について」の【甲案】または【乙案】（管理措置請求権構成）をとる場合であっても、「現に使用されていない土地における特則」として、以下のような管理措置権の特則の付加も検討された[183]。

２　現に使用されていない土地における特則（本文１で甲案又は乙案をとる場合）

現に使用されていない土地における特則として、次のような規律を設けることの是非について、どのように考えるか。

①　現に使用されていない他の土地における前記１甲案又は乙案に規定する事由により、自己の土地に損害が及び、又は及ぶおそれがある場合において、次に掲げるときは、その土地の所有者は、その事由の原因を除去し、又は予防工事をすることができる。除去又は予防工事の方法は、前記１甲案又は乙案に規定する土地所有者のために必要であり、かつ、他の土地又は工作物若しくは竹木のために損害が最も少ないものを選ばなければならない。

（183）「部会資料39」第１－２。

a　他の土地又は工作物若しくは竹木の所有者に対して、その事由の原因の除去又は予防工事をすべき旨を通知したにもかかわらず、相当の期間内に異議がないとき。

b　他の土地又は工作物若しくは竹木の所有者を知ることができず、又はその所在を知ることができない場合において、その事由の原因の除去又は予防工事をすべき旨の公告をしたにもかかわらず、相当の期間内に異議がないとき。

c　急迫の事情があるとき。

②　①bの公告は、官報に掲載してする。

緊急性の高い管理不全状態の土地に対し、それによって損害を受けている、または受けるおそれのある土地の所有者が、管理不全状態の原因の除去または予防工事を自ら行いうる管理措置権を認めるか、あるいは管理不全状態の土地の所有者に原因の除去または予防工事を請求することを一般原則とし、それが期待できない事情がある場合に管理措置権の特則を認めるべきかは、管理不全状態にある土地の所有者の利益保護と、それによって損害を受けている、または受けるおそれのある土地の所有者の利益保護との公平なバランスをどのように図るべきかという問題である。

（ii）費用負担に関する規律

さらに、管理措置請求権または管理措置権の行使に際して生じる「費用」の負担についても、以下のような提案が行われた[184]。

3　費用

管理措置請求に係る工事の費用の規律に関する次の各案について、どのように考えるか。

【甲案】前記1又は2の工事の費用については、他の土地又は工作物

(184)「部会資料39」第1－3。

若しくは竹木の所有者の負担とする。ただし、その事由が天災その他避けることのできない事変によって生じた、又は生じるおそれがある場合において、その事変、その工事によって土地の所有者が受ける利益の程度、前記1の事由の発生に関して土地の所有者に責めに帰すべき事由がある場合にはその事由その他の事情を考慮して、他の土地又は工作物若しくは竹木の所有者の負担とすることが不相当と認められるときは、他の土地又は工作物若しくは竹木の所有者は、土地の所有者に対し、その減免を求めることができる。

【乙案】前記1又は2の工事の費用については、土地の所有者と他の土地又は工作物若しくは竹木の所有者が等しい割合で負担する。ただし、土地の所有者又は他の土地又は工作物若しくは竹木の所有者に責めに帰すべき事由があるときは、責めに帰すべき事由がある者の負担とする。

(注) 本文1の乙案及び丙案は、天災その他避けることのできない事変による侵害の場面に限ってその適用を認めるものであるから、本文3の甲案についてはただし書のみの規律（甲案本文の規律を設けない）となる。また、本文3の乙案については、一律に本文のみの規律（乙案ただし書の規律を設けない）とする考え方や、ただし書を帰責事由のみならず、天災その他避けることのできない事変、土地の所有者が受ける利益の程度その他の事情を考慮して負担割合を調整可能とする規律とする考え方もある。

(iii) 規律の見送り

以上のような管理措置請求権（＋管理措置権の特則）または管理措置権に関する規律の提案は、「(天災その他避けることのできない事変による）他の土地における土砂の崩壊、汚液の漏出、悪臭の発生、工作物の倒壊又は竹木の倒壊その他の事由により、自己の土地に損害が及び、又は及ぶおそれがある場合」という緊急性の高い管理不全状態の土地に対し、それによって損害を受けている、または受けるおそれのある土地の所有者が迅速に行使しうる権利の内容および費用負担について、法律上明確な規律を設けようとしたものである。

しかし、その後、法制審議会民法・不動産登記法部会第20回会議で、「他の土地【又は他の土地上の工作物若しくは竹木】に瑕疵がある場合において、その瑕疵により自己の土地に損害が及び、又は及ぶおそれがあるときは、その土地の所有者は、他の土地に立ち入り、損害の発生を防止するため必要な工事をすることができる。」という形の【甲案】と、「管理措置請求制度に関する新たな規律は設けない。」とする【乙案】が新たに提示され[185]、この【甲案】をベースに、同第22回会議では「他の土地等の瑕疵に対する工事（いわゆる管理措置）」として、以下のような提案にまとめられた[186]。

> ①　土地の所有者は、他の土地又は他の土地の工作物若しくは竹木（②において「他の土地等」という。）に瑕疵がある場合において、その瑕疵により自己の土地に損害が及び、又は及ぶおそれがあるときは、当該他の土地に立ち入り、損害の発生を防止するため必要な工事をすることができる。
>
> ②　①の規律により他の土地に立ち入り、損害の発生を防止するために必要な工事をしようとする者は、あらかじめ、その旨を他の土地等の所有者及び他の土地等を現に使用している者に通知しなければならない。ただし、あらかじめ他の土地等の所有者に通知することが困難なときは、立入り又は工事を開始した後、遅滞なく、通知することをもって足りる。

その後、同第24回会議では、前記②の下線「その旨」を「その目的、場所

(185)「部会資料49」1～5頁。
(186)「部会資料52」第1-4、3～4頁。

及び方法」とする等の修正が加えられた[187]。これは、隣地使用権の行使要件（民法209条３項＊）と同様の規律を設けようとするものである（前述（2）（ii）参照）。

しかしながら、同第25回会議で、「他の土地等の瑕疵に対する工事に関する新たな規律は、設けないこととする」ことが提案された。理由は、①立法により、土地所有者がもつ隣地の瑕疵に対する工事に関する権利の要件・効果を絞ることが、物権的請求権に関する解釈や運用をかえって狭めるおそれがあること、②物権的請求権のほか、不法行為に基づく損害賠償請求権、新設された所有者不明土地管理制度、管理不全土地管理制度等の活用による対応が可能であること、③土地所有者が土地に対する急迫の危険を避けるためにやむをえず他の土地等で緊急的に工事を行った場合は、緊急避難や正当防衛により違法性が阻却されうることなどによる。この提案に対しては、反対意見もあったが、最終的に承認された[188]。

もっとも、物権的請求権の行使による対応として、土地所有権に基づく妨害排除請求および妨害予防請求によるとしても、請求の内容（相手方の行為請求か自己の行為に対する忍容請求か）、不可抗力の場合における請求の可否、費用負担等に関して、判例・学説でも解釈論上の議論が続いており、ルールが明確になっているとはいえない状況にある。その一方で、隣地における土砂の崩壊、工作物や樹木の倒壊等、またはそれらの危険により、土地の所有者に損害が及び、または及ぶおそれがある事態の発生は、けっして珍しくないものである。所有者不明土地の増加とともに、そうした事態に迅速かつ適切に対処をするための具体的な法的手段、その行使方法、そしてとりわけ費用負担等に関するルールの明確化は、依然として喫緊の課題であるといえよう。

（187）「部会資料56」５頁。
（188）「部会資料59」５頁、「部会議事録25回」１～２頁、８～９頁参照。また、「部会資料62-２」１頁も、物権的請求権の行使、管理不全土地管理制度の活用等を提案している。

第4章

所有者不明土地の解消を促すための法改革

1　所有者不明土地の解消手段

(1) 所有者不明土地の解消手段の意義

所有者不明土地問題への対応方策の中には、一方で、土地所有者自らのイニシアティブにより、所有者不明土地の発生を予防する手段（例えば、売却、贈与、相続土地の国庫帰属の承認申請等）[189]がある。他方で、その対極として、土地所有者の意思によらずに、土地所有者以外の者のイニシアティブにより、所有者不明状態を解消する手段がある。所有者が特定不能または所在不明となった土地が増加し、土地の管理コストが増大する中では、それに対応するものとして適切な程度において、土地所有者以外の者による所有者不明状態の解消手段もまた重要性が増している。

公共事業の起業者の場合、不明裁決の制度（土地収用法36条２項括弧書・４項、40条２項、47条の３第２項、48条４項ただし書、49条２項）による所有者不明土地の取得と所有者不明状態の解消が可能である。また、所有者不明土地の利用の円滑化等に関する特別措置法が定める特定所有者不明土地については、都道府県知事の裁定による取得と所有者不明状態の解消が可能である（所円法27条１項、28条１項、31条１項・３項、32条１項～４項、33条、34条）[190]。

さらに、これらの場合を超えて、公共事業の起業者以外の者であっても、土地所有者の意思によらずに、所有者不明土地の所有権を取得して、所有者不明状態を解消することができるかどうかが焦点になる。

(189)　前述第２章３参照。
(190)　松尾（2019c）79～81頁参照。

(2) 所有者不明土地の様々な解消手段

(i) 抜本的な制度改革の提案

土地の所有者不明状態の抜本的かつ一般的な解消方法についての立法提案もされている。例えば、所有者不明土地につき、国等が公告等を行い、一定期間内に所有者が判明しない場合には、国庫帰属または無主の不動産と認定し、取得希望者に譲渡可能とする方法等である(191)。

もっとも、これらの抜本的な制度改革を現実に進めるためには、日本における土地所有制度のあり方を、その歴史的な発展プロセスを踏まえて理解し、かつ土地の所有・利用・管理・取引等に関する現在の実務を考慮に入れて、財産権の保障（憲法29条）の範囲内で、制度変更の方法を検討することが不可欠である。そこで、そのための研究と議論を続ける一方で、土地の所有者不明状態を解消するための個別的な制度改革についても検討する必要がある。

(ii) 個別的な制度改革の蓄積

土地の所有者または共有者が特定不能または所在不明の場合に、これら所有者または共有者の意思表示によらずに、所有者不明状態を解消するための個別的な方法として、複数の方法がある。

例えば、すでに確認したように、所有者不明土地管理人は、管理命令の対象となった所有者不明土地について、専属的な管理・処分権をもち（民法264条の３第１項＊）、裁判所の許可を得て、土地を処分することもできる（民法264条の３第２項柱書本文＊）(192)。その限りにおいて、これは所有者不明土地

---

(191)　加藤（2015）312～333頁、富田（2017）27～30頁。

(192)　前述第３章４(3)(iv)参照。ちなみに、管理不全土地につき、裁判所が管理不全土地管理人に処分の許可をするには、所有者の同意が必要である（民法264条の10第３項＊。前述第３章５(2)(ii)参照）。

を解消する手段ともなりうる。

また、これと同様に、表題部所有者不明土地法にいう所有者等特定不能土地について選任された特定不能土地等管理者が、裁判所の許可を得て売却等の処分（表適法21条２項）をした場合、および同法にいう特定社団等帰属土地について、当該特定社団等帰属土地が帰属する法人でない社団等の代表者または管理人が選任されておらず、かつ当該法人でない社団等の全ての構成員を特定することができず、またはその所在が明らかでない場合において、裁判所によって選任された特定社団等帰属土地管理者が、裁判所の許可を得て売却等の処分（表適法30条２項、21条２項）をした場合も、所有者不明土地の解消が図られる可能性がある。

このほか、共有者の一部が所在等不明の場合に、他の共有者が、共有物の分割について、「協議をすることができない」（民法258条１項＊）ことを理由に、裁判所に共有物分割を申し立て、賠償分割の方法により、所在等不明共有者の持分を含む他の持分を取得し、共有者の所在等不明（共有者不明）を解消することも可能である（共有物の分割については、前述第３章２（３）参照）。

さらに、共有不動産について、所在等不明の共有者がいる場合に、他の共有者が、所在等不明共有者の持分または譲渡権限を取得する方法による共有者不明状態の解消手段が導入された[193]。

そして、こうした個別的な方法の蓄積とその実効性の検証を通じて、所有者または共有者の意思表示によらずに、それ以外の者の行為により、所有者または共有者不明土地の一般的な解消方法（前述（ｉ））のあり方を考えてゆくことが可能となるように思われる。

（193）　後述２参照。

2　不動産の共有者の一部が不明の場合における共有持分またはその譲渡権限の取得

(1)　共有者不明状態の解消手段としての共有持分またはその譲渡権限の取得

所有者不明土地の多くが、共有者の特定不能または所在不明（所在等不明）の状態にある。これは、所有者不明土地が発生し、増加している主要な原因が、相続登記がされないことにあるからである（前述第２章１（１）（ｉ）参照）。その結果、所有者不明土地を解消するためには、そうした共有者不明状態の解消方法を充実させることが、実際上は大きな鍵を握ることになる。

このような問題状況を背景にして、所在等不明共有者の持分権を他の共有者が取得し、または第三者に譲渡する方法が検討されてきた[194]。

これらの方法は、まずは、所在等不明共有者がいる土地について、持分を集約化する等して、共有物の利用・管理・処分の円滑化を図るという意味においては、所有者不明土地の利用・管理の円滑化を図る方策として重要である。しかし、さらに進んで、所有者不明土地の多くが共有者の所在等が不明状態にあることにも鑑みれば、所在等不明共有者の持分またはその譲渡権限の取得という方法は、所有者不明土地の解消を可能にする方法としても、有力な手段となりうる。

改正民法は、最終的に、共有不動産（通常共有の場合、遺産共有の場合、および持分の一部が相続財産に属する場合を含む）を対象にして、所在等不明共有者の持分の取得（民法262条の２＊）および所在等不明共有者の持分の譲渡権限の取得（民法262条の３＊）の制度を設けた。

(194)　「中間試案」第１－２⑵ア【甲案】・【乙案】、「部会資料41」第２、第３。

なお、これらの規定は、共有者不明不動産の所有権のほか、地上権、使用借権、賃借権等、不動産の使用・収益権を複数の者が準共有する場合に準用される（民法262条の２第５項、262条の３第４項、264条本文括弧書。後述（４）参照）。

(2) 共有不動産の所在等不明共有者の持分の取得

(ⅰ) 所在等不明共有者の持分取得の裁判

共有不動産について、①共有者が他の共有者を知ることができず（共有者の特定不能）、または②共有者が他の共有者の所在を知ることができない（共有者の所在不明）場合、裁判所は、共有者の請求により、その共有者に、当該他の共有者（「所在等不明共有者」とされる）の持分を取得させる旨の裁判をすることができる（民法262条の２第１項前段＊）。

持分取得の裁判を請求する共有者が２人以上ある場合は、所在等不明共有者の持分を、請求をした各共有者にその持分の割合で按《あん》分してそれぞれ取得させる裁判が行われる（民法262条の２第１項後段＊）。

所在等不明共有者の持分取得に係る事件は、当該裁判に係る不動産の所在地を管轄する地方裁判所の管轄に属する（非訟法87条１項＊）。この管轄裁判所は、共有不動産が相続財産に属する場合または所在等不明共有者の持分が相続財産に属する場合であっても、同じである（「部会資料42」５頁参照。ただし、民法262条の２第２項・３項の規律に服する。後述（ⅱ）・（ⅲ）参照）。裁判所は、以下の事項を「公告」しなければならない（非訟法87条２項＊）。

① 所在等不明共有者の持分につき、その取得の裁判の申立てがあったこと。

② 所在等不明共有者は、裁判所が持分取得の裁判をすることに異議があるときは、一定期間内（３か月以上の期間が指定される）にその旨の届出をすべきこと。

③　共有物分割または遺産分割の裁判の申立てがあった場合において、持分取得の裁判をすることに異議がある旨の届出（民法262条の２第２項＊・５項＊）をするときは、一定期間内（３か月以上の期間が指定される）にすべきこと。

④　前記②・③の届出がないときは、持分取得の裁判がされること。

⑤　持分取得の裁判の申立人以外の共有者が、同じく持分取得の裁判の申立てをするとき（民法262条の２第１項後段＊参照）は、一定期間内（３か月以上の期間が指定される）に申立てをすべきこと(195)。

裁判所は、これらの公告をしたときは、遅滞なく、当該共有不動産の登記簿上その氏名または名称が判明している共有者に対し、その登記簿上の住所または事務所に宛てて、前記①、③、④および⑤の公告事項を「通知」しなければならない（非訟法87条３項＊）。この通知は、所在等不明共有者以外の共有者に向けてされるものであるから、前記②の公告事項は通知事項に入れられていない。

裁判所は、前記②、③および⑤に定める期間（いずれも３か月以上でなければならない）が経過した後でなければ、持分取得の裁判をすることができない（非訟法87条２項＊）。

さらに、裁判所が所在等不明共有者の持分取得の裁判をするには、申立人に対し、一定期間内に、所在等不明共有者のために、裁判所が定める額（時価相当額が想定されている）の金銭を裁判所の指定する供託所に供託し、かつその旨を届け出るべきことを命じなければならない（非訟法87条５項＊）。申立人がこの決定に従わないときは、その持分取得の申立てを却下しなければならない（非訟法87条８項＊）。また、供託金額の決定後、持分取得の裁判までの間に、事情の変更により、定めた金額が不当であると裁判所が認めるに至ったときは、供託すべき金銭の額を変更しなければならない（非訟法87条６項＊）。供託金額の決定およびその変更の決定に対しては、即時抗告を

(195)　この期間が経過した後に、持分取得の裁判の申立てがされたときは、裁判所は、その申立てを却下しなければならない（非訟法87条11項＊）。

することができる（非訟法87条7項＊）。

持分取得の裁判は、確定しなければその効力を生じない（非訟法87条9項＊）。もっとも、それを所在等不明共有者に告知することは要しない（非訟法87条10項＊）。

持分取得の裁判の確定により、申立てをした共有者が所在等不明共有者の持分を取得したときは、所在等不明共有者は、その持分を取得した共有者に対し、当該共有者が取得した持分の時価相当額の支払を請求することができる（民法262条の2第4項＊）。所在等不明共有者が取得した時価相当額支払請求権は、前述した供託金の還付によってその弁済に充当される。もし、供託金の額がそれに満たないときは、所在等不明共有者は差額を請求することができ、その額について申立人と争いが生じたときは、訴訟で解決される（「部会資料41」8頁参照）。

（ii）共有不動産の分割請求および遺産分割請求との関係

持分取得の裁判は、共有不動産の分割（共有物分割または遺産分割）の裁判の請求があったときは、持分取得の手続を共有不動産または遺産全体についての分割の手続に先行させることはできず、分割の裁判が優先する。所在等不明共有者の持分を含めて、共有不動産全体について適切な分割を実現し、共有関係を解消することを希望する共有者がいる場合には、そうした分割請求事件の中で適切な分割をすべきであると考えられるからである[196]。

持分取得の裁判の請求があった共有不動産について、共有物分割の裁判の請求（民法258条1項＊）または遺産分割の請求（民法907条2項）があり、かつ所在等不明共有者以外の共有者が、持分取得の請求がされた裁判所に対し、持分取得の裁判をすることについて異議がある旨の届出をしたときは、裁判所は、持分取得の裁判をすることができない（民法262条の2第2項＊）。もっとも、共有物分割の方法として、一部の共有者に他の共有者の持分の全部ま

(196)「部会資料51」14頁参照。

たは一部を取得させる方法（賠償分割）の規律が新設されており（民法258条2項2号＊）、これによって他の共有者の持分を取得できる可能性もある[197]。

持分取得の裁判の申立てを受けた裁判所は、裁判に先立ち、所定の事項の公告および通知をする際に、共有物分割または遺産分割の裁判の申立てがされた場合において、持分取得の裁判をすることに異議がある旨の届出（民法262条の2第2項＊）をするときは、一定期間内（3か月以上の期間が指定される）にすべきことも、公告および通知する（前述（i）③)。しかし、異議の届出がこの期間を経過した後にされたときは、裁判所は異議の届出を却下しなければならない（非訟法87条4項＊）。

（iii）所在等不明共有者の持分が相続財産に属する場合

さらに、所在等不明共有者の持分が相続財産に属する場合につき、当該所在等不明相続人が遺産分割についてもつ利益を保護するために、規律が設けられた。すなわち、所在等不明共有者の持分が相続財産に属する場合であって、かつ共同相続人間で遺産の分割をすべきときは、相続開始時から10年を経過していないときは、裁判所は、所在等不明共有者の持分取得の裁判をすることができない（民法262条の2第3項＊）。これは、相続開始時から10年を経過した後にする遺産分割については、家庭裁判所は具体的相続分（民法903条、904条および904条の2）によらず、法定相続分または指定相続分に従って分割しなければならないとする規律（民法904条の3＊。前述第2章1（5）参照）を参考にして、所在等不明共有者の持分が相続財産である場合に、当該所在等不明相続人の遺産分割上の権利（具体的相続分に従った遺産分割等）を保護しようとするものである。

例えば、土地αをAとBが共有（持分は各2分の1）していたが、Bが死亡してCとDが法定相続分（各2分の1）に従って相続した場合、土地αはAの持分2分の1、C・Dの持分各4分の1による共有となる。この場合に

(197)　賠償分割については、前述第3章2(3)参照。

おいて、①Ｃが所在等不明であるときは、ＡおよびＤは、Ｂの死亡によるＣ・Ｄの相続から10年経過しなければ、土地αに対するＣの持分２分の１の取得は確定しないから、これを持分取得の裁判によって取得することができない。これに対し、②Ａが所在等不明であるときは、ＣおよびＤは、Ａの持分２分の１は相続財産に属するものではないから、Ｂの死亡から10年を経過しなくとも、Ａの持分を裁判によって取得することができる[198]。

(3) 共有不動産の所在等不明共有者の持分の譲渡権限の取得

(ⅰ) 不明共有者の持分譲渡権限付与の裁判

共有不動産について、①共有者が他の共有者を知ることができず（共有者の特定不能）、または②共有者が他の共有者の所在を知ることができない（共有者の所在不明）場合、裁判所は、共有者の請求により、その共有者に、当該他の共有者（所在等不明共有者）以外の共有者の全員が、特定の者に対してその有する持分の全部を譲渡することを停止条件として、所在等不明共有者の持分を当該特定の者に譲渡する権限を付与する旨の裁判をすることができる（民法262条の３第１項*）。例えば、土地αをＡ・Ｂ・Ｃ・Ｄの４人が共有する（持分は各自４分の１）場合において、Ｂが所在等不明のときは、Ａは、Ｂ以外の共有者であるＡ・Ｃ・Ｄの全員が、Ｅに対して各自の持分全部を売却譲渡することを停止条件として、Ｂの持分をＥに譲渡する権限をＡに付与する旨の裁判を受けることができる。

共有不動産の所在等不明共有者の持分譲渡権限の付与の裁判（民法262条の３第１項*・４項*）に係る事件は、当該共有不動産の所在地を管轄する地方裁判所の管轄に属する（非訟法88条１項*）。この管轄裁判所は、共有不

(198) 「中間試案」第４－３(3)、「部会資料42」４～６頁参照。

動産が相続財産に属する場合または所在等不明共有者の持分が相続財産に属する場合であっても、同じである（「部会資料42」5～6頁参照。ただし、民法262条の3第2項の規律に服する。後述（ⅱ）参照）。裁判所は、以下の事項を「公告」しなければならない（非訟法88条2項＊、87条2項1号・2号・4号・5項～10項＊）。

①　所在等不明共有者の持分につき、その譲渡権限付与の裁判の申立てがあったこと。

②　所在等不明共有者は、裁判所が持分譲渡権限の付与の裁判をすることに異議があるときは、一定期間内（3か月以上の期間が指定される）にその旨の届出をすべきこと。

③　前記②の届出がないときは、持分譲渡権限の付与の裁判がされること。

裁判所は、前記②に定める期間（3か月以上でなければならない）が経過した後でなければ、持分譲渡権限の付与の裁判をすることができない（非訟法88条2項＊、87条1号・2号・4号＊）。

さらに裁判所は、持分譲渡権限の付与の裁判をするには、申立人に対し、一定期間内に、所在等不明共有者のために、裁判所が定める額（不動産の時価相当額を当該所在等不明共有者の持分に応じて按《あん》分して得た額が想定されている）の金銭を裁判所の指定する供託所に供託し、かつその旨を届け出るべきことを命じなければならない（非訟法88条2項＊、87条5項＊）。申立人がこの決定に従わないときは、その持分譲渡権限の付与の申立てを却下しなければならない（非訟法88条2項＊、87条8項＊）。また、供託金額の決定後、持分譲渡権限付与の裁判までの間に、事情の変更により、定めた金額が不当であると裁判所が認めるに至ったときは、供託すべき金銭の額を変更しなければならない（非訟法88条2項＊、87条6項＊）。もっとも、供託金額の決定およびその変更の決定に対しては、即時抗告をすることができる（非訟法88条2項＊、87条7項＊）。

持分譲渡権限の付与の裁判は、確定しなければその効力を生じないが（非訟法88条2項＊、87条9項＊）、それを所在等不明共有者に告知することは要しない（非訟法88条２項＊、87条10項＊）。

持分譲渡権限の付与の裁判の効力が生じた後２か月以内に、その裁判によって付与された権限に基づいて所在等不明共有者の持分の譲渡の効力が生じないときは、その裁判は効力を失う。ただし、裁判所はこの期間を伸長することができる（非訟法88条３項＊）。

譲渡権限を付与された共有者が、その権限を行使して、所在等不明共有者の持分を第三者に譲渡したときは、当該持分それ自体は、所在等不明共有者から直接に第三者に移転する（「部会資料41」10頁参照）。その一方で、譲渡の原因である売買契約等の契約上の担保責任等は、付与された譲渡権限を行使して第三者と契約した共有者が負う（「部会資料41」10頁参照）。前記の例では、Ａ・Ｃ・Ｄの各自がＥに対し、各自の持分の全部をＥに譲渡する契約を締結することになるが、Ｂの持分についてはＢから直接Ｅに移転する一方で、Ｂの持分の売買契約における売主の担保責任等はＡが負うことになる。

持分譲渡権限の付与の裁判によって付与された権限に基づき、共有者が所在等不明共有者の持分を第三者に譲渡したときは、所在等不明共有者は、当該譲渡をした共有者に対し、不動産の時価相当額を所在等不明共有者の持分に応じて按《あん》分して得た額の支払を請求することができる（民法262条の３第３項＊）。所在等不明共有者が取得した時価相当額按《あん》分額の支払請求権は、前述した供託金の還付によってその弁済に充当される。もし、供託金の額がそれに満たないときは、所在等不明共有者は差額を請求することができ、その額について譲渡人と争いが生じたときは、訴訟で解決される。なお、所在等不明共有者の持分の譲渡を受けた第三者は、弁済について正当な利益をもつと解されるから、第三者が供託することは許されるものと解される（民法474条２項参照。「部会資料41」８頁、10～11頁参照）。前記の例では、Ａが譲渡権限を行使することにより、Ｂの持分はＢからＥに直接移転する一方で、所在等不明共有者Ｂは譲渡人Ａに対して時価相当額按《あん》分額の支払請求権をもつ。

なお、共有不動産について不明共有者の持分の譲渡権限の取得は、これにより、他の共有者の全員が合意して、特定の第三者に当該共有不動産を譲渡するためのものであるから、不明共有者を除く全共有者の合意があることが前提になっている。したがって、不明共有者の持分の取得の場合における共有物分割請求または遺産分割請求との調整規定（民法262条の２第２項＊）[199]は、不明共有者の持分の譲渡権限の取得の場合には設けられていない。

（ⅱ）所在等不明共有者の持分が相続財産に属する場合

所在等不明共有者の持分が相続財産に属する場合であって、かつ共同相続人間で遺産の分割をすべきときは、相続開始時から10年を経過していなければ、裁判所は、持分譲渡権限付与の裁判をすることができない（民法262条の３第２項＊）。これは、共有不動産が相続財産である場合に、所在等不明共有者の遺産分割上の権利を保護するためである[200]。

(4)　不動産の使用・収益権の準共有の場合への準用

共有不動産の所在等不明共有者の持分またはその譲渡権限の取得に関する規定は、不動産を使用または収益する権利を数人の者が準共有する場合に準用される（民法262条の２第５項＊、262条の３第４項＊）。しかし、それを超えて、動産所有権の共有の場合や、動産の使用・収益権の準共有の場合には準用されない（民法264条括弧書＊）[201]。

---

(199)　前述(2)(ⅱ)参照。
(200)　前述(2)(ⅲ)、「中間試案」第４－３(3)、「部会資料42」４～６頁参照。
(201)　前述第３章２(4)参照。所在等不明共有者の持分やその譲渡権限の取得は、所在等不明共有者の共有持分権に対する大きな制約となることから、その必要性が高いと考えられる共有者不明不動産の場合に限定することが適切であると考えられる。

3　共同相続人による時効取得の可能性

所有者不明土地のうち、相続財産に属する土地の共同相続人の一部が所在等不明の場合に、共有者の所在等不明状態を解消する手段として、当該財産を占有する共同相続人による他の共同相続人の持分の時効取得の規律も検討された。これに関する規律は、所有者不明土地問題の典型例の１つである共同相続人の所在等不明土地問題の解決に資することが期待された。それは、すでにみた共有不動産の共有者による他の所在等不明共有者の持分の取得およびその譲渡権限の取得と異なり、その対価を支払うことなしに共有持分権の取得を可能とするものである。

しかし、共同相続人の１人による遺産に属する財産の占有が、「所有の意思」ある占有（民法162条。自主占有）といえるためには、どのような要件が必要か、他に共同相続人があることを知らず、単独で相続したと信じて然るべき事情がある場合に限られるのか、あるいはかつて他の共同相続人の存在を知っていた場合でもなお所有権ないし他の共同相続人の持分を時効取得しうる余地があるのか、議論がある。

判例は、「共同相続人の一人が、単独に相続したものと信じて疑わず、相続開始とともに相続財産を現実に占有し、その管理、使用を専行してその収益を独占し、公租公課も自己の名でその負担において納付してきており、これについて他の相続人がなんら関心をもたず、もとより異議を述べた事実もなかつたような場合には、前記相続人はその相続のときから自主占有を取得したものと解するのが相当」であると解した（下線は引用者による）[202]。また、「数人の共同相続人の共有に属する相続財産たる不動産につきそのうちの一人による単独の自主占有が認められるためには、その一人が他に相続持分権

(202)　最判昭和47年９月８日民集26巻７号1348頁（自主占有を認めた原判決を認容）。

を有する共同相続人のいることを知らないため単独で相続権を取得したと信じて当該不動産の占有を始めた場合など、その者に単独の所有権があると信ぜられるべき合理的な事由があることを要する」とし、共同相続人がいることを知っていた場合は、自主占有の成立を疑わせる事実があるとした（下線は引用者による）[(203)]。

このように、判例は、相続財産を現実に占有する共同相続人の１人が、相続開始時に、他に相続人がいることを知らず、かつ単独で相続したと信じたことに合理的理由がある場合に限り、その占有を自主占有と認め、当該相続財産の時効取得を認めうるものと解している。

では、相続財産に属する土地を現実に占有する共同相続人の１人が、相続開始時、または相続開始後、他に相続人がいることを知り、または知り得た場合は、他の相続人の持分を時効取得することはできないのであろうか。実際には、相続財産に属する土地等を占有する共同相続人は、他に共同相続人がいることを知り、または他に共同相続人がいるかも知れないし、いないかも知れないと認識しながら、当該土地等を維持・管理している場合が少なからず存在する。そこで、そのような場合にも、当該物についての所有権ないし他の共同相続人の持分を時効取得することができることを認める規律が可能かどうかが検討された。

中間試案は、共同相続人が遺産に属する物を占有していた場合を前提にして、その場合でも原則として取得時効が成立しないとしつつ、例外的に取得時効が認められる場合について、以下の規律を提案した[(204)]。

> ①　共同相続人が、相続の開始以後、遺産に属する物を自ら占有した場合において、その占有の開始の時に、他の共同相続人が存在しないと信ずるに足りる相当な理由又は他の共同相続人が当該物につき相続人

(203)　最判昭和54年４月17日集民126号541頁・金判575号24頁（自主占有を認めた原判決を破棄、差戻し）。

(204)　「中間試案」第４－４。引用中、傍点は引用者によるものである。なお、「部会資料31」第４・32～35頁も参照。

としての権利を主張しないと信ずるに足りる相当な理由があり、かつ、占有の開始の時から10年間、平穏に、かつ、公然と遺産に属する物を占有したときは、当該物の所有権を取得する。ただし、占有の開始後に、当該理由がなくなったとき、又は当該物を占有する共同相続人が当該他の共同相続人の相続人としての権利を承認したときは、この限りでない。

②　共同相続人が、相続の開始以後、遺産に属する物を自ら占有した場合において、占有の開始後、他の共同相続人が存在しないと信ずるに足りる相当な理由又は当該他の共同相続人が当該物につき相続人としての権利を主張しないと信ずるに足りる相当な理由が生じ、かつ、その理由が生じた時から10年間、平穏に、かつ、公然と遺産に属する物を占有したときは、当該物の所有権を取得する。ただし、当該理由が生じた後に、当該理由がなくなったとき、又は当該物を占有する共同相続人が当該他の共同相続人の相続人としての権利を承認したときは、この限りでない。

③　民法第884条に規定する相続回復請求権の存在は、①又は②の規律による所有権の取得を妨げない。

（注１）所有権以外の財産権（例えば、不動産の賃借権）についても、他の共同相続人が存在しないと信ずるに足りる相当な理由又は他の共同相続人が当該財産権につき相続人としての権利を主張しないと信ずるに足りる相当な理由がある場合において、平穏に、かつ、公然とこれを行使する者は、本文①又は②と同様にこれを取得することについても、併せて検討する。

（注２）通常の共有者が他の共有者の持分を含め物の所有権を時効により取得することについては、基本的にこれを認めないことを前提に、特段の規定を置かない方向で検討する。

共同相続人が遺産に属する物を占有する場合、単独で相続したと信じ、かつそのように信じたことに合理的理由があるときは、例外的に取得時効が成立することについては、前述したように、判例も認めており、見解の一致がみられる。問題は、共同相続人が他に共同相続人がいたことを認識し、または認識可能であるが、その所在が不明、または、第二次相続が生じる等して、特定不能になっている状態が一定期間続いている場合にも、取得時効を認めうるかである。このような場合にも、例外的に取得時効を認めるための要件をどのように明確化することができるか、他主占有から自主占有への転換に関する既存の規定（民法185条）との関係も整理しつつ、民法162条・163条とは別個の取得時効の規定として一般的要件を設けることができるかが、問題である。

ちなみに、前記中間試案の①・②の提案においては、遺産に属する物を占有する共同相続人が、他の共同相続人が存在することを知りながら占有しているにもかかわらず、「他の共同相続人が当該物につき相続人としての権利を主張しないと信ずるに足りる相当な理由」が、占有開始時に存在し、または占有開始後に生じた場合、そこには他主占有から自主占有への転換（民法185条）が生じたとみるのか、既存の占有の一般法理との関係でどのように理論的に整理すべきか、不明確な点がある。また、時効取得期間を10年とする理由は何か、既存の取得時効の一般的規律における長期取得時効（20年。民法162条１項）と短期取得時効（10年。民法162条２項）の要件との関係をどのように整理することができるかという問題もある。

その一方で、新たな規律を設けなくとも、占有の開始時点の事情により、所有の意思を認めうる場合があり、また、占有の開始後の事情により、自主占有への転換（民法185条）が認められる場合もありうる[205]。また、共同相続人による時効取得を認めることが、遺産分割や共有不動産の所在等不明共有者の持分またはその譲渡権限の取得の裁判等の手続（時価相当額の供託等を要する）をとらなくとも単独所有権を取得することができる旨のメッセージ

(205)　例えば、遺産に属する物を占有する共同相続人が、他の共同相続人に対価を支払い、事実上の相続放棄の承諾を得た場合は、持分の譲渡などの新権原または所有の意思の表示による自主占有への転換（民法185条）を認めうる。「部会資料31」34～35頁参照。

を与えることになることの懸念も示された[206]。

その結果、「今後とも、取得時効の成否は、事案ごとの適切な事実認定等に委ねることとし、本資料では、特に規律を設けないものとする」ことが提案され、了承された[207]。

しかし、この点の規律は、所有権取得に関する規律のミッシング・リンクの１つとして、取得時効の制度趣旨を再確認しつつ、新たなルールを設けるべきか、設けるとして共同相続の場合に限定すべきか、共有一般の場合を対象とすべきか、議論を深める必要がある。その際には、共有の性質論を踏まえた共同相続人ないし共有者による占有の性質理解、所有の意思（民法162条）または他主占有から自主占有への転換（民法185条）に関する解釈論の整理を進めることにより、引き続き検討すべきであると思われる。

(206)「部会資料42」10頁。
(207)「部会資料42」第４・10頁、「部会17回」。

4　登記義務者の所在不明の場合における権利に関する登記の抹消等

(1) 除権決定による権利に関する登記の抹消等

不動産の所有者不明状態の実体法上の解消手段ではないが、登記名義人の所在不明のために、権利に関する登記の抹消ができなくなっている状態の解消方法も検討されてきた。これについては、登記義務者の所在が知れない場合等における登記手続の簡略化、実質を喪失している法人を登記名義人とする担保権登記の抹消手続の簡略化を中心に検討された[208]。改正不動産登記法は、以下のような規律を設けた。

すでに改正前不動産登記法は、登記権利者は、登記義務者の「所在が知れないため」、登記義務者と共同して権利に関する登記の抹消を申請することができないときは、公示催告の申立て（非訟法99条）をすることができるものとしている（改正前不登法70条。傍点は引用者による）。そして、公示催告の手続（非訟法100条～105条）に従い、公示催告の申立てに係る権利につき失権の効力を生ずる旨の裁判（除権決定。非訟法106条１項）を得ることができる。

改正不動産登記法70条１項は、改正前不動産登記法70条の「登記義務者」を「共同して登記の抹消の申請をすべき者」と表現し直したほかは、前記の規律を実質的に維持している。そのうえで、新たに、抹消されるべき権利に関する登記が、地上権、永小作権、質権、賃借権もしくは採石権に関する登記、または買戻しの特約（民法579条）[209]に関する登記であり、かつ登記され

(208)　「中間試案」第９－１、第９－２、「部会資料35」第２、「要綱」第４部参照。

(209)　買戻しの期間は10年を超えることができず、特約でこれより長い期間を定めても、買戻期間は10年とされる（民法580条１項）。買戻しの期間を定めたとき（10年を超えられない）は、その後にこれを伸長することができず（民法580条２項）、期間を定めなかったときは、５年以内に買戻しをしなければならない（民法580条３項）。買戻しの登記に

た存続期間または買戻しの期間（例えば、５年）が満了している場合において、相当の調査が行われたと認められるものとして、法務省令で定める方法によって調査を行っても、なお共同して登記の抹消の申請をすべき者の所在が判明しないときは、その者の「所在が知れないものとみなして」、この場合にも登記権利者が公示催告の申立てをすること（不登法70条１項＊）を認めた（不登法70条２項＊。傍点は引用者による）。

そして、除権決定（非訟法106条１項）があったときは、当該登記権利者は、共同申請の原則（不登法60条）の例外として、登記の抹消を単独で申請することができる旨が明記された（不登法70条３項＊）。

(2) 解散した法人の担保権に関する登記の抹消

登記権利者は、共同して登記の抹消の申請をすべき法人が解散し、相当の調査が行われたと認められるものとして、法務省令で定める方法（不登法70条２項＊）によって調査を行っても、なおその法人の清算人の所在が判明しないため、その法人と共同して先取特権、質権または抵当権に関する登記の抹消を申請することができない場合において、被担保債権の弁済期から30年を経過し、かつその法人の解散日から30年を経過したときは、公示催告の申立てによる除権決定を得なくとも、また、共同申請の原則（不登法60条）の例外として単独で、当該登記の抹消を申請することができるものとされた（不登法70条の２＊）。

(3) 買戻しの特約に関する登記の抹消

買戻しの特約（前述（１）注209参照）に関する登記がされている場合において、契約の日から10年を経過したときは、公示催告の申立てによる除権決定を得な

関しては、山野目（2018）67～71頁参照。

くとも、共同申請の原則（不登法60条）の例外として、登記権利者は、単独で当該登記の抹消を申請することができることも認められた（不登法69条の２＊）。

(4)　所有権の登記名義人の相続人が所在等不明の場合

登記権利者と共同して登記申請すべき登記義務者が所在等不明の場合としては、以上にみた場合のほかに、共同して登記申請すべき所有権の登記名義人の相続人が所在等不明の場合がある。例えば、所有権の登記名義人が死亡し、相続人が所在等不明の場合、土地の占有者が所有者不明土地管理人の選任を申し立て、この者を相手に時効取得を主張して訴えを提起し(210)、勝訴の確定判決を得たとしても、移転登記手続をどのように請求しうるかが問題になる。時効取得は、原始取得ではあるが、時効取得を原因とする所有権移転登記手続の申請は、共同申請（不登法60条）によるものとされている。そこで、登記義務者の所在が知れない場合は、登記義務者の不在者財産管理人、相続財産管理人、または所有者不明土地管理人を選任し、その者を被告にして所有権移転登記手続請求訴訟を提起して勝訴の確定判決を得ることにより、単独申請することになる（不登法63条１項）。

もっとも、その際には、①取得時効の起算日後に所有権の登記名義人が死亡して相続が開始した場合と、②取得時効の起算日前に同登記名義人が死亡して相続が開始していた場合があることに留意する必要がある。そして、②の場合には、所有権の登記名義人が死亡した日から時効の起算日までの間、所有権は相続人に帰属していたことになるから、相続登記が未了の場合、時効取得を原因とする所有権移転登記手続を申請する前提として、相続人への相続による所有権移転登記を要するものとされている(211)。しかし、相続人について二次相続が生じている場合、相続人への相続登記は容易でないし、相

(210)　「中間試案」第２－１⑴イ⑤参照。なお、所有者不明土地管理人の法的地位・権限に関しては、前述第３章４⑶(iii)・(iv)参照。
(211)　登記研究455号89頁質疑応答6639。

続人の特定不能または所在不明の場合はなおさらである。一方、時効取得が原始取得であることに鑑みれば、相続による所有権移転登記をしてから時効取得者への移転登記をするのは迂遠であり、登記名義人から直接に時効取得者に移転登記できるものとすべきかが問題になる[(212)]。

この問題への対応策として、登記名義人が死亡し、その相続人が特定不能または所在不明の場合も、公示催告による除権決定の手続を用いることができるかどうかが検討された[(213)]。しかし、その後、登記実務の運用上の整理を含め、慎重に検討すべきであるとして、中間試案のたたき台の段階で、検討項目から削除された[(214)]。

しかしながら、この問題もまた、不動産所有権制度におけるミッシング・リンクの１つとして、取得時効の実体法理との関係に留意しながら、不動産登記手続上のルールを明確化すべきであろう。その場合、土地所有権制度との関係では、土地所有者等が負うべき責務としての、土地の権利関係を明確にすべき責務（令和２年改正土地基本法６条２項）の具体化という視点も考慮に入れるべきであろう。

---

(212)　金融財政事情研究会編（2019）393頁参照。

(213)　公示催告・除権決定の手続の利用可能性につき、「部会資料９」第５－１⑴ア【乙案】、イ参照。なお、金融財政事情研究会編（2019）391～393頁も参照。

(214)「部会資料19」第４－３・33～34頁。

第5章

「令和3年民法改正等」の評価と課題

1　「令和３年民法改正等」による所有者不明土地問題への対応

所有者不明土地問題を契機にして顕在化した日本の土地所有制度の弱点は、共有者ないし所有者が不明の農地や森林を円滑に利用するための農業経営基盤強化促進法、農地法、森林法等の改正、森林経営管理法の制定等の特別法の分野での法改革から始まり、より一般的に所有者不明土地を利用するための所有者不明土地の利用の円滑化等に関する特別措置法の制定等に至る一連の法改革により、徐々に補強されてきた。そして、令和２年改正土地基本法により、所有者不明土地問題への法政策の対応指針が明確化されたうえで、その具体化の面をもつ「令和３年民法改正等」により、民法、不動産登記法等の民事基本法制のレベルでの一般法の分野における対応が加わることになった。これにより、日本の土地所有制度は、より包摂的で持続可能性の高いものへと脱皮しつつある。

土地所有制度においては、土地は必ず誰かが所有し、利用・管理し、他の所有主体ないし実質的な担い手に移転するというサイクルの中で、様々な物やサービスを直接または間接に産み出しながら、存在し続けてゆく。ところが、所有者不明土地は、そうした土地所有の担い手の円滑な移行サイクルを分断してしまう。それによって生じているミッシング・リンクを補完するための制度改革が求められている。そのことは、人口の増加・減少、地価の高騰・下落等の様々な社会・経済事情の変動が生じたとしても、それらに柔軟に対応できる、強靭で、持続可能性の高い土地所有制度を構築することに通じるであろう。所有者不明土地問題は、そうした制度構築のチャンスでもある。そして、「令和３年民法改正等」は、所有者不明土地の（ⅰ）発生予防、（ⅱ）利用・管理、および（ⅲ）解消促進の各側面において、そうしたミッシング・リンクの補完を試みたものであるといえる。その主なものは、すでに確認したように、以下のとおりである。

（ｉ） 所有者不明土地の発生予防に向けた方策は、主として不動産登記法の改正により、①相続・相続人への遺贈による不動産所有権の取得登記の申請および住所変更等の変更登記の申請が義務化された。これらの義務化に伴い、義務の懈怠に対しては制裁が課される一方、登記手続の簡略化や一定のインセンティブの付与、不動産所有権の登記名義人の情報更新に関する登記所の権限の拡大等が図られた。また、②迅速な相続登記を実質的に左右する遺産分割について、期間制限に関する規律が民法改正によって導入された。さらに、③特別立法により、相続等によって取得した土地の国庫帰属の承認申請が制度化された。

（ii） 所有者不明土地の利用・管理は、最も改正内容が多く、主として民法改正により、①共有物の使用・変更・（変更に至らない）管理に関する規定の改正のうち、所在等不明共有者を除いた共有者による管理・変更を可能とする裁判の制度の創設、②共有物の変更の定義の明確化、③所有者不明土地管理人・管理不全土地管理人の制度の創設、④相続財産管理人の制度の改正および相続財産清算人の制度の創設、⑤隣地使用権の承認等、⑥継続的給付を受けるための設備の設置権・使用権の拡充、⑦越境樹木の枝の切除権の付与等が行われた。

（iii） 所有者不明土地の解消促進としては、主として民法改正により、①不動産の所在等不明共有者の持分の他の共有者による取得の裁判、②不動産の所在等不明共有者の持分の他の共有者への譲渡権限付与の裁判、③所有者不明土地管理人が裁判所の許可を得て行う処分、④共有物の賠償分割等の各制度が創設された。

これらの制度改革は、前記（ｉ）②を除けば、いずれも土地所有者（共有者を含む）等に義務を課し、またはその権利の制限を伴うものである。それらは、財産権としての土地所有権の内容を、公共の福祉に適合するように、よりきめ細かに定めたもの（憲法29条２項）として、土地所有者等の責務（土地基本法６条）の一部を具体化するという趣旨をもつものであるといえる。また、（ⅰ）②も、土地所有権の放棄の自由を規制するものであるという解釈によれば、やはり所有権の制限として理解することもできる[(215)]。そして、これらの制度が実効性をもち、実際に所有者不明土地の減少に通じる効果をもつかどうかは、まさに土地所有者等の責務の内容を具体化するという制度改革の趣旨が、土地所有者等によって理解され、受け容れられ、かつその規範意識として定着するかどうかにかかっているということができるであろう。

(215)　このような理解については、第２章３(1)(iv)参照。

2 「令和３年民法改正等」のその他の意義

「令和３年民法改正等」は、所有者不明土地問題への対応にとどまるものではない。前記１（ⅰ）①相続・相続人への遺贈による不動産所有権取得の登記申請や住所等変更登記申請の義務化は、建物や区分所有建物にも及ぶ。また、前記１（ⅱ）③管理不全土地管理人の制度は、所有者不明ではない土地にも適用され、所有者不明建物管理人および管理不全建物管理人の制度は、建物（ただし、区分所有建物の専有部分および共用部分を除く）を対象とするものである。さらに、前記１（ⅱ）①共有物の使用・変更・(変更に至らない)管理については、共有者不明でない場合においても、共有物の円滑な使用・変更・管理を促すためのルールが導入された。

そのほか、前記１（ⅱ）④相続財産管理人および相続財産清算人の制度の改革、⑤隣地使用権の承認等、⑥継続的給付を受けるための設備の設置権・使用権の拡充、⑦越境樹木の枝の切除権の付与等も、所有者不明土地問題が生じている場面にとどまるものではない。特に、前記１（ⅱ）①共有物の使用・変更・管理制度や③所有者不明土地・建物管理人、管理不全土地・建物管理人の制度の創設、④相続財産の管理・清算の制度の改革によく現れているように、「令和３年民法改正等」は、所有者不明土地問題を１つの契機にしつつも、より一般的に、財産管理制度の効率化を図ったものとして、理論的にも実務的にも重要なものである。

3 残された課題

「令和３年民法改正等」では、検討段階で議論が進められたものの、立法化が見送られた課題がある。例えば、すでに確認したように、共同相続人の１人が遺産に属する土地を占有する場合における時効取得の要件、隣地または隣地上の工作物もしくは樹木の瑕疵によって損害が生じ、または生じるおそれのある土地の所有者による管理措置権等である。これらについては、引き続き議論が深められることが期待される。

また、相続等により取得した土地所有権の国庫への帰属に関する法律は、国庫帰属の承認申請要件を比較的厳格に絞っているが、施行から５年経過した時点で、承認申請要件等について見直しがされる旨の附帯決議がされている[(216)]。同法施行後の承認申請および承認の実績を検証して判断されることになるであろう。

(216) 衆議院法務委員会附帯決議１、および参議院法務委員会附帯決議１参照。

巻末資料

民法等の一部を改正する法律新旧対照条文

1　民法（明治29年法律第89号）（第1条関係）

（傍線部分は改正部分）

改正後	改正前
目次 第2編　（略） 第3章　（略） 第3節　共有（第249条―第264条） 第4節　所有者不明土地管理命令及び所有者不明建物管理命令（第264条の2―第264条の8） 第5節　管理不全土地管理命令及び管理不全建物管理命令（第264条の9―第264条の14）	目次 第2編　（同左） 第3章　（同左） 第3節　共有（第249条―第264条）
（隣地の使用） 第209条　土地の所有者は、次に掲げる目的のため必要な範囲内で、隣地を使用することができる。ただし、住家については、その居住者の承諾がなければ、立ち入ることはできない。	（隣地の使用請求） 第209条　土地の所有者は、境界又はその付近において障壁又は建物を築造し又は修繕するため必要な範囲内で、隣地の使用を請求することができる。ただし、隣人の承諾がなければ、その住家に立ち入ることはできない。
一　境界又はその付近における障壁、建物その他の工作物の築造、収去又は修繕	（新設）
二　境界標の調査又は境界に関する測量	（新設）
三　第233条第3項の規定による枝の切取り	（新設）
2　前項の場合には、使用の日時、場所及び方法は、隣地の所有者及び隣地を現に使用している者（以下この条において「隣地使用者」という。）のために損害が最も少ないものを選ばなければならない。	（新設）
3　第1項の規定により隣地を使用する者は、あらかじめ、その目的、日時、場所及び方法を隣地の所有者及び隣地	（新設）

改　正　後	改　正　前
使用者に通知しなければならない。ただし、あらかじめ通知することが困難なときは、使用を開始した後、遅滞なく、通知することをもって足りる。	
4　第1項の場合において、隣地の所有者又は隣地使用者が損害を受けたときは、その償金を請求することができる。	2　前項の場合において、隣人が損害を受けたときは、その償金を請求することができる。
（継続的給付を受けるための設備の設置権等）	
第213条の2　土地の所有者は、他の土地に設備を設置し、又は他人が所有する設備を使用しなければ電気、ガス又は水道水の供給その他これらに類する継続的給付（以下この項及び次条第1項において「継続的給付」という。）を受けることができないときは、継続的給付を受けるため必要な範囲内で、他の土地に設備を設置し、又は他人が所有する設備を使用することができる。	（新設）
2　前項の場合には、設備の設置又は使用の場所及び方法は、他の土地又は他人が所有する設備（次項において「他の土地等」という。）のために損害が最も少ないものを選ばなければならない。	
3　第1項の規定により他の土地に設備を設置し、又は他人が所有する設備を使用する者は、あらかじめ、その目的、場所及び方法を他の土地等の所有者及び他の土地を現に使用している者に通知しなければならない。	
4　第1項の規定による権利を有する者は、同項の規定により他の土地に設備を設置し、又は他人が所有する設備を使用するために当該他の土地又は当該他人が所有する設備がある土地を使用することができる。この場合においては、第209条第1項ただし書及び第2項から第4項までの規定を準用する。	

改　正　後	改　正　前
5　第1項の規定により他の土地に設備を設置する者は、その土地の損害（前項において準用する第209条第4項に規定する損害を除く。）に対して償金を支払わなければならない。ただし、1年ごとにその償金を支払うことができる。 6　第1項の規定により他人が所有する設備を使用する者は、その設備の使用を開始するために生じた損害に対して償金を支払わなければならない。 7　第1項の規定により他人が所有する設備を使用する者は、その利益を受ける割合に応じて、その設置、改築、修繕及び維持に要する費用を負担しなければならない。	
第213条の3　分割によって他の土地に設備を設置しなければ継続的給付を受けることができない土地が生じたときは、その土地の所有者は、継続的給付を受けるため、他の分割者の所有地のみに設備を設置することができる。この場合においては、前条第5項の規定は、適用しない。 2　前項の規定は、土地の所有者がその土地の一部を譲り渡した場合について準用する。	（新設）
（竹木の枝の切除及び根の切取り） 第233条　土地の所有者は、隣地の竹木の枝が境界線を越えるときは、その竹木の所有者に、その枝を切除させることができる。	（竹木の枝の切除及び根の切取り） 第233条　隣地の竹木の枝が境界線を越えるときは、その竹木の所有者に、その枝を切除させることができる。
2　前項の場合において、竹木が数人の共有に属するときは、各共有者は、その枝を切り取ることができる。	（新設）
3　第1項の場合において、次に掲げるときは、土地の所有者は、その枝を切り取ることができる。	（新設）

改　正　後	改　正　前
一　竹木の所有者に枝を切除するよう催告したにもかかわらず、竹木の所有者が相当の期間内に切除しないとき。	
二　竹木の所有者を知ることができず、又はその所在を知ることができないとき。	
三　急迫の事情があるとき。	
4　（略）	2　（同左）
（共有物の使用）	（共有物の使用）
第249条　（略）	第249条　（同左）
2　共有物を使用する共有者は、別段の合意がある場合を除き、他の共有者に対し、自己の持分を超える使用の対価を償還する義務を負う。	（新設）
3　共有者は、善良な管理者の注意をもって、共有物の使用をしなければならない。	（新設）
（共有物の変更）	（共有物の変更）
第251条　各共有者は、他の共有者の同意を得なければ、共有物に変更（その形状又は効用の著しい変更を伴わないものを除く。次項において同じ。）を加えることができない。	第251条　各共有者は、他の共有者の同意を得なければ、共有物に変更を加えることができない。
2　共有者が他の共有者を知ることができず、又はその所在を知ることができないときは、裁判所は、共有者の請求により、当該他の共有者以外の他の共有者の同意を得て共有物に変更を加えることができる旨の裁判をすることができる。	（新設）
（共有物の管理）	（共有物の管理）
第252条　共有物の管理に関する事項（次条第１項に規定する共有物の管理者の選任及び解任を含み、共有物に前条第１項に規定する変更を加えるものを除く。次項において同じ。）は、各共有	第252条　共有物の管理に関する事項は、前条の場合を除き、各共有者の持分の価格に従い、その過半数で決する。ただし、保存行為は、各共有者がすることができる。

改　正　後	改　正　前
者の持分の価格に従い、その過半数で決する。共有物を使用する共有者があるときも、同様とする。	
2　裁判所は、次の各号に掲げるときは、当該各号に規定する他の共有者以外の共有者の請求により、当該他の共有者以外の共有者の持分の価格に従い、その過半数で共有物の管理に関する事項を決することができる旨の裁判をすることができる。 一　共有者が他の共有者を知ることができず、又はその所在を知ることができないとき。 二　共有者が他の共有者に対し相当の期間を定めて共有物の管理に関する事項を決することについて賛否を明らかにすべき旨を催告した場合において、当該他の共有者がその期間内に賛否を明らかにしないとき。	（新設）
3　前2項の規定による決定が、共有者間の決定に基づいて共有物を使用する共有者に特別の影響を及ぼすべきときは、その承諾を得なければならない。	（新設）
4　共有者は、前3項の規定により、共有物に、次の各号に掲げる賃借権その他の使用及び収益を目的とする権利（以下この項において「賃借権等」という。）であって、当該各号に定める期間を超えないものを設定することができる。 一　樹木の栽植又は伐採を目的とする山林の賃借権等　10年 二　前号に掲げる賃借権等以外の土地の賃借権等　5年 三　建物の賃借権等　3年 四　動産の賃借権等　6箇月	（新設）
5　各共有者は、前各項の規定にかかわらず、保存行為をすることができる。	（新設）
（共有物の管理者）	

改　正　後	改　正　前
第252条の２　共有物の管理者は、共有物の管理に関する行為をすることができる。ただし、共有者の全員の同意を得なければ、共有物に変更（その形状又は効用の著しい変更を伴わないものを除く。次項において同じ。）を加えることができない。 ２　共有物の管理者が共有者を知ることができず、又はその所在を知ることができないときは、裁判所は、共有物の管理者の請求により、当該共有者以外の共有者の同意を得て共有物に変更を加えることができる旨の裁判をすることができる。 ３　共有物の管理者は、共有者が共有物の管理に関する事項を決した場合には、これに従ってその職務を行わなければならない。 ４　前項の規定に違反して行った共有物の管理者の行為は、共有者に対してその効力を生じない。ただし、共有者は、これをもって善意の第三者に対抗することができない。	（新設）
（裁判による共有物の分割） 第258条　共有物の分割について共有者間に協議が調わないとき、又は協議をすることができないときは、その分割を裁判所に請求することができる。	（裁判による共有物の分割） 第258条　共有物の分割について共有者間に協議が調わないときは、その分割を裁判所に請求することができる。
２　裁判所は、次に掲げる方法により、共有物の分割を命ずることができる。 一　共有物の現物を分割する方法 二　共有者に債務を負担させて、他の共有者の持分の全部又は一部を取得させる方法	（新設）
３　前項に規定する方法により共有物を分割することができないとき、又は分割によってその価格を著しく減少させるおそれがあるときは、裁判所は、その競売を命ずることができる。	２　前項の場合において、共有物の現物を分割することができないとき、又は分割によってその価格を著しく減少させるおそれがあるときは、裁判所は、その競売を命ずることができる。

改　正　後	改　正　前
4　裁判所は、共有物の分割の裁判において、当事者に対して、金銭の支払、物の引渡し、登記義務の履行その他の給付を命ずることができる。	（新設）
第258条の2　共有物の全部又はその持分が相続財産に属する場合において、共同相続人間で当該共有物の全部又はその持分について遺産の分割をすべきときは、当該共有物又はその持分について前条の規定による分割をすることができない。 2　共有物の持分が相続財産に属する場合において、相続開始の時から10年を経過したときは、前項の規定にかかわらず、相続財産に属する共有物の持分について前条の規定による分割をすることができる。ただし、当該共有物の持分について遺産の分割の請求があった場合において、相続人が当該共有物の持分について同条の規定による分割をすることに異議の申出をしたときは、この限りでない。 3　相続人が前項ただし書の申出をする場合には、当該申出は、当該相続人が前条第1項の規定による請求を受けた裁判所から当該請求があった旨の通知を受けた日から2箇月以内に当該裁判所にしなければならない。	（新設）
（所在等不明共有者の持分の取得） 第262条の2　不動産が数人の共有に属する場合において、共有者が他の共有者を知ることができず、又はその所在を知ることができないときは、裁判所は、共有者の請求により、その共有者に、当該他の共有者（以下この条において「所在等不明共有者」という。）の持分を取得させる旨の裁判をすることができる。この場合において、請求	（新設）

改　正　後	改　正　前
をした共有者が2人以上あるときは、請求をした各共有者に、所在等不明共有者の持分を、請求をした各共有者の持分の割合で按《あん》分してそれぞれ取得させる。	
2　前項の請求があった持分に係る不動産について第258条第1項の規定による請求又は遺産の分割の請求があり、かつ、所在等不明共有者以外の共有者が前項の請求を受けた裁判所に同項の裁判をすることについて異議がある旨の届出をしたときは、裁判所は、同項の裁判をすることができない。	
3　所在等不明共有者の持分が相続財産に属する場合（共同相続人間で遺産の分割をすべき場合に限る。）において、相続開始の時から10年を経過していないときは、裁判所は、第1項の裁判をすることができない。	
4　第1項の規定により共有者が所在等不明共有者の持分を取得したときは、所在等不明共有者は、当該共有者に対し、当該共有者が取得した持分の時価相当額の支払を請求することができる。	
5　前各項の規定は、不動産の使用又は収益をする権利（所有権を除く。）が数人の共有に属する場合について準用する。	
（所在等不明共有者の持分の譲渡） 第262条の3　不動産が数人の共有に属する場合において、共有者が他の共有者を知ることができず、又はその所在を知ることができないときは、裁判所は、共有者の請求により、その共有者に、当該他の共有者（以下この条において「所在等不明共有者」という。）以外の共有者の全員が特定の者に対してその有する持分の全部を譲渡することを停止条件として所在等不明共有者	（新設）

改　正　後	改　正　前
の持分を当該特定の者に譲渡する権限を付与する旨の裁判をすることができる。 2　所在等不明共有者の持分が相続財産に属する場合（共同相続人間で遺産の分割をすべき場合に限る。）において、相続開始の時から10年を経過していないときは、裁判所は、前項の裁判をすることができない。 3　第１項の裁判により付与された権限に基づき共有者が所在等不明共有者の持分を第三者に譲渡したときは、所在等不明共有者は、当該譲渡をした共有者に対し、不動産の時価相当額を所在等不明共有者の持分に応じて按分して得た額の支払を請求することができる。 4　前３項の規定は、不動産の使用又は収益をする権利（所有権を除く。）が数人の共有に属する場合について準用する。	
（準共有） 第264条　この節（第262条の２及び第262条の３を除く。）の規定は、数人で所有権以外の財産権を有する場合について準用する。ただし、法令に特別の定めがあるときは、この限りでない。	（準共有） 第264条　この節の規定は、数人で所有権以外の財産権を有する場合について準用する。ただし、法令に特別の定めがあるときは、この限りでない。
第４節　所有者不明土地管理命令及び所有者不明建物管理命令	（新設）
（所有者不明土地管理命令） 第264条の２　裁判所は、所有者を知ることができず、又はその所在を知ることができない土地（土地が数人の共有に属する場合にあっては、共有者を知ることができず、又はその所在を知ることができない土地の共有持分）について、必要があると認めるときは、利	（新設）

改　正　後	改　正　前
害関係人の請求により、その請求に係る土地又は共有持分を対象として、所有者不明土地管理人（第４項に規定する所有者不明土地管理人をいう。以下同じ。）による管理を命ずる処分（以下「所有者不明土地管理命令」という。）をすることができる。 ２　所有者不明土地管理命令の効力は、当該所有者不明土地管理命令の対象とされた土地（共有持分を対象として所有者不明土地管理命令が発せられた場合にあっては、共有物である土地）にある動産（当該所有者不明土地管理命令の対象とされた土地の所有者又は共有持分を有する者が所有するものに限る。）に及ぶ。 ３　所有者不明土地管理命令は、所有者不明土地管理命令が発せられた後に当該所有者不明土地管理命令が取り消された場合において、当該所有者不明土地管理命令の対象とされた土地又は共有持分及び当該所有者不明土地管理命令の効力が及ぶ動産の管理、処分その他の事由により所有者不明土地管理人が得た財産について、必要があると認めるときも、することができる。 ４　裁判所は、所有者不明土地管理命令をする場合には、当該所有者不明土地管理命令において、所有者不明土地管理人を選任しなければならない。	
（所有者不明土地管理人の権限） 第264条の３　前条第４項の規定により所有者不明土地管理人が選任された場合には、所有者不明土地管理命令の対象とされた土地又は共有持分及び所有者不明土地管理命令の効力が及ぶ動産並びにその管理、処分その他の事由により所有者不明土地管理人が得た財産（以下「所有者不明土地等」という。）	（新設）

改正後	改正前
の管理及び処分をする権利は、所有者不明土地管理人に専属する。 2　所有者不明土地管理人が次に掲げる行為の範囲を超える行為をするには、裁判所の許可を得なければならない。ただし、この許可がないことをもって善意の第三者に対抗することはできない。 一　保存行為 二　所有者不明土地等の性質を変えない範囲内において、その利用又は改良を目的とする行為	
（所有者不明土地等に関する訴えの取扱い） 第264条の4　所有者不明土地管理命令が発せられた場合には、所有者不明土地等に関する訴えについては、所有者不明土地管理人を原告又は被告とする。	（新設）
（所有者不明土地管理人の義務） 第264条の5　所有者不明土地管理人は、所有者不明土地等の所有者（その共有持分を有する者を含む。）のために、善良な管理者の注意をもって、その権限を行使しなければならない。 2　数人の者の共有持分を対象として所有者不明土地管理命令が発せられたときは、所有者不明土地管理人は、当該所有者不明土地管理命令の対象とされた共有持分を有する者全員のために、誠実かつ公平にその権限を行使しなければならない。	（新設）
（所有者不明土地管理人の解任及び辞任） 第264条の6　所有者不明土地管理人がその任務に違反して所有者不明土地等に著しい損害を与えたことその他重要な事由があるときは、裁判所は、利害関係人の請求により、所有者不明土地	（新設）

改　正　後	改　正　前
管理人を解任することができる。 2　所有者不明土地管理人は、正当な事由があるときは、裁判所の許可を得て、辞任することができる。	
（所有者不明土地管理人の報酬等） 第264条の7　所有者不明土地管理人は、所有者不明土地等から裁判所が定める額の費用の前払及び報酬を受けることができる。 2　所有者不明土地管理人による所有者不明土地等の管理に必要な費用及び報酬は、所有者不明土地等の所有者（その共有持分を有する者を含む。）の負担とする。	（新設）
（所有者不明建物管理命令） 第264条の8　裁判所は、所有者を知ることができず、又はその所在を知ることができない建物（建物が数人の共有に属する場合にあっては、共有者を知ることができず、又はその所在を知ることができない建物の共有持分）について、必要があると認めるときは、利害関係人の請求により、その請求に係る建物又は共有持分を対象として、所有者不明建物管理人（第4項に規定する所有者不明建物管理人をいう。以下この条において同じ。）による管理を命ずる処分（以下この条において「所有者不明建物管理命令」という。）をすることができる。	（新設）
2　所有者不明建物管理命令の効力は、当該所有者不明建物管理命令の対象とされた建物（共有持分を対象として所有者不明建物管理命令が発せられた場合にあっては、共有物である建物）にある動産（当該所有者不明建物管理命令の対象とされた建物の所有者又は共有持分を有する者が所有するものに限	（新設）

改正後	改正前
る。）及び当該建物を所有し、又は当該建物の共有持分を有するための建物の敷地に関する権利（賃借権その他の使用及び収益を目的とする権利（所有権を除く。）であって、当該所有者不明建物管理命令の対象とされた建物の所有者又は共有持分を有する者が有するものに限る。）に及ぶ。 ３　所有者不明建物管理命令は、所有者不明建物管理命令が発せられた後に当該所有者不明建物管理命令が取り消された場合において、当該所有者不明建物管理命令の対象とされた建物又は共有持分並びに当該所有者不明建物管理命令の効力が及ぶ動産及び建物の敷地に関する権利の管理、処分その他の事由により所有者不明建物管理人が得た財産について、必要があると認めるときも、することができる。 ４　裁判所は、所有者不明建物管理命令をする場合には、当該所有者不明建物管理命令において、所有者不明建物管理人を選任しなければならない。 ５　第264条の３から前条までの規定は、所有者不明建物管理命令及び所有者不明建物管理人について準用する。	
第５節　管理不全土地管理命令及び管理不全建物管理命令	（新設）
（管理不全土地管理命令） 第264条の９　裁判所は、所有者による土地の管理が不適当であることによって他人の権利又は法律上保護される利益が侵害され、又は侵害されるおそれがある場合において、必要があると認めるときは、利害関係人の請求により、当該土地を対象として、管理不全土地管理人（第３項に規定する管理不全土地管理人をいう。以下同じ。）による	（新設）

改正後	改正前
管理を命ずる処分（以下「管理不全土地管理命令」という。）をすることができる。 2　管理不全土地管理命令の効力は、当該管理不全土地管理命令の対象とされた土地にある動産（当該管理不全土地管理命令の対象とされた土地の所有者又はその共有持分を有する者が所有するものに限る。）に及ぶ。 3　裁判所は、管理不全土地管理命令をする場合には、当該管理不全土地管理命令において、管理不全土地管理人を選任しなければならない。	
（管理不全土地管理人の権限） 第264条の10　管理不全土地管理人は、管理不全土地管理命令の対象とされた土地及び管理不全土地管理命令の効力が及ぶ動産並びにその管理、処分その他の事由により管理不全土地管理人が得た財産（以下「管理不全土地等」という。）の管理及び処分をする権限を有する。 2　管理不全土地管理人が次に掲げる行為の範囲を超える行為をするには、裁判所の許可を得なければならない。ただし、この許可がないことをもって善意でかつ過失がない第三者に対抗することはできない。 一　保存行為 二　管理不全土地等の性質を変えない範囲内において、その利用又は改良を目的とする行為 3　管理不全土地管理命令の対象とされた土地の処分についての前項の許可をするには、その所有者の同意がなければならない。	（新設）
（管理不全土地管理人の義務） 第264条の11　管理不全土地管理人は、	（新設）

改正後	改正前
管理不全土地等の所有者のために、善良な管理者の注意をもって、その権限を行使しなければならない。 2　管理不全土地等が数人の共有に属する場合には、管理不全土地管理人は、その共有持分を有する者全員のために、誠実かつ公平にその権限を行使しなければならない。	
（管理不全土地管理人の解任及び辞任） 第264条の12　管理不全土地管理人がその任務に違反して管理不全土地等に著しい損害を与えたことその他重要な事由があるときは、裁判所は、利害関係人の請求により、管理不全土地管理人を解任することができる。 2　管理不全土地管理人は、正当な事由があるときは、裁判所の許可を得て、辞任することができる。	（新設）
（管理不全土地管理人の報酬等） 第264条の13　管理不全土地管理人は、管理不全土地等から裁判所が定める額の費用の前払及び報酬を受けることができる。 2　管理不全土地管理人による管理不全土地等の管理に必要な費用及び報酬は、管理不全土地等の所有者の負担とする。	（新設）
（管理不全建物管理命令） 第264条の14　裁判所は、所有者による建物の管理が不適当であることによって他人の権利又は法律上保護される利益が侵害され、又は侵害されるおそれがある場合において、必要があると認めるときは、利害関係人の請求により、当該建物を対象として、管理不全建物管理人（第３項に規定する管理不全建物管理人をいう。第４項において同	（新設）

改正後	改正前
じ。）による管理を命ずる処分（以下この条において「管理不全建物管理命令」という。）をすることができる。 2　管理不全建物管理命令は、当該管理不全建物管理命令の対象とされた建物にある動産（当該管理不全建物管理命令の対象とされた建物の所有者又はその共有持分を有する者が所有するものに限る。）及び当該建物を所有するための建物の敷地に関する権利（賃借権その他の使用及び収益を目的とする権利（所有権を除く。）であって、当該管理不全建物管理命令の対象とされた建物の所有者又はその共有持分を有する者が有するものに限る。）に及ぶ。 3　裁判所は、管理不全建物管理命令をする場合には、当該管理不全建物管理命令において、管理不全建物管理人を選任しなければならない。 4　第264条の10から前条までの規定は、管理不全建物管理命令及び管理不全建物管理人について準用する。	
（共同抵当における代価の配当） 第392条　債権者が同一の債権の担保として数個の不動産につき抵当権を有する場合において、同時にその代価を配当すべきときは、その各不動産の価額に応じて、その債権の負担を按分する。 2　（略）	（共同抵当における代価の配当） 第392条　債権者が同一の債権の担保として数個の不動産につき抵当権を有する場合において、同時にその代価を配当すべきときは、その各不動産の価額に応じて、その債権の負担を按《あん》分する。 2　（同左）
（相続財産の保存） 第897条の2　家庭裁判所は、利害関係人又は検察官の請求によって、いつでも、相続財産の管理人の選任その他の相続財産の保存に必要な処分を命ずることができる。ただし、相続人が一人である場合においてその相続人が相続の単純承認をしたとき、相続人が数人ある場合において遺産の全部の分割が	（新設）

改正後	改正前
されたとき、又は第952条第１項の規定により相続財産の清算人が選任されているときは、この限りでない。 ２　第27条から第29条までの規定は、前項の規定により家庭裁判所が相続財産の管理人を選任した場合について準用する。	
（共同相続の効力） 第898条　（略） ２　相続財産について共有に関する規定を適用するときは、第900条から第902条までの規定により算定した相続分をもって各相続人の共有持分とする。	（共同相続の効力） 第898条　（同左） （新設）
（期間経過後の遺産の分割における相続分） 第904条の３　前３条の規定は、相続開始の時から10年を経過した後にする遺産の分割については、適用しない。ただし、次の各号のいずれかに該当するときは、この限りでない。 一　相続開始の時から10年を経過する前に、相続人が家庭裁判所に遺産の分割の請求をしたとき。 二　相続開始の時から始まる10年の期間の満了前６箇月以内の間に、遺産の分割を請求することができないやむを得ない事由が相続人にあった場合において、その事由が消滅した時から６箇月を経過する前に、当該相続人が家庭裁判所に遺産の分割の請求をしたとき。	（新設）
（遺産の分割の協議又は審判） 第907条　共同相続人は、次条第１項の規定により被相続人が遺言で禁じた場合又は同条第２項の規定により分割をしない旨の契約をした場合を除き、いつでも、その協議で、遺産の全部又は	（遺産の分割の協議又は審判等） 第907条　共同相続人は、次条の規定により被相続人が遺言で禁じた場合を除き、いつでも、その協議で、遺産の全部又は一部の分割をすることができる。

改　正　後	改　正　前
一部の分割をすることができる。	
2　（略）	2　（同左）
（削る）	3　前項本文の場合において特別の事由があるときは、家庭裁判所は、期間を定めて、遺産の全部又は一部について、その分割を禁ずることができる。
（遺産の分割の方法の指定及び遺産の分割の禁止）	（遺産の分割の方法の指定及び遺産の分割の禁止）
第908条　（略）	第908条　（同左）
2　共同相続人は、5年以内の期間を定めて、遺産の全部又は一部について、その分割をしない旨の契約をすることができる。ただし、その期間の終期は、相続開始の時から10年を超えることができない。	（新設）
3　前項の契約は、5年以内の期間を定めて更新することができる。ただし、その期間の終期は、相続開始の時から10年を超えることができない。	（新設）
4　前条第2項本文の場合において特別の事由があるときは、家庭裁判所は、5年以内の期間を定めて、遺産の全部又は一部について、その分割を禁ずることができる。ただし、その期間の終期は、相続開始の時から10年を超えることができない。	（新設）
5　家庭裁判所は、5年以内の期間を定めて前項の期間を更新することができる。ただし、その期間の終期は、相続開始の時から10年を超えることができない。	（新設）
（相続人による管理）	（相続財産の管理）
第918条　（略）	第918条　（同左）
（削る）	2　家庭裁判所は、利害関係人又は検察官の請求によって、いつでも、相続財産の保存に必要な処分を命ずることができる。
（削る）	3　第27条から第29条までの規定は、前

改　正　後	改　正　前
	項の規定により家庭裁判所が相続財産の管理人を選任した場合について準用する。
（限定承認者による管理） 第926条　（略） ２　第645条、第646条並びに第650条第１項及び第２項の規定は、前項の場合について準用する。	（限定承認者による管理） 第926条　（同左） ２　第645条、第646条、第650条第１項及び第２項並びに第918条第２項及び第３項の規定は、前項の場合について準用する。
（相続人が数人ある場合の相続財産の清算人） 第936条　相続人が数人ある場合には、家庭裁判所は、相続人の中から、相続財産の清算人を選任しなければならない。 ２　前項の相続財産の清算人は、相続人のために、これに代わって、相続財産の管理及び債務の弁済に必要な一切の行為をする。 ３　第926条から前条までの規定は、第１項の相続財産の清算人について準用する。この場合において、第927条第１項中「限定承認をした後５日以内」とあるのは、「その相続財産の清算人の選任があった後10日以内」と読み替えるものとする。	（相続人が数人ある場合の相続財産の管理人） 第936条　相続人が数人ある場合には、家庭裁判所は、相続人の中から、相続財産の管理人を選任しなければならない。 ２　前項の相続財産の管理人は、相続人のために、これに代わって、相続財産の管理及び債務の弁済に必要な一切の行為をする。 ３　第926条から前条までの規定は、第１項の相続財産の管理人について準用する。この場合において、第927条第１項中「限定承認をした後５日以内」とあるのは、「その相続財産の管理人の選任があった後10日以内」と読み替えるものとする。
（相続の放棄をした者による管理） 第940条　相続の放棄をした者は、その放棄の時に相続財産に属する財産を現に占有しているときは、相続人又は第952条第１項の相続財産の清算人に対して当該財産を引き渡すまでの間、自己の財産におけるのと同一の注意をもって、その財産を保存しなければならない。	（相続の放棄をした者による管理） 第940条　相続の放棄をした者は、その放棄によって相続人となった者が相続財産の管理を始めることができるまで、自己の財産におけるのと同一の注意をもって、その財産の管理を継続しなければならない。
２　第645条、第646条並びに第650条第	２　第645条、第646条、第650条第１項

改　正　後	改　正　前
１項及び第２項の規定は、前項の場合について準用する。	及び第２項並びに第918条第２項及び第３項の規定は、前項の場合について準用する。
（相続財産の清算人の選任） 第952条　前条の場合には、家庭裁判所は、利害関係人又は検察官の請求によって、相続財産の清算人を選任しなければならない。 ２　前項の規定により相続財産の清算人を選任したときは、家庭裁判所は、遅滞なく、その旨及び相続人があるならば一定の期間内にその権利を主張すべき旨を公告しなければならない。この場合において、その期間は、６箇月を下ることができない。	（相続財産の管理人の選任） 第952条　前条の場合には、家庭裁判所は、利害関係人又は検察官の請求によって、相続財産の管理人を選任しなければならない。 ２　前項の規定により相続財産の管理人を選任したときは、家庭裁判所は、遅滞なくこれを公告しなければならない。
（不在者の財産の管理人に関する規定の準用） 第953条　第27条から第29条までの規定は、前条第１項の相続財産の清算人（以下この章において単に「相続財産の清算人」という。）について準用する。	（不在者の財産の管理人に関する規定の準用） 第953条　第27条から第29条までの規定は、前条第１項の相続財産の管理人（以下この章において単に「相続財産の管理人」という。）について準用する。
（相続財産の清算人の報告） 第954条　相続財産の清算人は、相続債権者又は受遺者の請求があるときは、その請求をした者に相続財産の状況を報告しなければならない。	（相続財産の管理人の報告） 第954条　相続財産の管理人は、相続債権者又は受遺者の請求があるときは、その請求をした者に相続財産の状況を報告しなければならない。
（相続財産法人の不成立） 第955条　相続人のあることが明らかになったときは、第951条の法人は、成立しなかったものとみなす。ただし、相続財産の清算人がその権限内でした行為の効力を妨げない。	（相続財産法人の不成立） 第955条　相続人のあることが明らかになったときは、第951条の法人は、成立しなかったものとみなす。ただし、相続財産の管理人がその権限内でした行為の効力を妨げない。
（相続財産の清算人の代理権の消滅） 第956条　相続財産の清算人の代理権は、相続人が相続の承認をした時に消滅す	（相続財産の管理人の代理権の消滅） 第956条　相続財産の管理人の代理権は、相続人が相続の承認をした時に消滅す

改　正　後	改　正　前
る。 2　前項の場合には、相続財産の清算人は、遅滞なく相続人に対して清算に係る計算をしなければならない。	る。 2　前項の場合には、相続財産の管理人は、遅滞なく相続人に対して管理の計算をしなければならない。
（相続債権者及び受遺者に対する弁済） 第957条　第952条第２項の公告があったときは、相続財産の清算人は、全ての相続債権者及び受遺者に対し、２箇月以上の期間を定めて、その期間内にその請求の申出をすべき旨を公告しなければならない。この場合において、その期間は、同項の規定により相続人が権利を主張すべき期間として家庭裁判所が公告した期間内に満了するものでなければならない。	（相続債権者及び受遺者に対する弁済） 第957条　第952条第２項の公告があった後２箇月以内に相続人のあることが明らかにならなかったときは、相続財産の管理人は、遅滞なく、すべての相続債権者及び受遺者に対し、一定の期間内にその請求の申出をすべき旨を公告しなければならない。この場合において、その期間は、２箇月を下ることができない。
2　（略）	2　（同左）
（削る）	（相続人の捜索の公告） 第958条　前条第１項の期間の満了後、なお相続人のあることが明らかでないときは、家庭裁判所は、相続財産の管理人又は検察官の請求によって、相続人があるならば一定の期間内にその権利を主張すべき旨を公告しなければならない。この場合において、その期間は、６箇月を下ることができない。
（権利を主張する者がない場合） 第958条　第952条第２項の期間内に相続人としての権利を主張する者がないときは、相続人並びに相続財産の清算人に知れなかった相続債権者及び受遺者は、その権利を行使することができない。	（権利を主張する者がない場合） 第958条の２　前条の期間内に相続人としての権利を主張する者がないときは、相続人並びに相続財産の管理人に知れなかった相続債権者及び受遺者は、その権利を行使することができない。
（特別縁故者に対する相続財産の分与） 第958条の２　（略） 2　前項の請求は、第952条第２項の期間の満了後３箇月以内にしなければな	（特別縁故者に対する相続財産の分与） 第958条の３　（同左） 2　前項の請求は、第958条の期間の満了後３箇月以内にしなければならない。

らない。	

2　不動産登記法（平成16年法律第123号）（第２条関係）

改　正　後	改　正　前
目次 第４章　（略） 第１節・第２節　（略） 第３節　（略） 第１款　（略） 第２款　所有権に関する登記（第73条の２―第77条） 第３款～第８款　（略）	目次 第４章　（同左） 第１節・第２節　（同左） 第３節　（同左） 第１款　（同左） 第２款　所有権に関する登記（第74条―第77条） 第３款～第８款　（同左）
（登記することができる権利等） 第３条　（略） 一～九　（略） 十　採石権（採石法（昭和25年法律第291号）に規定する採石権をいう。第50条、第70条第２項及び第82条において同じ。）	（登記することができる権利等） 第３条　（同左） 一～九　（同左） 十　採石権（採石法（昭和25年法律第291号）に規定する採石権をいう。第50条及び第82条において同じ。）
（当事者の申請又は嘱託による登記） 第16条　（略） ２　第２条第14号、第５条、第６条第３項、第10条及びこの章（この条、第27条、第28条、第32条、第34条、第35条、第41条、第43条から第46条まで、第51条第５項及び第６項、第53条第２項、第56条、第58条第１項及び第４項、第59条第１号、第３号から第６号まで及び第８号、第66条、第67条、第71条、第73条第１項第２号から第４号まで、第２項及び第３項、第76条から第76条の４まで、第76条の６、第78条から第86条まで、第88条、第90条から第92条まで、第94条、第95条第１項、第96条、第97条、第98条第２項、第101条、第102条、第106条、第108条、第112条、第114条から第117条まで並びに第118条第２項、第５項及び第６項を除く。）	（当事者の申請又は嘱託による登記） 第16条　（同左） ２　第２条第14号、第５条、第６条第３項、第10条及びこの章（この条、第27条、第28条、第32条、第34条、第35条、第41条、第43条から第46条まで、第51条第５項及び第６項、第53条第２項、第56条、第58条第１項及び第４項、第59条第１号、第３号から第６号まで及び第８号、第66条、第67条、第71条、第73条第１項第２号から第４号まで、第２項及び第３項、第76条、第78条から第86条まで、第88条、第90条から第92条まで、第94条、第95条第１項、第96条、第97条、第98条第２項、第101条、第102条、第106条、第108条、第112条、第114条から第117条まで並びに第118条第２項、第５項及び第６項を除く。）の規定は、官庁又は公署の

改　正　後	改　正　前
の規定は、官庁又は公署の嘱託による登記の手続について準用する。	嘱託による登記の手続について準用する。
（申請の却下）	（申請の却下）
第25条　（略）	第25条　（同左）
一～六　（略）	一～六　（同左）
七　申請情報の内容である登記義務者（第65条、第76条の５、第77条、第89条第１項（同条第２項（第95条第２項において準用する場合を含む。）及び第95条第２項において準用する場合を含む。）、第93条（第95条第２項において準用する場合を含む。）又は第110条前段の場合にあっては、登記名義人）の氏名若しくは名称又は住所が登記記録と合致しないとき。	七　申請情報の内容である登記義務者（第65条、第77条、第89条第１項（同条第２項（第95条第２項において準用する場合を含む。）及び第95条第２項において準用する場合を含む。）、第93条（第95条第２項において準用する場合を含む。）又は第110条前段の場合にあっては、登記名義人）の氏名若しくは名称又は住所が登記記録と合致しないとき。
八～十三　（略）	八～十三　（同左）
（権利に関する登記の登記事項）	（権利に関する登記の登記事項）
第59条　権利に関する登記の登記事項は、次のとおりとする。	第59条　権利に関する登記の登記事項は、次のとおりとする。
一～五　（略）	一～五　（同左）
六　共有物分割禁止の定め（共有物若しくは所有権以外の財産権について民法（明治29年法律第89号）第256条第１項ただし書（同法第264条において準用する場合を含む。）若しくは第908条第２項の規定により分割をしない旨の契約をした場合若しくは同条第１項の規定により被相続人が遺言で共有物若しくは所有権以外の財産権について分割を禁止した場合における共有物若しくは所有権以外の財産権の分割を禁止する定め又は同条第４項の規定により家庭裁判所が遺産である共有物若しくは所有権以外の財産権についてした分割を禁止する審判をいう。第65条において同じ。）があるときは、その定め	六　共有物分割禁止の定め（共有物若しくは所有権以外の財産権について民法（明治29年法律第89号）第256条第１項ただし書（同法第264条において準用する場合を含む。）の規定により分割をしない旨の契約をした場合若しくは同法第908条の規定により被相続人が遺言で共有物若しくは所有権以外の財産権について分割を禁止した場合における共有物若しくは所有権以外の財産権の分割を禁止する定め又は同法第907条第３項の規定により家庭裁判所が遺産である共有物若しくは所有権以外の財産権についてした分割を禁止する審判をいう。第65条において同じ。）があるときは、その定め
七・八　（略）	七・八　（同左）

改正後	改正前
（判決による登記等）	（判決による登記等）
第63条　（略）	第63条　（同左）
2　（略）	2　（同左）
3　遺贈（相続人に対する遺贈に限る。）による所有権の移転の登記は、第60条の規定にかかわらず、登記権利者が単独で申請することができる。	（新設）
（買戻しの特約に関する登記の抹消）	
第69条の2　買戻しの特約に関する登記がされている場合において、契約の日から10年を経過したときは、第60条の規定にかかわらず、登記権利者は、単独で当該登記の抹消を申請することができる。	（新設）
（除権決定による登記の抹消等）	（登記義務者の所在が知れない場合の登記の抹消）
第70条　登記権利者は、共同して登記の抹消の申請をすべき者の所在が知れないためその者と共同して権利に関する登記の抹消を申請することができないときは、非訟事件手続法（平成23年法律第51号）第99条に規定する公示催告の申立てをすることができる。	第70条　登記権利者は、登記義務者の所在が知れないため登記義務者と共同して権利に関する登記の抹消を申請することができないときは、非訟事件手続法（平成23年法律第51号）第99条に規定する公示催告の申立てをすることができる。
2　前項の登記が地上権、永小作権、質権、賃借権若しくは採石権に関する登記又は買戻しの特約に関する登記であり、かつ、登記された存続期間又は買戻しの期間が満了している場合において、相当の調査が行われたと認められるものとして法務省令で定める方法により調査を行ってもなお共同して登記の抹消の申請をすべき者の所在が判明しないときは、その者の所在が知れないものとみなして、同項の規定を適用する。	（新設）
3　前2項の場合において、非訟事件手続法第106条第1項に規定する除権決	2　前項の場合において、非訟事件手続法第106条第1項に規定する除権決定

改　正　後	改　正　前
定があったときは、第60条の規定にかかわらず、当該登記権利者は、単独で第1項の登記の抹消を申請することができる。	があったときは、第60条の規定にかかわらず、当該登記権利者は、単独で前項の登記の抹消を申請することができる。
4　（略）	3　（同左）
（解散した法人の担保権に関する登記の抹消） 第70条の2　登記権利者は、共同して登記の抹消の申請をすべき法人が解散し、前条第2項に規定する方法により調査を行ってもなおその法人の清算人の所在が判明しないためその法人と共同して先取特権、質権又は抵当権に関する登記の抹消を申請することができない場合において、被担保債権の弁済期から30年を経過し、かつ、その法人の解散の日から30年を経過したときは、第60条の規定にかかわらず、単独で当該登記の抹消を申請することができる。	（新設）
第2款　所有権に関する登記	第2款　（同左）
（所有権の登記の登記事項） 第73条の2　所有権の登記の登記事項は、第59条各号に掲げるもののほか、次のとおりとする。 一　所有権の登記名義人が法人であるときは、会社法人等番号（商業登記法（昭和38年法律第125号）第7条（他の法令において準用する場合を含む。）に規定する会社法人等番号をいう。）その他の特定の法人を識別するために必要な事項として法務省令で定めるもの 二　所有権の登記名義人が国内に住所を有しないときは、その国内における連絡先となる者の氏名又は名称及び住所その他の国内における連絡先に関する事項として法務省令で定め	（新設）

改　正　後	改　正　前
るもの 2　前項各号に掲げる登記事項についての登記に関し必要な事項は、法務省令で定める。	
（相続等による所有権の移転の登記の申請） 第76条の2　所有権の登記名義人について相続の開始があったときは、当該相続により所有権を取得した者は、自己のために相続の開始があったことを知り、かつ、当該所有権を取得したことを知った日から3年以内に、所有権の移転の登記を申請しなければならない。遺贈（相続人に対する遺贈に限る。）により所有権を取得した者も、同様とする。 2　前項前段の規定による登記（民法第900条及び第901条の規定により算定した相続分に応じてされたものに限る。次条第4項において同じ。）がされた後に遺産の分割があったときは、当該遺産の分割によって当該相続分を超えて所有権を取得した者は、当該遺産の分割の日から3年以内に、所有権の移転の登記を申請しなければならない。 3　前2項の規定は、代位者その他の者の申請又は嘱託により、当該各項の規定による登記がされた場合には、適用しない。	（新設）
（相続人である旨の申出等） 第76条の3　前条第1項の規定により所有権の移転の登記を申請する義務を負う者は、法務省令で定めるところにより、登記官に対し、所有権の登記名義人について相続が開始した旨及び自らが当該所有権の登記名義人の相続人である旨を申し出ることができる。 2　前条第1項に規定する期間内に前項	（新設）

改　正　後	改　正　前
の規定による申出をした者は、同条第１項に規定する所有権の取得（当該申出の前にされた遺産の分割によるものを除く。）に係る所有権の移転の登記を申請する義務を履行したものとみなす。 ３　登記官は、第１項の規定による申出があったときは、職権で、その旨並びに当該申出をした者の氏名及び住所その他法務省令で定める事項を所有権の登記に付記することができる。 ４　第１項の規定による申出をした者は、その後の遺産の分割によって所有権を取得したとき（前条第１項前段の規定による登記がされた後に当該遺産の分割によって所有権を取得したときを除く。）は、当該遺産の分割の日から３年以内に、所有権の移転の登記を申請しなければならない。 ５　前項の規定は、代位者その他の者の申請又は嘱託により、同項の規定による登記がされた場合には、適用しない。 ６　第１項の規定による申出の手続及び第３項の規定による登記に関し必要な事項は、法務省令で定める。	
（所有権の登記名義人についての符号の表示） 第76条の４　登記官は、所有権の登記名義人（法務省令で定めるものに限る。）が権利能力を有しないこととなったと認めるべき場合として法務省令で定める場合には、法務省令で定めるところにより、職権で、当該所有権の登記名義人についてその旨を示す符号を表示することができる。	（新設）
（所有権の登記名義人の氏名等の変更の登記の申請） 第76条の５　所有権の登記名義人の氏名	（新設）

改　正　後	改　正　前
若しくは名称又は住所について変更があったときは、当該所有権の登記名義人は、その変更があった日から２年以内に、氏名若しくは名称又は住所についての変更の登記を申請しなければならない。	
（職権による氏名等の変更の登記） 第76条の６　登記官は、所有権の登記名義人の氏名若しくは名称又は住所について変更があったと認めるべき場合として法務省令で定める場合には、法務省令で定めるところにより、職権で、氏名若しくは名称又は住所についての変更の登記をすることができる。ただし、当該所有権の登記名義人が自然人であるときは、その申出があるときに限る。	（新設）
（登記事項証明書の交付等） 第119条　（略） ２～５　（略） ６　登記官は、第１項及び第２項の規定にかかわらず、登記記録に記録されている者（自然人であるものに限る。）の住所が明らかにされることにより、人の生命若しくは身体に危害を及ぼすおそれがある場合又はこれに準ずる程度に心身に有害な影響を及ぼすおそれがあるものとして法務省令で定める場合において、その者からの申出があったときは、法務省令で定めるところにより、第１項及び第２項に規定する各書面に当該住所に代わるものとして法務省令で定める事項を記載しなければならない。	（登記事項証明書の交付等） 第119条　（同左） ２～５　（同左） （新設）
（所有不動産記録証明書の交付等） 第119条の２　何人も、登記官に対し、手数料を納付して、自らが所有権の登	（新設）

改　正　後	改　正　前
記名義人（これに準ずる者として法務省令で定めるものを含む。）として記録されている不動産に係る登記記録に記録されている事項のうち法務省令で定めるもの（記録がないときは、その旨）を証明した書面（以下この条において「所有不動産記録証明書」という。）の交付を請求することができる。 2　相続人その他の一般承継人は、登記官に対し、手数料を納付して、被承継人に係る所有不動産記録証明書の交付を請求することができる。 3　前２項の交付の請求は、法務大臣の指定する登記所の登記官に対し、法務省令で定めるところにより、することができる。 4　前条第３項及び第四項の規定は、所有不動産記録証明書の手数料について準用する。	
（地図の写しの交付等） 第120条　（略） 2　（略） 3　第119条第３項から第５項までの規定は、地図等について準用する。	（地図の写しの交付等） 第120条　（同左） 2　（同左） 3　前条第３項から第５項までの規定は、地図等について準用する。
（登記簿の附属書類の写しの交付等） 第121条　（略） 2　何人も、登記官に対し、手数料を納付して、登記簿の附属書類のうち前項の図面（電磁的記録にあっては、記録された情報の内容を法務省令で定める方法により表示したもの。次項において同じ。）の閲覧を請求することができる。	（登記簿の附属書類の写しの交付等） 第121条　（同左） 2　何人も、登記官に対し、手数料を納付して、登記簿の附属書類（電磁的記録にあっては、記録された情報の内容を法務省令で定める方法により表示したもの）の閲覧を請求することができる。ただし、前項の図面以外のものについては、請求人が利害関係を有する部分に限る。
3　何人も、正当な理由があるときは、登記官に対し、法務省令で定めるところにより、手数料を納付して、登記簿の附属書類（第１項の図面を除き、電	（新設）

改正後	改正前
磁的記録にあっては、記録された情報の内容を法務省令で定める方法により表示したもの。次項において同じ。）の全部又は一部（その正当な理由があると認められる部分に限る。）の閲覧を請求することができる。	
4　前項の規定にかかわらず、登記を申請した者は、登記官に対し、法務省令で定めるところにより、手数料を納付して、自己を申請人とする登記記録に係る登記簿の附属書類の閲覧を請求することができる。	（新設）
5　（略）	3　（同左）
（法務省令への委任）	（法務省令への委任）
第122条　この法律に定めるもののほか、登記簿、地図、建物所在図及び地図に準ずる図面並びに登記簿の附属書類（第154条及び第155条において「登記簿等」という。）の公開に関し必要な事項は、法務省令で定める。	第122条　この法律に定めるもののほか、登記簿、地図、建物所在図及び地図に準ずる図面並びに登記簿の附属書類（第153条及び第155条において「登記簿等」という。）の公開に関し必要な事項は、法務省令で定める。
（筆界特定の申請）	（筆界特定の申請）
第131条　（略）	第131条　（同左）
2～4　（略）	2～4　（同左）
5　第18条の規定は、筆界特定の申請について準用する。この場合において、同条中「不動産を識別するために必要な事項、申請人の氏名又は名称、登記の目的その他の登記の申請に必要な事項として政令で定める情報（以下「申請情報」という。）」とあるのは「第131条第3項各号に掲げる事項に係る情報（第2号、第132条第1項第4号及び第150条において「筆界特定申請情報」という。）」と、「登記所」とあるのは「法務局又は地方法務局」と、同条第2号中「申請情報」とあるのは「筆界特定申請情報」と読み替えるものとする。	5　第18条の規定は、筆界特定の申請について準用する。この場合において、同条中「不動産を識別するために必要な事項、申請人の氏名又は名称、登記の目的その他の登記の申請に必要な事項として政令で定める情報（以下「申請情報」という。）」とあるのは「第131条第2項各号に掲げる事項に係る情報（第2号、第132条第1項第4号及び第150条において「筆界特定申請情報」という。）」と、「登記所」とあるのは「法務局又は地方法務局」と、同条第2号中「申請情報」とあるのは「筆界特定申請情報」と読み替えるものとする。

改　正　後	改　正　前
（筆界特定書等の写しの交付等） 第149条　何人も、登記官に対し、手数料を納付して、筆界特定手続記録のうち筆界特定書又は政令で定める図面の全部又は一部（以下この条及び第154条において「筆界特定書等」という。）の写し（筆界特定書等が電磁的記録をもって作成されているときは、当該記録された情報の内容を証明した書面）の交付を請求することができる。 ２・３　（略）	（筆界特定書等の写しの交付等） 第149条　何人も、登記官に対し、手数料を納付して、筆界特定手続記録のうち筆界特定書又は政令で定める図面の全部又は一部（以下この条及び第153条において「筆界特定書等」という。）の写し（筆界特定書等が電磁的記録をもって作成されているときは、当該記録された情報の内容を証明した書面）の交付を請求することができる。 ２・３　（同左）
第７章　雑則	第７章　（同左）
（情報の提供の求め） 第151条　登記官は、職権による登記をし、又は第14条第１項の地図を作成するために必要な限度で、関係地方公共団体の長その他の者に対し、その対象となる不動産の所有者等（所有権が帰属し、又は帰属していた自然人又は法人（法人でない社団又は財団を含む。）をいう。）に関する情報の提供を求めることができる。	（新設）
（登記識別情報の安全確保） 第152条　（略） ２　（略）	（登記識別情報の安全確保） 第151条　（同左） ２　（同左）
（行政手続法の適用除外） 第153条　（略）	（行政手続法の適用除外） 第152条　（同左）
（行政機関の保有する情報の公開に関する法律の適用除外） 第154条　（略）	（行政機関の保有する情報の公開に関する法律の適用除外） 第153条　（同左）
（削る）	第154条　削除
（秘密を漏らした罪） 第159条　第152条第２項の規定に違反し	（秘密を漏らした罪） 第159条　第151条第２項の規定に違反し

改　正　後	改　正　前
て登記識別情報の作成又は管理に関する秘密を漏らした者は、２年以下の懲役又は100万円以下の罰金に処する。	て登記識別情報の作成又は管理に関する秘密を漏らした者は、２年以下の懲役又は100万円以下の罰金に処する。
（虚偽の登記名義人確認情報を提供した罪） 第160条　第23条第４項第１号（第16条第２項において準用する場合を含む。）の規定による情報の提供をする場合において、虚偽の情報を提供したときは、当該違反行為をした者は、２年以下の懲役又は50万円以下の罰金に処する。	（虚偽の登記名義人確認情報を提供した罪） 第160条　第23条第４項第１号（第16条第２項において準用する場合を含む。）の規定による情報の提供をする場合において、虚偽の情報を提供した者は、２年以下の懲役又は50万円以下の罰金に処する。
（検査の妨害等の罪） 第162条　次の各号のいずれかに該当する場合には、当該違反行為をした者は、30万円以下の罰金に処する。 一　第29条第２項（第16条第２項において準用する場合を含む。次号において同じ。）の規定による検査を拒み、妨げ、又は忌避したとき。 二　第29条第２項の規定による文書若しくは電磁的記録に記録された事項を法務省令で定める方法により表示したものの提示をせず、若しくは虚偽の文書若しくは電磁的記録に記録された事項を法務省令で定める方法により表示したものを提示し、又は質問に対し陳述をせず、若しくは虚偽の陳述をしたとき。 三　第137条第５項の規定に違反して、同条第１項の規定による立入りを拒み、又は妨げたとき。	（検査の妨害等の罪） 第162条　次の各号のいずれかに該当する者は、30万円以下の罰金に処する。 一　第29条第２項（第16条第２項において準用する場合を含む。次号において同じ。）の規定による検査を拒み、妨げ、又は忌避した者 二　第29条第２項の規定による文書若しくは電磁的記録に記録された事項を法務省令で定める方法により表示したものの提示をせず、若しくは虚偽の文書若しくは電磁的記録に記録された事項を法務省令で定める方法により表示したものを提示し、又は質問に対し陳述をせず、若しくは虚偽の陳述をした者 三　第137条第５項の規定に違反して、同条第１項の規定による立入りを拒み、又は妨げた者
（過料） 第164条　第36条、第37条第１項若しくは第２項、第42条、第47条第１項（第49条第２項において準用する場合を含む。）、第49条第１項、第３項若しくは第４項、第51条第１項から第４項ま	（過料） 第164条　第36条、第37条第１項若しくは第２項、第42条、第47条第１項（第49条第２項において準用する場合を含む。）、第49条第１項、第３項若しくは第４項、第51条第１項から第４項ま

改　正　後	改　正　前
で、第57条、第58条第6項若しくは第7項、第76条の2第1項若しくは第2項又は第76条の3第4項の規定による申請をすべき義務がある者が正当な理由がないのにその申請を怠ったときは、10万円以下の過料に処する。 2　第76条の5の規定による申請をすべき義務がある者が正当な理由がないのにその申請を怠ったときは、5万円以下の過料に処する。	で、第57条又は第58条第6項若しくは第7項の規定による申請をすべき義務がある者がその申請を怠ったときは、10万円以下の過料に処する。 （新設）

3　非訟事件手続法（平成23年法律第51号）（第3条関係）

改　正　後	改　正　前
目次 第3編　（略） 第1章　共有に関する事件（第85条―第89条） 第2章　土地等の管理に関する事件（第90条―第92条） 第3章　供託等に関する事件（第93条―第98条）	目次 第3編　（同左） 第1章　削除 第2章　保存、供託等に関する事件（第92条―第98条）
第1章　共有に関する事件	第1章　削除
（共有物の管理に係る決定） 第85条　次に掲げる裁判に係る事件は、当該裁判に係る共有物又は民法（明治29年法律第89号）第264条に規定する数人で所有権以外の財産権を有する場合における当該財産権（以下この条において単に「共有物」という。）の所在地を管轄する地方裁判所の管轄に属する。 一　民法第251条第2項、第252条第2項第1号及び第252条の2第2項（これらの規定を同法第264条において準用する場合を含む。）の規定による裁判	第85条から第91条まで　削除

改　正　後	改　正　前
二　民法第252条第２項第２号（同法第264条において準用する場合を含む。第３項において同じ。）の規定による裁判 ２　前項第１号の裁判については、裁判所が次に掲げる事項を公告し、かつ、第２号の期間が経過した後でなければ、することができない。この場合において、同号の期間は、１箇月を下ってはならない。 一　当該共有物について前項第１号の裁判の申立てがあったこと。 二　裁判所が前項第１号の裁判をすることについて異議があるときは、当該他の共有者等（民法第251条第２項（同法第264条において準用する場合を含む。）に規定する当該他の共有者、同法第252条第２項第１号（同法第264条において準用する場合を含む。）に規定する他の共有者又は同法第252条の２第２項（同法第264条において準用する場合を含む。）に規定する当該共有者をいう。第６項において同じ。）は一定の期間内にその旨の届出をすべきこと。 三　前号の届出がないときは、前項第１号の裁判がされること。 ３　第１項第２号の裁判については、裁判所が次に掲げる事項を当該他の共有者（民法第252条第２項第２号に規定する当該他の共有者をいう。以下この項及び次項において同じ。）に通知し、かつ、第２号の期間が経過した後でなければ、することができない。この場合において、同号の期間は、１箇月を下ってはならない。 一　当該共有物について第１項第２号の裁判の申立てがあったこと。 二　当該他の共有者は裁判所に対し一定の期間内に共有物の管理に関する	

改　正　後	改　正　前
事項を決することについて賛否を明らかにすべきこと。 三　前号の期間内に当該他の共有者が裁判所に対し共有物の管理に関する事項を決することについて賛否を明らかにしないときは、第１項第２号の裁判がされること。 ４　前項第２号の期間内に裁判所に対し共有物の管理に関する事項を決することについて賛否を明らかにした当該他の共有者があるときは、裁判所は、その者に係る第１項第２号の裁判をすることができない。 ５　第１項各号の裁判は、確定しなければその効力を生じない。 ６　第１項第１号の裁判は、当該他の共有者等に告知することを要しない。 （共有物分割の証書の保存者の指定） 第86条　民法第262条第３項の規定による証書の保存者の指定の事件は、共有物の分割がされた地を管轄する地方裁判所の管轄に属する。 ２　裁判所は、前項の指定の裁判をするには、分割者（申立人を除く。）の陳述を聴かなければならない。 ３　裁判所が前項の裁判をする場合における手続費用は、分割者の全員が等しい割合で負担する。 ４　第２項の裁判に対しては、不服を申し立てることができない。 （所在等不明共有者の持分の取得） 第87条　所在等不明共有者の持分の取得の裁判（民法第262条の２第１項（同条第５項において準用する場合を含む。次項第１号において同じ。）の規定による所在等不明共有者の持分の取得の裁判をいう。以下この条において同じ。）に係る事件は、当該裁判に係	

改　正　後	改　正　前
る不動産の所在地を管轄する地方裁判所の管轄に属する。 2　裁判所は、次に掲げる事項を公告し、かつ、第2号、第3号及び第5号の期間が経過した後でなければ、所在等不明共有者の持分の取得の裁判をすることができない。この場合において、第2号、第3号及び第5号の期間は、いずれも3箇月を下ってはならない。 一　所在等不明共有者（民法第262条の2第1項に規定する所在等不明共有者をいう。以下この条において同じ。）の持分について所在等不明共有者の持分の取得の裁判の申立てがあったこと。 二　裁判所が所在等不明共有者の持分の取得の裁判をすることについて異議があるときは、所在等不明共有者は一定の期間内にその旨の届出をすべきこと。 三　民法第262条の2第2項（同条第5項において準用する場合を含む。）の異議の届出は、一定の期間内にすべきこと。 四　前2号の届出がないときは、所在等不明共有者の持分の取得の裁判がされること。 五　所在等不明共有者の持分の取得の裁判の申立てがあった所在等不明共有者の持分について申立人以外の共有者が所在等不明共有者の持分の取得の裁判の申立てをするときは一定の期間内にその申立てをすべきこと。 3　裁判所は、前項の規定による公告をしたときは、遅滞なく、登記簿上その氏名又は名称が判明している共有者に対し、同項各号（第2号を除く。）の規定により公告した事項を通知しなければならない。この通知は、通知を受ける者の登記簿上の住所又は事務所に	

改　正　後	改　正　前
宛てて発すれば足りる。 4　裁判所は、第2項第3号の異議の届出が同号の期間を経過した後にされたときは、当該届出を却下しなければならない。 5　裁判所は、所在等不明共有者の持分の取得の裁判をするには、申立人に対して、一定の期間内に、所在等不明共有者のために、裁判所が定める額の金銭を裁判所の指定する供託所に供託し、かつ、その旨を届け出るべきことを命じなければならない。 6　裁判所は、前項の規定による決定をした後所在等不明共有者の持分の取得の裁判をするまでの間に、事情の変更により同項の規定による決定で定めた額を不当と認めるに至ったときは、同項の規定により供託すべき金銭の額を変更しなければならない。 7　前2項の規定による裁判に対しては、即時抗告をすることができる。 8　裁判所は、申立人が第5項の規定による決定に従わないときは、その申立人の申立てを却下しなければならない。 9　所在等不明共有者の持分の取得の裁判は、確定しなければその効力を生じない。 10　所在等不明共有者の持分の取得の裁判は、所在等不明共有者に告知することを要しない。 11　所在等不明共有者の持分の取得の裁判の申立てを受けた裁判所が第2項の規定による公告をした場合において、その申立てがあった所在等不明共有者の持分について申立人以外の共有者が同項第五号の期間が経過した後に所在等不明共有者の持分の取得の裁判の申立てをしたときは、裁判所は、当該申立人以外の共有者による所在等不明共有者の持分の取得の裁判の申立てを却	

改　正　後	改　正　前
下しなければならない。	
（所在等不明共有者の持分を譲渡する権限の付与） 第88条　所在等不明共有者の持分を譲渡する権限の付与の裁判（民法第262条の３第１項（同条第４項において準用する場合を含む。第３項において同じ。）の規定による所在等不明共有者の持分を譲渡する権限の付与の裁判をいう。第３項において同じ。）に係る事件は、当該裁判に係る不動産の所在地を管轄する地方裁判所の管轄に属する。 ２　前条第２項第１号、第２号及び第４号並びに第５項から第10項までの規定は、前項の事件について準用する。 ３　所在等不明共有者の持分を譲渡する権限の付与の裁判の効力が生じた後２箇月以内にその裁判により付与された権限に基づく所在等不明共有者（民法第262条の３第１項に規定する所在等不明共有者をいう。）の持分の譲渡の効力が生じないときは、その裁判は、その効力を失う。ただし、この期間は、裁判所において伸長することができる。	
（検察官の不関与） 第89条　第40条の規定は、この章の規定による非訟事件の手続には、適用しない。	
第２章　土地等の管理に関する事件	（新設）
（所有者不明土地管理命令及び所有者不明建物管理命令） 第90条　民法第２編第３章第４節の規定による非訟事件は、裁判を求める事項に係る不動産の所在地を管轄する地方裁判所の管轄に属する。	

改　正　後	改　正　前
2　裁判所は、次に掲げる事項を公告し、かつ、第2号の期間が経過した後でなければ、所有者不明土地管理命令（民法第264条の2第1項に規定する所有者不明土地管理命令をいう。以下この条において同じ。）をすることができない。この場合において、同号の期間は、1箇月を下ってはならない。 一　所有者不明土地管理命令の申立てがその対象となるべき土地又は共有持分についてあったこと。 二　所有者不明土地管理命令をすることについて異議があるときは、所有者不明土地管理命令の対象となるべき土地又は共有持分を有する者は一定の期間内にその旨の届出をすべきこと。 三　前号の届出がないときは、所有者不明土地管理命令がされること。 3　民法第264条の3第2項又は第264条の6第2項の許可の申立てをする場合には、その許可を求める理由を疎明しなければならない。 4　裁判所は、民法第264条の6第1項の規定による解任の裁判又は同法第264条の7第1項の規定による費用若しくは報酬の額を定める裁判をする場合には、所有者不明土地管理人（同法第264条の2第4項に規定する所有者不明土地管理人をいう。以下この条において同じ。）の陳述を聴かなければならない。 5　次に掲げる裁判には、理由を付さなければならない。 一　所有者不明土地管理命令の申立てを却下する裁判 二　民法第264条の3第2項又は第264条の6第2項の許可の申立てを却下する裁判 三　民法第264条の6第1項の規定に	

改正後	改正前
よる解任の申立てについての裁判 6　所有者不明土地管理命令があった場合には、裁判所書記官は、職権で、遅滞なく、所有者不明土地管理命令の対象とされた土地又は共有持分について、所有者不明土地管理命令の登記を嘱託しなければならない。 7　所有者不明土地管理命令を取り消す裁判があったときは、裁判所書記官は、職権で、遅滞なく、所有者不明土地管理命令の登記の抹消を嘱託しなければならない。 8　所有者不明土地管理人は、所有者不明土地管理命令の対象とされた土地又は共有持分及び所有者不明土地管理命令の効力が及ぶ動産の管理、処分その他の事由により金銭が生じたときは、その土地の所有者又はその共有持分を有する者のために、当該金銭を所有者不明土地管理命令の対象とされた土地（共有持分を対象として所有者不明土地管理命令が発せられた場合にあっては、共有物である土地）の所在地の供託所に供託することができる。この場合において、供託をしたときは、法務省令で定めるところにより、その旨その他法務省令で定める事項を公告しなければならない。 9　裁判所は、所有者不明土地管理命令を変更し、又は取り消すことができる。 10　裁判所は、管理すべき財産がなくなったとき（管理すべき財産の全部が供託されたときを含む。）その他財産の管理を継続することが相当でなくなったときは、所有者不明土地管理人若しくは利害関係人の申立てにより又は職権で、所有者不明土地管理命令を取り消さなければならない。 11　所有者不明土地等（民法第264条の3第1項に規定する所有者不明土地等	

改　正　後	改　正　前
をいう。以下この条において同じ。）の所有者（その共有持分を有する者を含む。以下この条において同じ。）が所有者不明土地等の所有権（その共有持分を含む。）が自己に帰属することを証明したときは、裁判所は、当該所有者の申立てにより、所有者不明土地管理命令を取り消さなければならない。この場合において、所有者不明土地管理命令が取り消されたときは、所有者不明土地管理人は、当該所有者に対し、その事務の経過及び結果を報告し、当該所有者に帰属することが証明された財産を引き渡さなければならない。 12　所有者不明土地管理命令及びその変更の裁判は、所有者不明土地等の所有者に告知することを要しない。 13　所有者不明土地管理命令の取消しの裁判は、事件の記録上所有者不明土地等の所有者及びその所在が判明している場合に限り、その所有者に告知すれば足りる。 14　次の各号に掲げる裁判に対しては、当該各号に定める者に限り、即時抗告をすることができる。 一　所有者不明土地管理命令　利害関係人 二　民法第264条の６第１項の規定による解任の裁判　利害関係人 三　民法第264条の７第１項の規定による費用又は報酬の額を定める裁判　所有者不明土地管理人 四　第９項から第11項までの規定による変更又は取消しの裁判　利害関係人 15　次に掲げる裁判に対しては、不服を申し立てることができない。 一　民法第264条の２第４項の規定による所有者不明土地管理人の選任の	

改　正　後	改　正　前
裁判 二　民法第264条の3第2項又は第264条の6第2項の許可の裁判 16　第2項から前項までの規定は、民法第264条の8第1項に規定する所有者不明建物管理命令及び同条第4項に規定する所有者不明建物管理人について準用する。 （管理不全土地管理命令及び管理不全建物管理命令） 第91条　民法第2編第3章第5節の規定による非訟事件は、裁判を求める事項に係る不動産の所在地を管轄する地方裁判所の管轄に属する。 2　民法第264条の10第2項又は第264条の12第2項の許可の申立てをする場合には、その許可を求める理由を疎明しなければならない。 3　裁判所は、次の各号に掲げる裁判をする場合には、当該各号に定める者の陳述を聴かなければならない。ただし、第1号に掲げる裁判をする場合において、その陳述を聴く手続を経ることにより当該裁判の申立ての目的を達することができない事情があるときは、この限りでない。 一　管理不全土地管理命令（民法第264条の9第1項に規定する管理不全土地管理命令をいう。以下この条において同じ。）　管理不全土地管理命令の対象となるべき土地の所有者 二　民法第264条の10第2項の許可の裁判　管理不全土地管理命令の対象とされた土地の所有者 三　民法第264条の12第1項の規定による解任の裁判　管理不全土地管理人（同法第264条の9第3項に規定する管理不全土地管理人をいう。以下この条において同じ。）	

改　正　後	改　正　前
四　民法第264条の13第１項の規定による費用の額を定める裁判　管理不全土地管理人 五　民法第264条の13第１項の規定による報酬の額を定める裁判　管理不全土地管理人及び管理不全土地管理命令の対象とされた土地の所有者 ４　次に掲げる裁判には、理由を付さなければならない。 一　管理不全土地管理命令の申立てについての裁判 二　民法第264条の10第２項の許可の申立てについての裁判 三　民法第264条の12第１項の規定による解任の申立てについての裁判 四　民法第264条の12第２項の許可の申立てを却下する裁判 ５　管理不全土地管理人は、管理不全土地管理命令の対象とされた土地及び管理不全土地管理命令の効力が及ぶ動産の管理、処分その他の事由により金銭が生じたときは、その土地の所有者（その共有持分を有する者を含む。）のために、当該金銭を管理不全土地管理命令の対象とされた土地の所在地の供託所に供託することができる。この場合において、供託をしたときは、法務省令で定めるところにより、その旨その他法務省令で定める事項を公告しなければならない。 ６　裁判所は、管理不全土地管理命令を変更し、又は取り消すことができる。 ７　裁判所は、管理すべき財産がなくなったとき（管理すべき財産の全部が供託されたときを含む。）その他財産の管理を継続することが相当でなくなったときは、管理不全土地管理人若しくは利害関係人の申立てにより又は職権で、管理不全土地管理命令を取り消さなければならない。	

改　正　後	改　正　前
8　次の各号に掲げる裁判に対しては、当該各号に定める者に限り、即時抗告をすることができる。 一　管理不全土地管理命令　利害関係人 二　民法第264条の10第2項の許可の裁判　管理不全土地管理命令の対象とされた土地の所有者 三　民法第264条の12第1項の規定による解任の裁判　利害関係人 四　民法第264条の13第1項の規定による費用の額を定める裁判　管理不全土地管理人 五　民法第264条の13第1項の規定による報酬の額を定める裁判　管理不全土地管理人及び管理不全土地管理命令の対象とされた土地の所有者 六　前2項の規定による変更又は取消しの裁判　利害関係人 9　次に掲げる裁判に対しては、不服を申し立てることができない。 一　民法第264条の9第3項の規定による管理不全土地管理人の選任の裁判 二　民法第264条の12第2項の許可の裁判 10　第2項から前項までの規定は、民法第264条の14第1項に規定する管理不全建物管理命令及び同条第3項に規定する管理不全建物管理人について準用する。	
（削る）	第2章　保存、供託等に関する事件
（適用除外） 第92条　第40条及び第57条第2項第2号の規定は、この章の規定による非訟事件の手続には、適用しない。	（共有物分割の証書の保存者の指定） 第92条　民法（明治29年法律第89号）第262条第3項の規定による証書の保存者の指定の事件は、共有物の分割がされた地を管轄する地方裁判所の管轄に

改　正　後	改　正　前
	属する。 2　裁判所は、前項の指定の裁判をするには、分割者（申立人を除く。）の陳述を聴かなければならない。 3　裁判所が前項の裁判をする場合における手続費用は、分割者の全員が等しい割合で負担する。
第３章　供託等に関する事件	（新設）

4　家事事件手続法（平成23年法律第52号）（第４条関係）

改　正　後	改　正　前
目次 第２編　（略） 第２章　（略） 第12節　相続の場合における祭具等の所有権の承継者の指定の審判事件（第190条） 第12節の２　相続財産の保存に関する処分の審判事件（第190条の２）	目次 第２編　（同左） 第２章　（同左） 第12節　相続の場合における祭具等の所有権の承継者の指定の審判事件（第190条）
（相続に関する審判事件の管轄権） 第３条の11　（略） ２　（略） ３　裁判所は、第１項に規定する場合のほか、推定相続人の廃除の審判又はその取消しの審判の確定前の遺産の管理に関する処分の審判事件（別表第１の88の項の事項についての審判事件をいう。第189条第１項及び第２項において同じ。）、相続財産の保存に関する処分の審判事件（同表の89の項の事項についての審判事件をいう。第190条の２において同じ。）、限定承認を受理した場合における相続財産の清算人の選任の審判事件（同表の94の項の事項についての審判事件をいう。）、財産分離	（相続に関する審判事件の管轄権） 第３条の11　（同左） ２　（同左） ３　裁判所は、第１項に規定する場合のほか、推定相続人の廃除の審判又はその取消しの審判の確定前の遺産の管理に関する処分の審判事件（別表第１の88の項の事項についての審判事件をいう。第189条第１項及び第２項において同じ。）、相続財産の保存又は管理に関する処分の審判事件（同表の90の項の事項についての審判事件をいう。第201条第10項において同じ。）、限定承認を受理した場合における相続財産の管理人の選任の審判事件（同表の94の項の事項についての審判事件をい

改　正　後	改　正　前
の請求後の相続財産の管理に関する処分の審判事件（同表の97の項の事項についての審判事件をいう。第202条第１項第２号及び第３項において同じ。）及び相続人の不存在の場合における相続財産の清算に関する処分の審判事件（同表の99の項の事項についての審判事件をいう。以下同じ。）について、相続財産に属する財産が日本国内にあるときは、管轄権を有する。 ４・５　（略）	う。）、財産分離の請求後の相続財産の管理に関する処分の審判事件（同表の97の項の事項についての審判事件をいう。第202条第１項第２号及び第３項において同じ。）及び相続人の不存在の場合における相続財産の管理に関する処分の審判事件（同表の99の項の事項についての審判事件をいう。以下同じ。）について、相続財産に属する財産が日本国内にあるときは、管轄権を有する。 ４・５　（同左）
（家事審判の申立ての取下げ） 第82条　（略） ２　（略） ３　前項ただし書、第153条（第199条第１項において準用する場合を含む。）及び第199条第２項の規定により申立ての取下げについて相手方の同意を要する場合においては、家庭裁判所は、相手方に対し、申立ての取下げがあったことを通知しなければならない。ただし、申立ての取下げが家事審判の手続の期日において口頭でされた場合において、相手方がその期日に出頭したときは、この限りでない。 ４・５　（略）	（家事審判の申立ての取下げ） 第82条　（同左） ２　（同左） ３　前項ただし書及び第153条（第199条において準用する場合を含む。）の規定により申立ての取下げについて相手方の同意を要する場合においては、家庭裁判所は、相手方に対し、申立ての取下げがあったことを通知しなければならない。ただし、申立ての取下げが家事審判の手続の期日において口頭でされた場合において、相手方がその期日に出頭したときは、この限りでない。 ４・５　（同左）
（家事審判の申立ての取下げの擬制） 第83条　家事審判の申立人（第153条（第199条第１項において準用する場合を含む。）及び第199条第２項の規定により申立ての取下げについて相手方の同意を要する場合にあっては、当事者双方）が、連続して２回、呼出しを受けた家事審判の手続の期日に出頭せず、又は呼出しを受けた家事審判の手続の期日において陳述をしないで退席をしたときは、家庭裁判所は、申立ての	（家事審判の申立ての取下げの擬制） 第83条　家事審判の申立人（第153条（第199条において準用する場合を含む。）の規定により申立ての取下げについて相手方の同意を要する場合にあっては、当事者双方）が、連続して２回、呼出しを受けた家事審判の手続の期日に出頭せず、又は呼出しを受けた家事審判の手続の期日において陳述をしないで退席をしたときは、家庭裁判所は、申立ての取下げがあったものとみなす

改　正　後	改　正　前
取下げがあったものとみなすことができる。	ことができる。
（管理人の改任等） 第146条　（略）	（管理人の改任等） 第146条　（同左）
２　家庭裁判所は、民法第25条第１項の規定により選任し、又は同法第26条の規定により改任した管理人及び前項の規定により改任した管理人（第４項及び第６項、次条並びに第147条において「家庭裁判所が選任した管理人」という。）に対し、財産の状況の報告及び管理の計算を命ずることができる。同法第27条第２項の場合においては、不在者が置いた管理人に対しても、同様とする。	２　家庭裁判所は、民法第25条第１項の規定により選任し、又は同法第26条の規定により改任した管理人及び前項の規定により改任した管理人（第４項及び第６項において「家庭裁判所が選任した管理人」という。）に対し、財産の状況の報告及び管理の計算を命ずることができる。同法第27条第２項の場合においては、不在者が置いた管理人に対しても、同様とする。
３　（略）	３　（同左）
４　家庭裁判所は、管理人（家庭裁判所が選任した管理人及び不在者が置いた管理人をいう。次項及び第147条において同じ。）に対し、その提供した担保の増減、変更又は免除を命ずることができる。	４　家庭裁判所は、管理人（家庭裁判所が選任した管理人及び不在者が置いた管理人をいう。次項及び次条において同じ。）に対し、その提供した担保の増減、変更又は免除を命ずることができる。
５・６　（略）	５・６　（同左）
（供託等） 第146条の２　家庭裁判所が選任した管理人は、不在者の財産の管理、処分その他の事由により金銭が生じたときは、不在者のために、当該金銭を不在者の財産の管理に関する処分を命じた裁判所の所在地を管轄する家庭裁判所の管轄区域内の供託所に供託することができる。	（新設）
２　家庭裁判所が選任した管理人は、前項の規定による供託をしたときは、法務省令で定めるところにより、その旨その他法務省令で定める事項を公告しなければならない。	

改　正　後	改　正　前
（処分の取消し） 第147条　家庭裁判所は、不在者が財産を管理することができるようになったとき、管理すべき財産がなくなったとき（家庭裁判所が選任した管理人が管理すべき財産の全部が供託されたときを含む。）その他財産の管理を継続することが相当でなくなったときは、不在者、管理人若しくは利害関係人の申立てにより又は職権で、民法第25条第1項の規定による管理人の選任その他の不在者の財産の管理に関する処分の取消しの審判をしなければならない。	（処分の取消し） 第147条　家庭裁判所は、不在者が財産を管理することができるようになったとき、管理すべき財産がなくなったときその他財産の管理を継続することが相当でなくなったときは、不在者、管理人若しくは利害関係人の申立てにより又は職権で、民法第25条第1項の規定による管理人の選任その他の不在者の財産の管理に関する処分の取消しの審判をしなければならない。
第12節の2　相続財産の保存に関する処分の審判事件	（新設）
第190条の2　相続財産の保存に関する処分の審判事件は、相続が開始した地を管轄する家庭裁判所の管轄に属する。 2　第125条第1項から第6項まで、第146条の2及び第147条の規定は、相続財産の保存に関する処分の審判事件について準用する。この場合において、第125条第3項中「成年被後見人の財産」とあるのは、「相続財産」と読み替えるものとする。	（新設）
（申立ての取下げの制限） 第199条　（略） 2　第82条第2項の規定にかかわらず、遺産の分割の審判の申立ての取下げは、相続開始の時から10年を経過した後にあっては、相手方の同意を得なければ、その効力を生じない。	（申立ての取下げの制限に関する規定の準用） 第199条　（同左） （新設）
第201条　相続の承認及び放棄に関する審判事件（別表第一の90の項から95の	第201条　相続の承認及び放棄に関する審判事件（別表第一の89の項から95の

改　正　後	改　正　前
項までの事項についての審判事件をいう。）は、相続が開始した地を管轄する家庭裁判所の管轄に属する。	項までの事項についての審判事件をいう。）は、相続が開始した地を管轄する家庭裁判所の管轄に属する。
2　（略）	2　（同左）
3　家庭裁判所（抗告裁判所が限定承認の申述を受理した場合にあっては、その裁判所）は、相続人が数人ある場合において、限定承認の申述を受理したときは、職権で、民法第936条第１項の規定により相続財産の清算人を選任しなければならない。	3　家庭裁判所（抗告裁判所が限定承認の申述を受理した場合にあっては、その裁判所）は、相続人が数人ある場合において、限定承認の申述を受理したときは、職権で、民法第936条第１項の規定により相続財産の管理人を選任しなければならない。
4～9　（略）	4～9　（同左）
（削る）	10　第125条の規定は、相続財産の保存又は管理に関する処分の審判事件について準用する。この場合において、同条第３項中「成年被後見人の財産」とあるのは、「相続財産」と読み替えるものとする。
（管轄）	（管轄）
第203条　次の各号に掲げる審判事件は、当該各号に定める家庭裁判所の管轄に属する。	第203条　次の各号に掲げる審判事件は、当該各号に定める家庭裁判所の管轄に属する。
一　相続人の不存在の場合における相続財産の清算に関する処分の審判事件　相続が開始した地を管轄する家庭裁判所	一　相続人の不存在の場合における相続財産の管理に関する処分の審判事件　相続が開始した地を管轄する家庭裁判所
二　相続人の不存在の場合における鑑定人の選任の審判事件（別表第一の100の項の事項についての審判事件をいう。）　相続人の不存在の場合における相続財産の清算に関する処分の審判事件において相続財産の清算人の選任の審判をした家庭裁判所	二　相続人の不存在の場合における鑑定人の選任の審判事件（別表第一の100の項の事項についての審判事件をいう。）　相続人の不存在の場合における相続財産の管理に関する処分の審判事件において相続財産の管理人の選任の審判をした家庭裁判所
三　（略）	三　（同左）
（特別縁故者に対する相続財産の分与の審判）	（特別縁故者に対する相続財産の分与の審判）
第204条　特別縁故者に対する相続財産の分与の申立てについての審判は、民	第204条　特別縁故者に対する相続財産の分与の申立てについての審判は、民

改　正　後	改　正　前
法第952条第２項の期間の満了後３月を経過した後にしなければならない。	法第958条の期間の満了後３月を経過した後にしなければならない。
２　（略）	２　（同左）
（意見の聴取）	（意見の聴取）
第205条　家庭裁判所は、特別縁故者に対する相続財産の分与の申立てについての審判をする場合には、民法第952条第１項の規定により選任し、又は第208条において準用する第125条第１項の規定により改任した相続財産の清算人（次条及び第207条において単に「相続財産の清算人」という。）の意見を聴かなければならない。	第205条　家庭裁判所は、特別縁故者に対する相続財産の分与の申立てについての審判をする場合には、民法第952条第１項の規定により選任し、又は第208条において準用する第125条第１項の規定により改任した相続財産の管理人（次条及び第207条において単に「相続財産の管理人」という。）の意見を聴かなければならない。
（即時抗告）	（即時抗告）
第206条　次の各号に掲げる審判に対しては、当該各号に定める者は、即時抗告をすることができる。	第206条　次の各号に掲げる審判に対しては、当該各号に定める者は、即時抗告をすることができる。
一　特別縁故者に対する相続財産の分与の審判　申立人及び相続財産の清算人	一　特別縁故者に対する相続財産の分与の審判　申立人及び相続財産の管理人
二　（略）	二　（同左）
２　第204条第２項の規定により審判が併合してされたときは、申立人の一人又は相続財産の清算人がした即時抗告は、申立人の全員に対してその効力を生ずる。	２　第204条第２項の規定により審判が併合してされたときは、申立人の一人又は相続財産の管理人がした即時抗告は、申立人の全員に対してその効力を生ずる。
（相続財産の換価を命ずる裁判）	（相続財産の換価を命ずる裁判）
第207条　第194条第１項、第２項本文、第３項から第５項まで及び第７項の規定は、特別縁故者に対する相続財産の分与の審判事件について準用する。この場合において、同条第１項及び第７項中「相続人」とあり、並びに同条第２項中「相続人の意見を聴き、相続人」とあるのは「相続財産の清算人」と、同条第３項中「相続人」とあるのは「特別縁故者に対する相続財産の分与の申	第207条　第194条第１項、第２項本文、第３項から第５項まで及び第７項の規定は、特別縁故者に対する相続財産の分与の審判事件について準用する。この場合において、同条第１項及び第７項中「相続人」とあり、並びに同条第２項中「相続人の意見を聴き、相続人」とあるのは「相続財産の管理人」と、同条第３項中「相続人」とあるのは「特別縁故者に対する相続財産の分与の申

改　正　後	改　正　前
立人若しくは相続財産の清算人」と、同条第4項中「当事者」とあるのは「申立人」と、同条第5項中「相続人」とあるのは「特別縁故者に対する相続財産の分与の申立人及び相続財産の清算人」と読み替えるものとする。	立人若しくは相続財産の管理人」と、同条第4項中「当事者」とあるのは「申立人」と、同条第5項中「相続人」とあるのは「特別縁故者に対する相続財産の分与の申立人及び相続財産の管理人」と読み替えるものとする。
（管理者の改任等に関する規定の準用）	（管理者の改任等に関する規定の準用）
第208条　第125条の規定は、相続人の不存在の場合における相続財産の清算に関する処分の審判事件について準用する。この場合において、同条第3項中「成年被後見人の財産」とあるのは、「相続財産」と読み替えるものとする。	第208条　第125条の規定は、相続人の不存在の場合における相続財産の管理に関する処分の審判事件について準用する。この場合において、同条第3項中「成年被後見人の財産」とあるのは、「相続財産」と読み替えるものとする。
（家事調停の申立ての取下げ）	（家事調停の申立ての取下げ）
第273条　家事調停の申立ては、家事調停事件が終了するまで、その全部又は一部を取り下げることができる。	第273条　家事調停の申立ては、家事調停事件が終了するまで、その全部又は一部を取り下げることができる。
2　前項の規定にかかわらず、遺産の分割の調停の申立ての取下げは、相続開始の時から10年を経過した後にあっては、相手方の同意を得なければ、その効力を生じない。	（新設）
3　第82条第3項及び第4項並びに民事訴訟法第261条第3項及び第262条第1項の規定は、家事調停の申立ての取下げについて準用する。この場合において、第82条第3項中「前項ただし書、第153条（第199条第1項において準用する場合を含む。）及び第199条第2項」とあるのは「第273条第2項」と、同法第261条第3項ただし書中「口頭弁論、弁論準備手続又は和解の期日（以下この章において「口頭弁論等の期日」という。）」とあるのは「家事調停の手続の期日」と読み替えるものとする。	2　民事訴訟法第261条第3項及び第262条第1項の規定は、家事調停の申立ての取下げについて準用する。この場合において、同法第261条第3項ただし書中「口頭弁論、弁論準備手続又は和解の期日（以下この章において「口頭弁論等の期日」という。）」とあるのは、「家事調停の手続の期日」と読み替えるものとする。

改正後			改正前		
別表第一（略）			別表第一（同左）		
項	事項	根拠となる法律の規定	項	事項	根拠となる法律の規定
（略）			（同左）		
相続財産の保存			（新設）		
89	相続財産の保存に関する処分	民法第897条の2第1項及び第2項	（新設）	（新設）	（新設）
相続の承認及び放棄			（同左）		
（削る）	（削る）	（削る）	89	相続の承認又は放棄をすべき期間の伸長	民法第915条第1項ただし書
90	相続の承認又は放棄をすべき期間の伸長	民法第915条第1項ただし書	90	相続財産の保存又は管理に関する処分	民法第918条第2項及び第3項（これらの規定を同法第926条第2項（同法第936条第3項において準用する場合を含む。）及び第940条第2項において準用する場合を含む。）
（略）			（同左）		
94	限定承認を受理した場合における相続財産の清算人の選任	民法第936条第1項	94	限定承認を受理した場合における相続財産の管理人の選任	民法第936条第1項
（略）			（同左）		
99	相続人の不存在の場合における相続財産の清算に関する処分	民法第952条及び第953条	99	相続人の不存在の場合における相続財産の管理に関する処分	民法第952条、第953条及び第958条

<table>
<tr><th>改　正　後</th><th>改　正　前</th></tr>
<tr>
<td>
<table>
<tr><td colspan="3">（略）</td></tr>
<tr><td>101</td><td>特別縁故者に対する相続財産の分与</td><td>民法第958条の2第1項</td></tr>
<tr><td colspan="3">（略）</td></tr>
</table>
別表第二（略）
<table>
<tr><td>項</td><td>事項</td><td>根拠となる法律の規定</td></tr>
<tr><td colspan="3">（略）</td></tr>
<tr><td>13</td><td>遺産の分割の禁止</td><td>民法第908条第4項及び第5項</td></tr>
<tr><td colspan="3">（略）</td></tr>
</table>
</td>
<td>
<table>
<tr><td colspan="3">（同左）</td></tr>
<tr><td>101</td><td>特別縁故者に対する相続財産の分与</td><td>民法第958条の3第1項</td></tr>
<tr><td colspan="3">（同左）</td></tr>
</table>
別表第二（同左）
<table>
<tr><td>項</td><td>事項</td><td>根拠となる法律の規定</td></tr>
<tr><td colspan="3">（同左）</td></tr>
<tr><td>13</td><td>遺産の分割の禁止</td><td>民法第907条第3項</td></tr>
<tr><td colspan="3">（同左）</td></tr>
</table>
</td>
</tr>
</table>

5　外国法人の登記及び夫婦財産契約の登記に関する法律（明治31年法律第14号）（附則第8条関係）

改　正　後	改　正　前
（不動産登記法の準用） 第8条　不動産登記法（平成16年法律第123号）第7条から第11条まで、第13条、第16条第1項、第18条、第24条、第25条第1号から第9号まで及び第12号、第67条第1項から第3項まで、第71条、第119条（第6項を除く。）、第121条第3項から第5項まで、第153条から第156条まで、第157条第1項から第3項まで、第5項及び第6項並びに第158条の規定は、夫婦財産契約に関する登記について準用する。この場合において、同法第18条中「政令」とあるのは、「法務省令」と読み替えるものとする。	（不動産登記法の準用） 第8条　不動産登記法（平成16年法律第123号）第7条から第11条まで、第13条、第16条第1項、第18条、第24条、第25条第1号から第9号まで及び第12号、第67条第1項から第3項まで、第71条、第119条、第121条第2項及び第3項、第152条から第156条まで、第157条第1項から第3項まで、第5項及び第6項並びに第158条の規定は、夫婦財産契約に関する登記について準用する。この場合において、同法第18条中「政令」とあるのは、「法務省令」と読み替えるものとする。

６　抵当証券法（昭和６年法律第15号）（附則第10条関係）

改　正　後	改　正　前
第41条　不動産登記法第８条、第10条、第23条第１項、第３項及第４項、第24条、第119条第１項、第３項及第４項、第121条第３項乃至第５項、第154条乃至第156条、第157条（第４項ヲ除ク）並ニ第158条ノ規定ハ抵当証券ニ付之ヲ準用ス此ノ場合ニ於テハ同法第23条第１項中「前条」トアルハ「抵当証券法（昭和６年法律第15号）第３条第１項」ト、「同条ただし書の規定」トアルハ「正当な理由」ト、同法第119条第１項中「登記記録に記録されている事項の全部又は一部を証明した書面（以下「登記事項証明書」という。）」トアリ並ニ同条第３項及第４項中「登記事項証明書」トアルハ「抵当証券の控えの謄本又は抄本」ト、同法第121条第３項中「登記簿の附属書類（第１項の図面を除き、」トアルハ「抵当証券の控え及びその附属書類（」ト、同条第４項中「登記を」トアルハ「抵当証券の交付を」ト、「登記記録に係る登記簿の附属書類」トアルハ「抵当証券の控え及びその附属書類」ト、同条第５項中「登記簿の附属書類」トアルハ「抵当証券の控え及びその附属書類」ト、同法第154条中「登記簿等及び」トアルハ「抵当証券の控え及びその附属書類並びに」ト、同法第155条中「登記簿等」トアルハ「抵当証券の控え及びその附属書類」ト読替フルモノトス	第41条　不動産登記法第８条、第10条、第23条第１項、第３項及第４項、第24条、第119条第１項、第３項及第４項、第121条第２項及第３項、第153条、第155条、第156条、第157条（第４項ヲ除ク）並ニ第158条ノ規定ハ抵当証券ニ付之ヲ準用ス此ノ場合ニ於テハ同法第23条第１項中「前条」トアルハ「抵当証券法（昭和６年法律第15号）第３条第１項」ト、「同条ただし書の規定」トアルハ「正当な理由」ト、同法第119条第１項中「登記記録に記録されている事項の全部又は一部を証明した書面（以下「登記事項証明書」という。）」トアリ並ニ同条第３項及第４項中「登記事項証明書」トアルハ「抵当証券の控えの謄本又は抄本」ト、同法第121条第２項及第３項中「登記簿の附属書類」トアリ並ニ同法第153条及第155条中「登記簿等」トアルハ「抵当証券の控え及びその附属書類」ト読替フルモノトス

7　大麻取締法（昭和23年法律第124号）（附則第12条関係）

改　正　後	改　正　前
第10条　（略） 2　大麻取扱者が死亡又は解散したときは、相続人（相続人のあることが明らかでないときは、相続財産の管理人又は相続財産の清算人）又は清算人は、厚生労働省令の定めるところにより、その旨を都道府県知事に届け出なければならない。 3～7　（略）	第10条　（同左） 2　大麻取扱者が死亡又は解散したときは、相続人（相続人のあることが明らかでないときは、相続財産の管理人。以下同じ。）又は清算人は、厚生労働省令の定めるところにより、その旨を都道府県知事に届け出なければならない。 3～7　（同左）

8　相続税法（昭和25年法律第73号）（附則第13条関係）

改　正　後	改　正　前
（遺贈により取得したものとみなす場合） 第４条　民法第958条の２第１項（特別縁故者に対する相続財産の分与）の規定により同項に規定する相続財産の全部又は一部を与えられた場合においては、その与えられた者が、その与えられた時における当該財産の時価（当該財産の評価について第３章に特別の定めがある場合には、その規定により評価した価額）に相当する金額を当該財産に係る被相続人から遺贈により取得したものとみなす。 2　（略）	（遺贈により取得したものとみなす場合） 第４条　民法第958条の３第１項（特別縁故者に対する相続財産の分与）の規定により同項に規定する相続財産の全部又は一部を与えられた場合においては、その与えられた者が、その与えられた時における当該財産の時価（当該財産の評価について第３章に特別の定めがある場合には、その規定により評価した価額）に相当する金額を当該財産に係る被相続人から遺贈により取得したものとみなす。 2　（同左）

9　租税特別措置法（昭和32年法律第26号）（附則第13条関係）

改　正　後	改　正　前
（特定土地等及び特定株式等に係る相続税の課税価格の計算の特例） 第69条の６　（略） 2　前項の規定は、特定非常災害発生日前に民法第958条の２第１項の規定により同項に規定する相続財産の全部又は一部を与えられた者があり、かつ、	（特定土地等及び特定株式等に係る相続税の課税価格の計算の特例） 第69条の６　（同左） 2　前項の規定は、特定非常災害発生日前に民法第958条の３第１項の規定により同項に規定する相続財産の全部又は一部を与えられた者があり、かつ、

改　正　後	改　正　前
当該相続財産の全部又は一部の遺贈に係る相続税法第29条第１項又は第31条第２項の規定により提出すべき申告書の提出期限が当該特定非常災害発生日以後である場合において、当該相続財産の全部又は一部で当該特定非常災害発生日においてその者が所有していたもののうちに特定土地等又は特定株式等があるときについて準用する。 3・4　（略）	当該相続財産の全部又は一部の遺贈に係る相続税法第29条第１項又は第31条第２項の規定により提出すべき申告書の提出期限が当該特定非常災害発生日以後である場合において、当該相続財産の全部又は一部で当該特定非常災害発生日においてその者が所有していたもののうちに特定土地等又は特定株式等があるときについて準用する。 3・4　（同左）

10　質屋営業法（昭和25年法律第158号）（附則第15条関係）

改　正　後	改　正　前
（質置主の保護） 第28条　（略） 2　（略） 3　質屋が次の各号のいずれかに該当するに至つた場合においては、当該各号に掲げる者は、当該各号に掲げる事由の発生した日以前に成立した質契約について、当該質契約の内容に従い、貸付金の回収、質物の返還その他当該質契約を終了させるため必要な行為をしなければならない。 一　死亡した場合においては、その相続人のうち当該質屋の営業所ごとに管轄公安委員会の承認を受けたもの又は相続財産の管理人若しくは相続財産の清算人 二　法人である場合において、合併以外の事由により解散したときは、清算人又は破産管財人 三　法人である場合において、合併により消滅したときは、合併後存続する法人又は合併により設立した法人 4～6　（略）	（質置主の保護） 第28条　（同左） 2　（同左） 3　質屋が左の各号の一に該当するに至つた場合においては、当該各号に掲げる者は、当該各号に掲げる事由の発生した日以前に成立した質契約について、当該質契約の内容に従い、貸付金の回収、質物の返還その他当該質契約を終了させるため必要な行為をしなければならない。 一　死亡した場合においては、その相続人のうち当該質屋の営業所ごとに管轄公安委員会の承認を受けたもの又は相続財産管理人 二　法人である場合において、合併以外の事由に因り解散したときは、清算人又は破産管財人 三　法人である場合において、合併に因り消滅したときは、合併後存続する法人又は合併に因り設立した法人 4～6　（同左）

11　国土調査法（昭和26年法律第180号）（附則第16条関係）

改　正　後	改　正　前
（地籍調査を行う地方公共団体等による登記簿の附属書類等の閲覧請求の特例） 第32条の３　第５条第４項若しくは第６条第３項の規定による指定を受け、又は第６条の３第２項の規定により定められた事業計画に基づいて地籍調査を行う地方公共団体又は土地改良区等は、不動産登記法第121条第３項の規定にかかわらず、登記官に対し、手数料を納付して、当該地籍調査に係る土地に関する同項の登記簿の附属書類の閲覧を請求することができる。 ２　（略）	（地籍調査を行う地方公共団体等による登記簿の附属書類等の閲覧請求の特例） 第32条の３　第５条第４項若しくは第６条第３項の規定による指定を受け、又は第６条の３第２項の規定により定められた事業計画に基づいて地籍調査を行う地方公共団体又は土地改良区等は、不動産登記法第121条第２項ただし書の規定にかかわらず、当該地籍調査に係る土地に関する同項の登記簿の附属書類の閲覧を請求することができる。 ２　（同左）

12　農地法（昭和27年法律第229号）（附則第17条関係）

改　正　後	改　正　前
（農地又は採草放牧地の権利移動の制限） 第３条　農地又は採草放牧地について所有権を移転し、又は地上権、永小作権、質権、使用貸借による権利、賃借権若しくはその他の使用及び収益を目的とする権利を設定し、若しくは移転する場合には、政令で定めるところにより、当事者が農業委員会の許可を受けなければならない。ただし、次の各号のいずれかに該当する場合及び第５条第１項本文に規定する場合は、この限りでない。 一～十一　（略） 十二　遺産の分割、民法（明治29年法律第89号）第768条第２項（同法第749条及び第771条において準用する場合を含む。）の規定による財産の分与に関する裁判若しくは調停又は同法第958条の２の規定による相続財産の分与に関する裁判によつてこ	（農地又は採草放牧地の権利移動の制限） 第３条　農地又は採草放牧地について所有権を移転し、又は地上権、永小作権、質権、使用貸借による権利、賃借権若しくはその他の使用及び収益を目的とする権利を設定し、若しくは移転する場合には、政令で定めるところにより、当事者が農業委員会の許可を受けなければならない。ただし、次の各号のいずれかに該当する場合及び第５条第１項本文に規定する場合は、この限りでない。 一～十一　（同左） 十二　遺産の分割、民法（明治29年法律第89号）第768条第２項（同法第749条及び第771条において準用する場合を含む。）の規定による財産の分与に関する裁判若しくは調停又は同法第958条の３の規定による相続財産の分与に関する裁判によつてこ

改　正　後	改　正　前
れらの権利が設定され、又は移転される場合 十三～十六　（略） 2～6　（略）	れらの権利が設定され、又は移転される場合 十三～十六　（同左） 2～6　（同左）

13　特許法（昭和34年法律第121号）（附則第19条関係）

改　正　後	改　正　前
（相続人がない場合の特許権の消滅） 第76条　特許権は、民法第952条第2項の期間内に相続人である権利を主張する者がないときは、消滅する。	（相続人がない場合の特許権の消滅） 第76条　特許権は、民法第958条の期間内に相続人である権利を主張する者がないときは、消滅する。

14　建物の区分所有等に関する法律（昭和37年法律第69号）（附則第21条関係）

改　正　後	改　正　前
（区分所有者の権利義務等） 第6条　（略） 2・3　（略） 4　民法（明治29年法律第89号）第264条の8及び第264条の14の規定は、専有部分及び共用部分には適用しない。	（区分所有者の権利義務等） 第6条　（同左） 2・3　（同左） （新設）
（先取特権） 第7条　（略） 2　（略） 3　民法第319条の規定は、第1項の先取特権に準用する。	（先取特権） 第7条　（同左） 2　（同左） 3　民法（明治29年法律第89号）第319条の規定は、第1項の先取特権に準用する。

15　住民基本台帳法（昭和42年法律第81号）（附則第22条関係）

改　正　後	改　正　前
別表第一（第30条の9、第30条の23、第30条の28、第30条の30、第30条の44、第30条の44の11、第30条の44の12関係）	別表第一（第30条の9、第30条の23、第30条の28、第30条の30、第30条の44、第30条の44の11、第30条の44の12関係）

提供を受ける国の機関又は法人	事務
1～30	（略）
31　法務省	不動産登記法（平成16年法律第123号）による不動産の表題登記（同法第2条第20号に規定する表題登記をいう。）、表題部所有者（同条第10号に規定する表題部所有者をいう。以下この欄において同じ。）の氏名若しくは名称若しくは住所についての変更の登記若しくは更正の登記、表題部所有者についての更正の登記、所有権の保存若しくは移転の登記、同法第76条の3第3項の登記、同法第76条の4の符号の表示、登記名義人の氏名若しくは名称若しくは住所についての変更の登記若しくは更正の登記又は同法第131条第1項の申請に関する事務であつて総務省令で定めるもの
32～123	（略）

提供を受ける国の機関又は法人	事務
1～30	（同左）
31　法務省	不動産登記法（平成16年法律第123号）による不動産の表題登記（同法第2条第20号に規定する表題登記をいう。）、表題部所有者（同条第10号に規定する表題部所有者をいう。以下この欄において同じ。）の氏名若しくは名称若しくは住所についての変更の登記若しくは更正の登記、表題部所有者についての更正の登記、所有権の保存若しくは移転の登記、登記名義人の氏名若しくは名称若しくは住所についての変更の登記若しくは更正の登記又は同法第131条第1項の申請に関する事務であつて総務省令で定めるもの
32～123	（同左）

16　日本国と大韓民国との間の両国に隣接する大陸棚の南部の共同開発に関する協定の実施に伴う石油及び可燃性天然ガス資源の開発に関する特別措置法（昭和53年法律第81号）（附則第24条関係）

改　正　後	改　正　前
（特定鉱業権の消滅） 第31条　特定鉱業権は、特定鉱業権者が第九条の規定により特定鉱業権を有することができなくなつたとき、又は民法（明治29年法律第89号）第952条第２項の期間内に相続人である権利を主張する者がないときは、消滅する。 ２　（略）	（特定鉱業権の消滅） 第31条　特定鉱業権は、特定鉱業権者が第九条の規定により特定鉱業権を有することができなくなつたとき、又は民法（明治29年法律第89号）第958条の期間内に相続人である権利を主張する者がないときは、消滅する。 ２　（同左）

17　民事訴訟法（平成８年法律第109号）（附則第26条関係）

改　正　後	改　正　前
（訴訟手続の中断及び受継） 第124条　次の各号に掲げる事由があるときは、訴訟手続は、中断する。この場合においては、それぞれ当該各号に定める者は、訴訟手続を受け継がなければならない。 一　当事者の死亡　相続人、相続財産の管理人、相続財産の清算人その他法令により訴訟を続行すべき者 二～六　（略） ２～５　（略）	（訴訟手続の中断及び受継） 第124条　次の各号に掲げる事由があるときは、訴訟手続は、中断する。この場合においては、それぞれ当該各号に定める者は、訴訟手続を受け継がなければならない。 一　当事者の死亡　相続人、相続財産管理人その他法令により訴訟を続行すべき者 二～六　（同左） ２～５　（同左）
第125条　所有者不明土地管理命令（民法第264条の２第１項に規定する所有者不明土地管理命令をいう。以下この項及び次項において同じ。）が発せられたときは、当該所有者不明土地管理命令の対象とされた土地又は共有持分及び当該所有者不明土地管理命令の効力が及ぶ動産並びにその管理、処分その他の事由により所有者不明土地管理人（同条第４項に規定する所有者不明土地管理人をいう。以下この項及び次項において同じ。）が得た財産（以下	第125条　削除

改　正　後	改　正　前
この項及び次項において「所有者不明土地等」という。）に関する訴訟手続で当該所有者不明土地等の所有者（その共有持分を有する者を含む。同項において同じ。）を当事者とするものは、中断する。この場合においては、所有者不明土地管理人は、訴訟手続を受け継ぐことができる。 2　所有者不明土地管理命令が取り消されたときは、所有者不明土地管理人を当事者とする所有者不明土地等に関する訴訟手続は、中断する。この場合においては、所有者不明土地等の所有者は、訴訟手続を受け継がなければならない。 3　第１項の規定は所有者不明建物管理命令（民法第264条の８第１項に規定する所有者不明建物管理命令をいう。以下この項において同じ。）が発せられた場合について、前項の規定は所有者不明建物管理命令が取り消された場合について準用する。	

18　破産法（平成16年法律第75号）（附則第27条関係）

改　正　後	改　正　前
（破産手続開始の申立て） 第224条　相続財産については、相続債権者又は受遺者のほか、相続人、相続財産の管理人、相続財産の清算人又は遺言執行者（相続財産の管理に必要な行為をする権利を有する遺言執行者に限る。以下この節において同じ。）も、破産手続開始の申立てをすることができる。 2　次の各号に掲げる者が相続財産について破産手続開始の申立てをするときは、それぞれ当該各号に定める事実を疎明しなければならない。 一　（略）	（破産手続開始の申立て） 第224条　相続財産については、相続債権者又は受遺者のほか、相続人、相続財産の管理人又は遺言執行者（相続財産の管理に必要な行為をする権利を有する遺言執行者に限る。以下この節において同じ。）も、破産手続開始の申立てをすることができる。 2　次の各号に掲げる者が相続財産について破産手続開始の申立てをするときは、それぞれ当該各号に定める事実を疎明しなければならない。 一　（同左）

改　正　後	改　正　前
二　相続人、相続財産の管理人、相続財産の清算人又は遺言執行者　当該相続財産の破産手続開始の原因となる事実	二　相続人、相続財産の管理人又は遺言執行者　当該相続財産の破産手続開始の原因となる事実
（破産手続開始の決定前の相続の開始）	（破産手続開始の決定前の相続の開始）
第226条　裁判所は、破産手続開始の申立て後破産手続開始の決定前に債務者について相続が開始したときは、相続債権者、受遺者、相続人、相続財産の管理人、相続財産の清算人又は遺言執行者の申立てにより、当該相続財産についてその破産手続を続行する旨の決定をすることができる。	第226条　裁判所は、破産手続開始の申立て後破産手続開始の決定前に債務者について相続が開始したときは、相続債権者、受遺者、相続人、相続財産の管理人又は遺言執行者の申立てにより、当該相続財産についてその破産手続を続行する旨の決定をすることができる。
2～4　（略）	2～4　（同左）
（相続人等の説明義務等）	（相続人等の説明義務等）
第230条　相続財産について破産手続開始の決定があった場合には、次に掲げる者は、破産管財人若しくは債権者委員会の請求又は債権者集会の決議に基づく請求があったときは、破産に関し必要な説明をしなければならない。	第230条　相続財産について破産手続開始の決定があった場合には、次に掲げる者は、破産管財人若しくは債権者委員会の請求又は債権者集会の決議に基づく請求があったときは、破産に関し必要な説明をしなければならない。
一・二　（略）	一・二　（同左）
三　相続財産の管理人、相続財産の清算人及び遺言執行者	三　相続財産の管理人及び遺言執行者
2・3　（略）	2・3　（同左）
（否認権に関する規定の適用関係）	（否認権に関する規定の適用関係）
第234条　相続財産について破産手続開始の決定があった場合における第6章第2節の規定の適用については、被相続人、相続人、相続財産の管理人、相続財産の清算人又は遺言執行者が相続財産に関してした行為は、破産者がした行為とみなす。	第234条　相続財産について破産手続開始の決定があった場合における第6章第2節の規定の適用については、被相続人、相続人、相続財産の管理人又は遺言執行者が相続財産に関してした行為は、破産者がした行為とみなす。
（否認後の残余財産の分配等）	（否認後の残余財産の分配等）
第236条　相続財産について破産手続開始の決定があった場合において、被相	第236条　相続財産について破産手続開始の決定があった場合において、被相

改　正　後	改　正　前
続人、相続人、相続財産の管理人、相続財産の清算人又は遺言執行者が相続財産に関してした行為が否認されたときは、破産管財人は、相続債権者に弁済をした後、否認された行為の相手方にその権利の価額に応じて残余財産を分配しなければならない。 （特定の債権者に対する担保の供与等の罪） 第266条　債務者（相続財産の破産にあっては相続人、相続財産の管理人、相続財産の清算人又は遺言執行者を、信託財産の破産にあっては受託者等を含む。以下この条において同じ。）が、破産手続開始の前後を問わず、特定の債権者に対する債務について、他の債権者を害する目的で、担保の供与又は債務の消滅に関する行為であって債務者の義務に属せず又はその方法若しくは時期が債務者の義務に属しないものをし、破産手続開始の決定が確定したときは、５年以下の懲役若しくは500万円以下の罰金に処し、又はこれを併科する。	続人、相続人、相続財産の管理人又は遺言執行者が相続財産に関してした行為が否認されたときは、破産管財人は、相続債権者に弁済をした後、否認された行為の相手方にその権利の価額に応じて残余財産を分配しなければならない。 （特定の債権者に対する担保の供与等の罪） 第266条　債務者（相続財産の破産にあっては相続人、相続財産の管理人又は遺言執行者を、信託財産の破産にあっては受託者等を含む。以下この条において同じ。）が、破産手続開始の前後を問わず、特定の債権者に対する債務について、他の債権者を害する目的で、担保の供与又は債務の消滅に関する行為であって債務者の義務に属せず又はその方法若しくは時期が債務者の義務に属しないものをし、破産手続開始の決定が確定したときは、５年以下の懲役若しくは500万円以下の罰金に処し、又はこれを併科する。

19　有限責任事業組合契約に関する法律（平成17年法律第40号）（附則第28条関係）

改　正　後	改　正　前
第74条　（略） ２　組合財産が不動産に関する権利である場合における不動産登記法の適用については、同法第59条第６号中「又は同条第４項の規定により家庭裁判所が遺産である共有物若しくは所有権以外の財産権についてした分割を禁止する審判」とあるのは、「、同条第４項の規定により家庭裁判所が遺産である共有物若しくは所有権以外の財産権につ	第74条　（同左） ２　組合財産が不動産に関する権利である場合における不動産登記法の適用については、同法第59条第６号中「又は同法第907条第３項の規定により家庭裁判所が遺産である共有物若しくは所有権以外の財産権についてした分割を禁止する審判」とあるのは、「、同法第907条第３項の規定により家庭裁判所が遺産である共有物若しくは所有権

改　正　後	改　正　前
いてした分割を禁止する審判又は共有物若しくは所有権以外の財産権が有限責任事業組合の組合財産である場合における当該有限責任事業組合についての有限責任事業組合契約」とする。	以外の財産権についてした分割を禁止する審判又は共有物若しくは所有権以外の財産権が有限責任事業組合の組合財産である場合における当該有限責任事業組合についての有限責任事業組合契約」とする。

20　競争の導入による公共サービスの改革に関する法律（平成18年法律第51号）（附則第29条関係）

改　正　後	改　正　前
（不動産登記法等の特例） 第33条の２　法務大臣は、次に掲げる登記所の業務（以下この条において「特定業務」という。）を、官民競争入札又は民間競争入札の対象とすることができる。	（不動産登記法等の特例） 第33条の２　法務大臣は、次に掲げる登記所の業務（以下この条において「特定業務」という。）を、官民競争入札又は民間競争入札の対象とすることができる。
一・二　（略）	一・二　（同左）
三　不動産登記法第121条第１項の規定に基づく同項の図面の全部又は一部の写し（当該図面が電磁的記録に記録されているときは、当該記録された情報の内容を証明した書面）の交付及び同条第２項の規定に基づく同項の図面の閲覧に係る業務	三　不動産登記法第121条第１項の規定に基づく同項の図面の全部又は一部の写し（当該図面が電磁的記録に記録されているときは、当該記録された情報の内容を証明した書面）の交付及び同条第２項の規定に基づく同条第１項の図面（電磁的記録にあっては、記録された情報の内容を法務省令で定める方法により表示したもの）の閲覧に係る業務
四　不動産登記法第121条第３項又は第４項の規定に基づくこれらの規定の登記簿の附属書類の閲覧に係る業務（同条第３項の正当な理由の有無の審査に係るものを除く。）	四　不動産登記法第121条第２項の規定に基づく同項の登記簿の附属書類（前号の図面を除く。）の閲覧に係る業務（同項ただし書の利害関係の有無の審査に係るものを除く。）
五～九　（略）	五～九　（同左）
十　外国法人の登記及び夫婦財産契約の登記に関する法律（明治31年法律第14号）第８条において準用する不動産登記法第119条第１項の規定に基づく同項に規定する登記事項証明	十　外国法人の登記及び夫婦財産契約の登記に関する法律（明治31年法律第14号）第８条において準用する不動産登記法第119条第１項の規定に基づく同項に規定する登記事項証明

改　正　後	改　正　前
書の交付及び外国法人の登記及び夫婦財産契約の登記に関する法律第8条において準用する不動産登記法第119条第2項の規定に基づく同項の書面の交付並びに外国法人の登記及び夫婦財産契約の登記に関する法律第8条において準用する不動産登記法第121条第3項又は第4項の規定に基づくこれらの規定の登記簿の附属書類の閲覧に係る業務（閲覧については、同条第3項の正当な理由の有無の審査に係るものを除く。） 十一　抵当証券法（昭和6年法律第15号）第41条において読み替えて準用する不動産登記法第119条第1項の規定に基づく同項の抵当証券の控えの謄本又は抄本の交付並びに抵当証券法第41条において読み替えて準用する不動産登記法第121条第3項又は第4項の規定に基づくこれらの規定の抵当証券の控え及びその附属書類の閲覧に係る業務（閲覧については、同条第3項の正当な理由の有無の審査に係るものを除く。） 十二・十三　（略） 2～9　（略）	書の交付及び外国法人の登記及び夫婦財産契約の登記に関する法律第8条において準用する不動産登記法第119条第2項の規定に基づく同項の書面の交付並びに外国法人の登記及び夫婦財産契約の登記に関する法律第8条において準用する不動産登記法第121条第2項の規定に基づく同項の登記簿の附属書類の閲覧に係る業務（閲覧については、同項ただし書の利害関係の有無の審査に係るものを除く。） 十一　抵当証券法（昭和6年法律第15号）第41条において読み替えて準用する不動産登記法第119条第1項の規定に基づく同項の抵当証券の控えの謄本又は抄本の交付並びに抵当証券法第41条において読み替えて準用する不動産登記法第121条第2項の規定に基づく同項の抵当証券の控え及びその附属書類の閲覧に係る業務（閲覧については、同項ただし書の利害関係の有無の審査に係るものを除く。） 十二・十三　（同左） 2～9　（同左）

21　特別会計に関する法律（平成19年法律第23号）（附則第30条関係）

改　正　後	改　正　前
附　則 （登記印紙の廃止に伴う経過措置） 第382条　附則第260条の規定による改正後の民法施行法第8条第2項、附則第262条の規定による改正後の抵当証券法第3条第5項（同法第22条において準用する場合を含む。）、商業登記法第13条第2項本文（他の法令において準用する場合を含む。）、附則第311条の	附　則 （登記印紙の廃止に伴う経過措置） 第382条　附則第260条の規定による改正後の民法施行法第8条第2項、附則第262条の規定による改正後の抵当証券法第3条第5項（同法第22条において準用する場合を含む。）、商業登記法第13条第2項本文（他の法令において準用する場合を含む。）、附則第311条の

改　正　後	改　正　前
規定による改正後の電子情報処理組織による登記事務処理の円滑化のための措置等に関する法律第３条第４項本文、附則第335条の規定による改正後の動産及び債権の譲渡の対抗要件に関する民法の特例等に関する法律第21条第２項本文、附則第340条の規定による改正後の後見登記等に関する法律第11条第２項本文又は不動産登記法第119条第４項本文（同法第119条の２第４項、第120条第３項、第121条第５項及び第149条第３項並びに他の法令において準用する場合を含む。）の規定にかかわらず、当分の間、手数料を納付するときは、収入印紙又は登記印紙をもってすることができる。	規定による改正後の電子情報処理組織による登記事務処理の円滑化のための措置等に関する法律第３条第４項本文、附則第335条の規定による改正後の動産及び債権の譲渡の対抗要件に関する民法の特例等に関する法律第21条第２項本文、附則第340条の規定による改正後の後見登記等に関する法律第11条第２項本文又は附則第372条の規定による改正後の不動産登記法第119条第４項本文（同法第120条第３項、第121条第３項及び第149条第３項並びに他の法令において準用する場合を含む。）の規定にかかわらず、当分の間、手数料を納付するときは、収入印紙又は登記印紙をもってすることができる。

22　所有者不明土地の利用の円滑化等に関する特別措置法（平成30年法律第49号）（附則第32条関係）

改　正　後	改　正　前
目次 第３章　（略） 第３節　所有者不明土地の管理に関する民法の特例（第38条）	目次 第３章　（同左） 第３節　不在者の財産及び相続財産の管理に関する民法の特例（第38条）
第３節　所有者不明土地の管理に関する民法の特例	第３節　不在者の財産及び相続財産の管理に関する民法の特例
第38条　国の行政機関の長又は地方公共団体の長（次項及び次条第５項において「国の行政機関の長等」という。）は、所有者不明土地につき、その適切な管理のため特に必要があると認めるときは、家庭裁判所に対し、民法（明治29年法律第89号）第25条第１項の規定による命令又は同法第952条第１項の規定による相続財産の清算人の選任の請	第38条　国の行政機関の長又は地方公共団体の長（次条第５項において「国の行政機関の長等」という。）は、所有者不明土地につき、その適切な管理のため特に必要があると認めるときは、家庭裁判所に対し、民法（明治29年法律第89号）第25条第１項の規定による命令又は同法第952条第１項の規定による相続財産の管理人の選任の請求を

改　正　後	改　正　前
求をすることができる。 2　国の行政機関の長等は、所有者不明土地につき、その適切な管理のため特に必要があると認めるときは、地方裁判所に対し、民法第264条の2第1項の規定による命令の請求をすることができる。	することができる。 （新設）

23　表題部所有者不明土地の登記及び管理の適正化に関する法律（令和元年法律第15号）（附則第33条関係）

改　正　後	改　正　前
（適用除外） 第32条　所有者等特定不能土地及び特定社団等帰属土地（いずれも第15条第1項第4号イ又はロに定める登記をする前に民法（明治29年法律第89号）第264条の2第1項の規定による命令がされたものを除く。）については、同条から同法第264条の7までの規定は、適用しない。	（非訟事件の手続の特例） （新設）
2　この法律の規定による非訟事件については、非訟事件手続法（平成23年法律第51号）第40条及び第57条第2項第2号の規定は、適用しない。	第32条　この法律の規定による非訟事件については、非訟事件手続法（平成23年法律第51号）第40条及び第57条第2項第2号の規定は、適用しない。

相続等により取得した土地所有権の国庫への帰属に関する法律

第1章　総則

（目的）

第1条　この法律は、社会経済情勢の変化に伴い所有者不明土地（相当な努力を払ってもなおその所有者の全部又は一部を確知することができない土地をいう。）が増加していることに鑑み、相続又は遺贈（相続人に対する遺贈に限る。）（以下「相続等」という。）により土地の所有権又は共有持分を取得した者等がその土地の所有権を国庫に帰属させることができる制度を創設し、もって所有者不明土地の発生の抑制を図ることを目的とする。

第2章　相続等により取得した土地所有権の国庫への帰属の承認に係る手続

（承認申請）

第2条　土地の所有者（相続等によりその土地の所有権の全部又は一部を取得した者に限る。）は、法務大臣に対し、その土地の所有権を国庫に帰属させることについての承認を申請することができる。

2　土地が数人の共有に属する場合には、前項の規定による承認の申請（以下「承認申請」という。）は、共有者の全員が共同して行うときに限り、することができる。この場合においては、同項の規定にかかわらず、その有する共有持分の全部を相続等以外の原因により取得した共有者であっても、相続等により共有持分の全部又は一部を取得した共有者と共同して、承認申請をすることができる。

3　承認申請は、その土地が次の各号のいずれかに該当するものであるときは、することができない。

一　建物の存する土地

二　担保権又は使用及び収益を目的とする権利が設定されている土地

三　通路その他の他人による使用が予定される土地として政令で定めるものが含まれる土地

四　土壌汚染対策法（平成14年法律第53号）第2条第1項に規定する特定有害物質（法務省令で定める基準を超えるものに限る。）により汚染されている土地

五　境界が明らかでない土地その他の所有権の存否、帰属又は範囲について争いがある土地

（承認申請書等）

第３条　承認申請をする者（以下「承認申請者」という。）は、法務省令で定めるところにより、次に掲げる事項を記載した承認申請書及び法務省令で定める添付書類を法務大臣に提出しなければならない。

一　承認申請者の氏名又は名称及び住所

二　承認申請に係る土地の所在、地番、地目及び地積

2　承認申請者は、法務省令で定めるところにより、物価の状況、承認申請に対する審査に要する実費その他一切の事情を考慮して政令で定める額の手数料を納めなければならない。

（承認申請の却下）

第４条　法務大臣は、次に掲げる場合には、承認申請を却下しなければならない。

一　承認申請が申請の権限を有しない者の申請によるとき。

二　承認申請が第２条第３項又は前条の規定に違反するとき。

三　承認申請者が、正当な理由がないのに、第６条の規定による調査に応じないとき。

2　法務大臣は、前項の規定により承認申請を却下したときは、遅滞なく、法務省令で定めるところにより、その旨を承認申請者に通知しなければならない。

（承認）

第５条　法務大臣は、承認申請に係る土地が次の各号のいずれにも該当しないと認めるときは、その土地の所有権の国庫への帰属についての承認をしなければならない。

一　崖（勾配、高さその他の事項について政令で定める基準に該当するものに限る。）がある土地のうち、その通常の管理に当たり過分の費用又は労力を要するもの

二　土地の通常の管理又は処分を阻害する工作物、車両又は樹木その他の有体物が地上に存する土地

三　除去しなければ土地の通常の管理又は処分をすることができない有体物が地下に存する土地

四　隣接する土地の所有者その他の者との争訟によらなければ通常の管理又は処分をすることができない土地として政令で定めるもの

五　前各号に掲げる土地のほか、通常の管理又は処分をするに当たり過分の費用又は労力を要する土地として政令で定めるもの

2　前項の承認は、土地の一筆ごとに行うものとする。

（事実の調査）

第6条　法務大臣は、承認申請に係る審査のため必要があると認めるときは、その職員に事実の調査をさせることができる。

2　前項の規定により事実の調査をする職員は、承認申請に係る土地又はその周辺の地域に所在する土地の実地調査をすること、承認申請者その他の関係者からその知っている事実を聴取し又は資料の提出を求めることその他承認申請に係る審査のために必要な調査をすることができる。

3　法務大臣は、その職員が前項の規定により承認申請に係る土地又はその周辺の地域に所在する土地の実地調査をする場合において、必要があると認めるときは、その必要の限度において、その職員に、他人の土地に立ち入らせることができる。

4　法務大臣は、前項の規定によりその職員を他人の土地に立ち入らせるときは、あらかじめ、その旨並びにその日時及び場所を当該土地の占有者に通知しなければならない。

5　第3項の規定により宅地又は垣、柵等で囲まれた他人の占有する土地に立ち入ろうとする職員は、その立入りの際、その旨を当該土地の占有者に告げなければならない。

6　日出前及び日没後においては、土地の占有者の承諾があった場合を除き、前項に規定する土地に立ち入ってはならない。

7　第3項の規定による立入りをする場合には、職員は、その身分を示す証明書を携帯し、関係者の請求があったときは、これを提示しなければならない。

8　国は、第3項の規定による立入りによって損失を受けた者があるときは、その損失を受けた者に対して、通常生ずべき損失を補償しなければならない。

（資料の提供要求等）

第7条　法務大臣は、前条第1項の事実の調査のため必要があると認めるときは、関係行政機関の長、関係地方公共団体の長、関係のある公私の団体その他の関係者に対し、資料の提供、説明、事実の調査の援助その他必要な協力を求めることができる。

（承認に関する意見聴取）

第8条　法務大臣は、第5条第1項の承認をするときは、あらかじめ、当該承認に係る土地の管理について、財務大臣及び農林水産大臣の意見を聴くものとする。ただし、承認申請に係る土地が主に農用地（農地法（昭和27年法律第229号）第２条第１項に規定する農地又は採草放牧地をいう。以下同じ。）又は森林（森林法（昭和26年法律第249号）第２条第１項に規定する森林をいう。以下同じ。）として利用されている土地ではないと明らかに認められるときは、この限りでない。

（承認の通知等）

第９条　法務大臣は、第５条第１項の承認をし、又はしないこととしたときは、法務省令で定めるところにより、その旨を承認申請者に通知しなければならない。

（負担金の納付）

第10条　承認申請者は、第５条第１項の承認があったときは、同項の承認に係る土地につき、国有地の種目ごとにその管理に要する10年分の標準的な費用の額を考慮して政令で定めるところにより算定した額の金銭（以下「負担金」という。）を納付しなければならない。

2　法務大臣は、第５条第１項の承認をしたときは、前条の規定による承認の通知の際、法務省令で定めるところにより、併せて負担金の額を通知しなければならない。

3　承認申請者が前項に規定する負担金の額の通知を受けた日から30日以内に、法務省令で定める手続に従い、負担金を納付しないときは、第５条第１項の承認は、その効力を失う。

（国庫帰属の時期）

第11条　承認申請者が負担金を納付したときは、その納付の時において、第５条第１項の承認に係る土地の所有権は、国庫に帰属する。

2　法務大臣は、第５条第１項の承認に係る土地の所有権が前項の規定により国庫に帰属したときは、直ちに、その旨を財務大臣（当該土地が主に農用地又は森林として利用されていると認められるときは、農林水産大臣）に通知しなければならない。

第３章　国庫帰属地の管理

（土地の管理の機関）

第12条　前条第１項の規定により国庫に帰属した土地（以下「国庫帰属地」という。）のうち、主に農用地又は森林として利用されている土地（国有財産法（昭和23年法律第73号）第４条第２項に規定する国有財産の所管換がされたもの又は他の法令の規定により農林水産大臣が管理することとされているものを除く。）は、農林水産大臣が管理し、又は処分する。

2　前項の規定により農林水産大臣が管理する土地のうち主に農用地として利用されているものの管理及び処分については、農地法第45条、第46条第１項、第47条及び第49条の規定を準用する。この場合において、同条第１項中「農林水産大臣、都道府県知事又は指定市町村の長」とあるのは「農林水産大臣」と、「この法律による買収その他の処分」とあるのは「相続等により取得した土地所有権の国庫への帰属に関する法律第12条第２項において準用する第46条第１項の規定による売払い又は同法第12条第２項において準用する第47条の規定による売払い、所管換若しくは所属替」と、同条第３項中「農林水産大臣、都道府県知事又は指定市町村の長」とあるのは「農林水産大臣」と、同条第５項中「国又は都道府県等」とあるのは「国」と、「場合には、政令で定めるところにより」とあるのは「場合には」と読み替えるものとする。

3　前項において準用する農地法第46条第１項又は第47条の規定による農用地の売払いを原因とする所有権の移転については、同法第３条第１項本文の規定は、適用しない。

4　第１項の規定により農林水産大臣が管理する土地のうち主に森林として利用されているものの管理及び処分については、国有林野の管理経営に関する法律（昭和26年法律第246号）第２章（第７条を除く。）の規定を準用する。

第４章　雑則

（承認の取消し等）

第13条　法務大臣は、承認申請者が偽りその他不正の手段により第５条第１項の承認を受けたことが判明したときは、同項の承認を取り消すことができる。

2　法務大臣は、国庫帰属地について前項の規定による承認の取消しをするときは、あらかじめ、当該国庫帰属地を所管する各省各庁の長（当該土地が交換、売払い又は譲与（以下この項及び次項において「交換等」という。）により国有財産（国有財産法第２条第１項に規定する国有財産をいう。次項において同じ。）でなくなっているときは、当該交換等の処分をした各省各庁の長）の意見を聴くものとする。

3　法務大臣は、第１項の規定による承認の取消しをしようとする場合において、当該取消しに係る国庫帰属地（交換等により国有財産でなくなっている土地を含む。以下この項において同じ。）の所有権を取得した者又は当該国庫帰属地につき所有権以外の権利の設定を受けた者があるときは、これらの者の同意を得なければならない。

4　法務大臣は、第1項の規定により第5条第1項の承認を取り消したときは、法務省令で定めるところにより、その旨を同項の承認を受けた者に通知するものとする。

（損害賠償責任）

第14条　第5条第1項の承認に係る土地について当該承認の時において第2条第3項各号又は第5条第1項各号のいずれかに該当する事由があったことによって国に損害が生じた場合において、当該承認を受けた者が当該事由を知りながら告げずに同項の承認を受けた者であるときは、その者は、国に対してその損害を賠償する責任を負うものとする。

（権限の委任）

第15条　この法律に規定する法務大臣の権限は、法務省令で定めるところにより、その一部を法務局又は地方法務局の長に委任することができる。

2　この法律に規定する農林水産大臣の権限は、農林水産省令で定めるところにより、その全部又は一部を地方農政局長又は森林管理局長に委任することができる。

3　前項の規定により森林管理局長に委任された権限は、農林水産省令で定めるところにより、森林管理署長に委任することができる。

（政令への委任）

第16条　この法律に定めるもののほか、この法律の実施のために必要な手続その他の事項については、政令で定める。

第5章　罰則

第17条　第12条第2項において読み替えて準用する農地法第49条第1項の規定による職員の調査、測量、除去又は移転を拒み、妨げ、又は忌避したときは、その違反行為をした者は、6月以下の懲役又は30万円以下の罰金に処する。

2　法人の代表者又は法人若しくは人の代理人、使用人その他の従業者が、その法人又は人の業務又は財産に関して前項の違反行為をしたときは、行為者を罰するほか、その法人又は人に対して同項の罰金刑を科する。

附　則

（施行期日）

1　この法律は、公布の日から起算して2年を超えない範囲内において政令で定める日から施行する。

（検討）

2　政府は、この法律の施行後５年を経過した場合において、この法律の施行の状況について検討を加え、必要があると認めるときは、その結果に基づいて必要な措置を講ずるものとする。

「民法等の一部を改正する法律案」及び「相続等により取得した土地所有権の国庫への帰属に関する法律案」に対する附帯決議（令和３年３月30日、衆議院法務委員会）

政府は、本法の施行に当たり、次の事項について格段の配慮をすべきである。

1　経済価値の乏しい相続土地の国庫帰属については、申請人の負担軽減の必要性も踏まえ、承認要件や申請人の費用負担の在り方を検討するとともに、施行後５年間の運用状況を踏まえ、検討を行うに当たっては、土地所有権の放棄の在り方、承認申請者の要件、国庫帰属後の土地の利活用の方策その他の事項についても検討し、その結果に基づいて必要な措置を講ずること。また、承認申請があった際には、関係機関や地方公共団体との連絡・連携を密にし、土地の有効活用の機会を確保するよう、地域の実情に沿った運用に努めること。

2　相続登記等の申請の義務違反の場合において、法務局における「正当な理由」の判断や裁判所に対する過料事件の通知の手続等過料の制裁の運用に当たっては、透明性及び公平性の確保に努めるとともに、ＤＶ被害者の状況や経済的な困窮の状況等実質的に相続登記等の申請が困難な者の事情等を踏まえた柔軟な対応を行うこと。

3　相続人申告登記、住所等の変更登記をはじめとする新たに創設する職権的登記について、登記申請義務が課される者の負担軽減を図るため、添付書面の簡略化に努めるほか、登録免許税を非課税とする措置等について検討を行うとともに、併せて、所有者不明土地等問題の解決に向けて相続登記の登録免許税の減免や添付書面の簡略化について必要な措置を検討すること。

4　在留外国人が各種相続手続に必要な書類を収集することに困難を伴う例があることなどを考慮し、在留外国人の身分関係を証明しやすくするための取組について、必要な検討を行うこと。

5　遺産分割協議が行われ、その結果を登記に反映させることは確定的な権利帰属を促進し、不動産所有権の分散化の防止につながるもので、本改正の趣旨にも沿うものであることから、関係機関及び専門職者は連携体制を強化し、その促進に向けて、積極的に周知広報を行うこと。

6　登記官が他の公的機関から死亡等の情報を取得し、職権で登記に符号を表示するに当たっては、死亡等の情報が迅速にかつ遺漏なく登記に反映されるよう、情報収集の仕組みについて更に検討し、必要な措置を講ずるとともに、死亡者課税を極力避けるべく死亡者の情報についての各種台帳相互の連携を図ること。

7　両法案に基づく新たな所有者不明土地対策としての各種施策を着実に実施し、所有者不明土地問題の解決を図るため、法務局の十分な人的体制及び予算の確保を図ること。

8　所有者不明土地等問題の地域性や土地等の種類に応じ、それぞれの実情を踏まえた解決に向けて、効率的な管理と申立人の負担の軽減を趣旨とする所有者不明土地等の新たな財産管理制度の諸施策を実施するに当たっては、司法書士や土地家屋調査士等の専門職者の積極的な活用を図るとともに、制度の趣旨及び請求が可能な利害関係人や利用ができる事例等について周知を図ること。また、財産管理制度において、管理人による土地等の処分に対する裁判所の許可が適切になされるよう、借地関係等の利用状況や売買の相手方を慎重に調査すべきことを関係者に周知徹底するとともに、本法施行後の実務の運用状況を踏まえ、必要に応じて裁判所の許可に対する利害関係人の不服申立て制度の導入等を検討すること。

9　今回の所有者不明土地対策のための見直しは国民生活に重大な影響を及ぼすものであることから、国民全般に十分に浸透するよう、積極的かつ細やかな広報活動を行い、周知徹底に努めるとともに、本法施行前に発生した相続について相続登記等の申請義務化に関する規定や遺産分割に関する規定が適用されることについては、国民の混乱を防止する観点から、特に周知徹底を図ること。

10　法定相続人の範囲の特定に係る国民の負担に鑑み、令和５年度から実施される戸籍証明書等の広域交付の実施状況等を踏まえ、更なる負担の軽減策について検討するほか、所有者探索に関して、国や地方公共団体から委託を受けた専門家の調査における戸籍証明書等の取得の手続の円滑化についても、オンライン化等を含め、検討すること。

11　国土の有効利用を図る観点から、国土調査事業及び地図作成事業を迅速に実施して不動産登記法第14条地図を整備し、土地の筆界の明確化を図るよう努めるとともに、ランドバンクの果たすべき役割について検討するとともに活用の強化を図るほか、新たに創設される管理不全土地管理命令についての地方公共団体の長による申立てを認めることを検討すること。

「民法等の一部を改正する法律案」及び「相続等により取得した土地所有権の国庫への帰属に関する法律案」に対する附帯決議（令和３年４月20日、参議院法務委員会）

政府は、本法の施行に当たり、次の事項について格段の配慮をすべきである。

1　経済価値の乏しい相続土地の国庫帰属については、申請人の負担軽減の必要性も踏まえ、承認要件や申請人の費用負担の在り方を検討するとともに、施行後５年間の運用状況を踏まえ、検討を行うに当たっては、土地所有権の放棄の在り方、承認申請者の要件、国庫帰属後の土地の利活用の方策その他の事項についても検討し、その結果に基づいて必要な措置を講ずること。また、承認申請があった際には、関係機関や地方公共団体との連絡・連携を密にし、土地の有効活用の機会を確保するよう、地域の実情に沿った運用に努めること。

2　相続登記等の申請の義務違反の場合において、法務局における「正当な理由」の判断や裁判所に対する過料事件の通知の手続等過料の制裁の運用に当たっては、透明性及び公平性の確保に努めるとともに、ＤＶ被害者の状況や経済的な困窮の状況等実質的に相続登記等の申請が困難な者の事情等を踏まえた柔軟な対応を行うこと。

3　相続人申告登記、住所等の変更登記をはじめとする新たに創設する職権的登記について、登記申請義務が課される者の負担軽減を図るため、添付書面の簡略化に努めるほか、登録免許税を非課税とする措置等について検討を行うとともに、併せて、所有者不明土地等問題の解決に向けて相続登記の登録免許税の減免や添付書面の簡略化について必要な措置を検討すること。

4　在留外国人が各種相続手続に必要な書類を収集することに困難を伴う例があることなどを考慮し、在留外国人の身分関係を証明しやすくするための取組について、必要な検討を行うこと。

5　遺産分割協議が行われ、その結果を登記に反映させることは確定的な権利帰属を促進し、不動産所有権の分散化の防止につながるもので、本改正の趣旨にも沿うものであることから、関係機関及び専門職者は連携体制を強化し、その促進に向けて、積極的に周知広報を行うこと。

6　登記官が他の公的機関から死亡等の情報を取得し、職権で登記に符号を表示するに当たっては、死亡等の情報が迅速にかつ遺漏なく登記に反映されるよう、情報収集の仕組みについて更に検討し、必要な措置を講ずるとともに、死亡者課税を極力避けるべく死亡者の情報についての各種台帳相互の連携を図ること。

7　両法案に基づく新たな所有者不明土地対策としての各種施策を着実に実施し、所有者不明土地問題の解決を図るため、法務局の十分な人的体制及び予算の確保を図ること。

8　所有者不明土地等問題の地域性や土地等の種類に応じ、それぞれの実情を踏まえた解決に向けて、効率的な管理と申立人の負担の軽減を趣旨とする所有者不明土地等の新たな財産管理制度の諸施策を実施するに当たっては、司法書士や土地家屋調査士等の専門職者の積極的な活用を図るとともに、制度の趣旨及び請求が可能な利害関係人や利用ができる事例等について周知を図ること。また、財産管理制度において、管理人による土地等の処分に対する裁判所の許可が適切になされるよう、借地関係等の利用状況や売買の相手方を慎重に調査すべきことを関係者に周知徹底するとともに、本法施行後の実務の運用状況を踏まえ、必要に応じて裁判所の許可に対する利害関係人の不服申立て制度の導入等を検討すること。

9　今回の所有者不明土地対策のための見直しは国民生活に重大な影響を及ぼすものであることから、国民全般に十分に浸透するよう、積極的かつ細やかな広報活動を行い、周知徹底に努めるとともに、本法施行前に発生した相続について相続登記等の申請義務化に関する規定や遺産分割に関する規定が適用されることについては、国民の混乱を防止する観点から、特に周知徹底を図ること。この際、法律専門職者との連携に努めるとともに、広報に必要な予算の確保に努めること。

10　隣地使用権や導管設置権を始めとする新たな相隣関係の諸規定については、広く国民に周知をするほか、導管の設置等に関わる地方公共団体や事業者等にも周知広報を行うこと。

11　所有者不明土地対策の観点から進められている、長期相続登記等未了土地解消作業、表題部所有者不明土地解消作業、法務局における遺言書の保管制度等の諸施策については、司法書士、土地家屋調査士等の専門職者の活用を図りつつ、より一層推進していくこと。

12　法定相続人の範囲の特定に係る国民の負担に鑑み、令和５年度から実施される戸籍証明書等の広域交付の実施状況等を踏まえ、更なる負担の軽減策について検討するほか、所有者探索に関して、国や地方公共団体から委託を受けた専門家の調査における戸籍証明書等の取得の手続の円滑化についても、オンライン化等を含め、検討すること。

13　国土の有効利用を図る観点から、国土調査事業及び地図作成事業を迅速に実施して不動産登記法第14条地図を整備し、土地の筆界の明確化を図るよう努めるとともに、ランドバンクの果たすべき役割について検討するとともに活用の強化を図るほか、新たに創設される管理不全土地管理命令についての地方公共団体の長による申立てを認めることを検討すること。

右決議する。

事項索引

【さ行】

【ま行】

【ら行】

著者紹介

松 尾　　弘（まつお・ひろし）

〔略歴〕

1962年長野県生まれ。慶應義塾大学法学部卒業。一橋大学大学院法学研究科博士後期課程単位取得。横浜市立大学商学部助教授、横浜国立大学大学院国際社会科学研究科教授を経て、現在、慶應義塾大学大学院法務研究科教授。この間、シドニー大学客員教授、オックスフォード大学客員研究員、社会資本整備審議会委員、国土審議会特別委員、法制審議会幹事、財政制度等審議会臨時委員などを務める。

〔主要著作〕

『民法の体系――市民法の基礎（第６版）』（慶應義塾大学出版会、2016）、『民法改正を読む――改正論から学ぶ民法』（慶應義塾大学出版会、2012）、『債権法改正を読む――改正論から学ぶ新民法』（慶應義塾大学出版会、2017）、『家族法改正を読む――親族・相続法改正のポイントとトレンド』（慶應義塾大学出版会、2019）、『良い統治と法の支配――開発法学の挑戦』（日本評論社、2009）、『開発法学の基礎理論――良い統治のための法律学』（勁草書房、2012）、『発展するアジアの政治・経済・法――法は政治・経済のために何ができるか』（日本評論社、2016）、『財産権保障と損失補償の法理』（大成出版社、2011）、『基本事例から考える損失補償法』（大成出版社、2015）、ジョセフ・ラズ『法体系の概念――法体系論序説（第２版）』（訳、慶應義塾大学出版会、2011）、ヘルムート・コーイング『法解釈学入門』（訳、慶應義塾大学出版会、2016）、*Property and Trust Law in Japan,* Kluwer Law International, 2021、など。

所有者不明土地の発生予防・利用管理・解消促進からみる 改正民法・不動産登記法

令和３年12月10日　初版第１刷発行

著　者　松 尾　　弘

発　行　株式会社ぎょうせい

〒136-8575　東京都江東区新木場１-18-11
URL：https://gyosei.jp

フリーコール　0120-953-431

〈検印省略〉　ぎょうせい　お問い合わせ　検索　https://gyosei.jp/inquiry/

印刷／ぎょうせいデジタル㈱

ISBN978-4-324-11013-3
（5108725-00-000）
〔略号：所有者不明〕